事例に学ぶ
貸出担当者育成の勘所
― 貸出業務の本質とOJTによる人材育成 ―

吉田重雄 [著]

社団法人 金融財政事情研究会

はじめに

　本書のタイトルである「貸出担当者の育成」という問題を考えるとき、その重要性はもとより、課題の幅広さと奥行きを感じざるをえません。
　「貸出担当者の育成」という問題は、若手行員に対して貸出業務を遂行するに必要な業務知識をいかに身につけさせたらよいかという研修体系の問題かと思いがちです。しかし、そのような簡単な技術論の問題ではないと思います。即効性のある対症療法ではなく、本質を問いただしたうえで築く新たな思想が求められているのではないでしょうか。
　そもそも、いまになって銀行が「貸出担当者の育成」を経営の課題とする理由はどこにあるのでしょうか。貸出業務に携わる人材を増やすための養成方法を求めているならば、自行内の研修制度を見直すことで足ります。しかし、この課題が求めていることはそのような単純なことではないと考えます。
　バブルが崩壊した後、銀行は貸出業務のあり方、審査機能の重要性について、不良債権の処理過程を通じて反省し、学んだはずです。いまになって銀行が現在の自行の貸出業務の力を推し量ってみたとき、思っていた以上にそのレベルの低さに気づいたとしたら、この十数年の間、銀行は何をしてきたのでしょうか。
　いままた、大きな金融危機に遭遇し、再び不良債権問題が顕在化する懸念から、この問題に取り組まなければいけないと思ったのでしょうか。
　東京商工リサーチが発表した2008年の全国企業倒産状況によると、負債総額1000万円以上の倒産は前年比11％増加し1万5646件という高水準で、上場会社の倒産は前年比5.5倍の33社となり、これは戦後最多の記録だそうです（2009年1月14日付日本経済新聞記事）。
　また、金融庁が発表（2009年2月10日付）した2008年9月期の銀行の不良債権（金融再生法開示債権）の金額は、前期比7％増加して12兆3000億円になりました。半期ベースで不良債権金額が増えるのは6年半ぶりのことです。
　倒産の増加、不良債権の増加がみられるなか、百年に一度といわれる金融

危機と世界的不況とを前にして、銀行は貸出業務の総合力アップを図ることが銀行経営の重要課題としてあがってきたものと推察されます。

銀行の資産運営上最も重要な貸出業務について、不良債権を出さず、安定的な収益を生む運営を行うためには「貸出担当者の育成」に取り組まなければならないと考えるのは当然です。しかし、この問題の本質は、貸出担当者個々人の業務知識のレベルアップを図ればよいという簡単なことではありません。

私が最近読んだ本のなかに次のような一節がありました。

> 私の心配するものは、今の銀行員諸君が、銀行業とはこんなものだ、と思い込むことだ。現状は全くアブノーマルだ。これをノーマルに戻すのが、将来のわが銀行業を背負って立つ諸君の任務であることを、心に銘記してほしい。……銀行経営者の責務は、一日も早くこれをノーマルな状態に引き戻すことにある、ということだ。

これは、『一銀行家の回想』という本に書かれている一節（同書328頁）です。著者は元住友銀行役員大島堅造氏で、同書は1963（昭和38）年に日本経済新聞社から出版された本です。大島氏は1909（明治42）年に住友銀行に入行、若き日にニューヨークの勤務を経験、1925（大正14）年から1932（昭和7）年までは本店支配人を務めて、その後、常務取締役、専務取締役を務めた方です。同書は40年以上も前に出された本ですが、同書の最後に「銀行マンへの提言」として同氏が書いた上記一節を、いまの銀行経営者、銀行員はどのような気持ちで読むでしょうか。

時代背景は大きく変化していますが、現在行われている貸出業務はノーマルな状態であるといえるでしょうか。

最近の銀行の動きをみていると、貸出担当者が行っていることは、いわゆる本来の貸出業務、すなわち金銭の貸出の判断と債権管理という仕事ではなく、貸出先を相手にしていかに収益を稼ぐかという行動になっているように思えます。

貸出業務には「攻め」と「守り」とがあります。銀行を自動車にたとえる

ならば、アクセルとブレーキとを上手に使いこなすのが貸出担当者の運転手としての役割です。貸出業務という運転には、前向きに貸出を実行する「攻め」のアクセルがあり、一方、貸出金の回収が困難に陥ると見込まれる場合は実行を断り、あるいは返済が滞ることで危険を感じた場合は債権保全を行う「守り」のブレーキがあります。

ところが、銀行はROE重視の経営を行うようになってから、収益至上主義といわれる目標管理、評価制度で行員を動かしてきました。現在支店で行われていることは、収益を得るための「攻め」中心の動きになっているようです。赤信号を無視し、歩行者をはねる事態である貸出先の倒産に遭遇しても運転手である担当者の責任は問わない、接触・衝突・人身事故にたとえられる債権の回収管理や倒産処理は自分の仕事ではないという組織においては、「攻め」によって稼いだ収益が第一に評価されます。損失を未然に防ぐという「守り」はほとんど評価されないという状況にあるようです。

そのような銀行はブレーキが利かない自動車のようなものです。アクセルだけで走っている自動車が事故を起こしたときの被害が大きくなるのは必然です。バブル期に不良債権を大きくつくったとき、審査セクションのブレーキとしての機能が利かなかったことを反省して、審査部門の強化を図るといっていた銀行は、また元へ戻ってしまったのでしょうか。バブル期を知る人が少なくなってくると、過去の反省は活かされなくなってしまうのでしょうか。

いまの銀行における貸出業務は「アブノーマル」ではないかという懸念を抱くならば、「ノーマルな状態に引き戻す」ことに心を配る必要があると思います。

こうした折、金融財政事情研究会から「貸出担当者の育成」というテーマで執筆する機会をいただきました。

筆者は貸出関係の本を上梓し、昨年来いくつかの銀行で貸出業務に関する研修講師を務める機会があり、いろいろな銀行に行き、さまざまな現場や現実に接し、多くの現役銀行員の人たちと話す機会がありました。そういう経

験をふまえてこのテーマを考えるとき、これは非常にむずかしい問題であると思いました。

　貸出業務に携わる者に対して、必要な知識を伝授する研修体系をいかに組むべきかとか、OJTがいかに重要な役割を果たすかというようなだれでもがいえる内容を書いてすまされるような単純な問題で解決はしません。なぜならば、貸出業務に必要な知識を一人の個人に身につけさせることができても、収益至上主義の経営目標のもとでは、習った知識が現場で正当に活かされない状況が考えられるからです。

　そこで私は、「貸出担当者の育成」というテーマが真に求める内容について考えました。そして思ったことは、このテーマの対象者は、貸出業務に直接携わる担当者だけではなく、担当者をOJT教育する指導者（上司・管理職者）、さらに貸出業務を真っ当に運営管理し、正当に評価する仕組みを統括しなければならない立場にある審査担当ならびに人事担当の役員、そして経営者に理解を求める内容にまで言及する必要性があるということでした。

　多くの銀行でいままで行われてきた貸出担当者の育成課題は、初心者を中級レベルへ引き上げることが主眼となっていて、それだけで終わってしまっていたのではないでしょうか。貸出担当者の育成で大事なことは、個人の知識レベルを上げるだけにとどまらず、銀行全体における人材の再生産的なメカニズムを構築することと、人材を活かすことにあると私は考えます。

　そのためには、人事・研修部門が審査部門の協力を得て貸出担当者の育成研修機会を設けるだけでは目的は達成されません。研修結果の確認として行う試験の点数がよければ人材の育成ができたと思うことは早計です。研修や教育を受けた担当者が貸出業務の現場に戻り、実践実務を通したOJTを受け、学んだことに磨きをかけることで育成が図られるということです。そのOJTを行う指導担当者をつくること、OJTのあり方を考えることもこのテーマの課題として考えなくてはなりません。

　さらには、現場で行われる貸出業務が正当に評価される仕組みがなければ動機づけにつながりません。貸出業務は判断が重要です。数字の結果だけではなく、判断するという質的な問題も評価されるような人事評価、業績考課

の確立も重要であります。

　現在は百年に一度の金融危機といわれています。これからの数年間は景気低迷・不況が続くことが予想されています。収益至上主義の米国投資銀行モデルは2008年に破綻しました。このような環境のなか、銀行の総資産の大半を占める貸出金、経常収益のトップを占める貸出金利息を生み出す貸出業務の重要性はますます高まります。大事なことは貸出金の数字の大きさではなく質です。貸出資産としての質、言い換えればそれは貸出取引先の優劣であり、それが銀行の実力差、収益差になります。その意味からしても、収益の追求だけに走る動き方から、与信判断・債権管理・貸出事務管理の３つに精通する真の貸出担当者の育成が重要であり、急務であると思います。

　収益による目標管理を行っている銀行が多いという認識のもと、本書では、まず「貸出業務とは何か」ということから論を始めてまいります。まずは、見失っている貸出業務の本質に立ち返ることが重要だと考えます。「貸出担当者の育成」というHOWの問掛けの前に、そもそも問題は何かというWHATの議論を飛び越しては、真の解決策の答えには届かないと考えるからです。貸出業務のあるべき姿とはどういうものなのかという私なりの考え方を示しながら、「貸出担当者の育成」というテーマについて考えることにします。

　それを考えたときに行き着くところは、「貸出担当者の育成」というテーマを超え、銀行全体が「貸出業務の原点に回帰しなければならない」という結論であると思います。

　最後になりましたが、本書の刊行に際し、出版の機会を与えていただきました金融財政事情研究会出版部の平野正樹氏には深く感謝申し上げます。

2009年5月

　　　　　　　　　　　　　　　　　　　　　　　吉田　重雄

目　次

序　章
「人材育成」を考える

1　本書の趣旨 …………………………………………………………………… 2
2　事例にみる「人材育成」 …………………………………………………… 3
3　成長の前提は反省 …………………………………………………………… 7
4　学習に対する意識 …………………………………………………………… 10

第1章
「貸出担当者の育成」という命題の本質

序　節　まずは問題点の把握 …………………………………………………… 14
第1節　貸出業務の現状と実態─利益追求─ ………………………………… 15
　　1　事例紹介 ………………………………………………………………… 15
　　2　収益至上主義 …………………………………………………………… 16
第2節　貸出業務の現状と実態─実績追求─ ………………………………… 18
　　1　事例紹介 ………………………………………………………………… 18
　　2　あなたならどうする …………………………………………………… 20
第3節　貸出業務の現状と実態─清濁併せ呑む─ …………………………… 22
　　1　事例紹介 ………………………………………………………………… 22
　　2　「清濁併せ呑む」べきか ……………………………………………… 24
第4節　バブルを知らない銀行員 ……………………………………………… 27
　　1　事例紹介 ………………………………………………………………… 27
　　2　バブルを知らない銀行員 ……………………………………………… 30
　　3　バブル期の銀行の反省 ………………………………………………… 34

第5節	「貸出担当者の育成」が経営課題になる背景	38
1	「バブルを知っている銀行員」	38
2	成果主義とモチベーション	41
3	貸出業務における公正公平な評価	42
4	貸出業務を通して得る喜び	46
5	貸出業務の人材を育成し活かす	50

第2章
貸出業務の本質

序 節	本質の再確認	54
第1節	銀行の役割	55
1	事例紹介	55
2	間接金融としての銀行の役割	56
3	銀行の公共的使命	59
第2節	銀行における貸出業務の位置づけ	62
1	事例紹介	62
2	決算書にみる貸出業務	66
3	資産運用における貸出金と有価証券の違い	70
4	貸出業務と預金業務	72
第3節	貸出業務に対する考え方―資金使途の確認―	75
1	事例紹介	75
2	あなたならどうする	76
第4節	貸出業務に対する考え方―貸さない親切―	78
1	事例紹介	78
2	貸すも親切、貸さぬも親切	80
第5節	貸出業務に対する考え方―目標達成至上主義―	83
1	事例紹介	83

2　貸出業務は収益稼ぎか……………………………………………85
第6節　貸出業務に対する考え方……………………………………………87
　　1　事例紹介……………………………………………………………87
　　2　金融商品購入資金を貸す…………………………………………88
　　3　バランスシートで考える…………………………………………90

第3章
貸出担当者の育成は現場から

序　節　人材育成に必要なこと……………………………………………96
第1節　貸出担当者の心得…………………………………………………98
　　1　目標の割付け………………………………………………………98
　　2　飲み屋での噂話 ………………………………………………… 101
　　3　取引先からの供応……………………………………………… 104
　　4　決算説明を聞く ………………………………………………… 106
　　5　ほうれんそうの話……………………………………………… 109
　　6　取引先への訪問頻度…………………………………………… 112
　　7　貸出担当者の心得 ……………………………………………… 115
第2節　貸出事務の重要性………………………………………………… 118
　　1　「標準手続」の遵守―契約書の代筆―……………………… 118
　　2　契約書を読む―勘定科目内訳明細書の徴求―……………… 120
　　3　期日管理―稟議書提出期限―………………………………… 123
　　4　現物管理―手形の受渡し―…………………………………… 126
　　5　意思確認―第三者による担保提供―………………………… 129
　　6　貸出事務の基本動作…………………………………………… 132
第3節　資金使途の検証…………………………………………………… 134
　　1　経常運転資金（その1）……………………………………… 134
　　2　経常運転資金（その2）……………………………………… 137

3	臨時運転資金（その1：減産資金）	140
4	臨時運転資金（その2：赤字資金）	144
5	増加運転資金	147
6	長期運転資金	150
7	決算賞与資金	154
8	季節資金	157
9	工事立替資金	160
10	肩代わり資金	164
11	設備資金	170
12	資金使途と貸出判断	174

第4節　債権管理　176

1	経済ニュースから	176
2	財務分析と商手割引	179
3	銀行別貸出残高と月商の推移	185
4	主要販売先・仕入先の変化	192
5	貸出実行後の債権管理	197

第4章
貸出担当者育成の必要性

序　節	貸出担当者育成の意味	202
第1節	問題意識の提供	204
第2節	貸出担当者の実態	206
第3節	なぜ貸出担当者の育成が必要か	208
第4節	なぜ貸出担当者が育っていないか	210
1	指導者の不足	210
2	人件費削減の影響	211
3	業容拡大の弊害	212

4	コンピュータ審査・スコアリング審査の弊害	213
5	貸出業務の切分け	213
6	評価制度	215
7	貸出業務の魅力	217

第5章
貸出担当者育成の具体策

序　節　はじめに ……………………………………………………220
第1節　基本的課題 ……………………………………………………221
　1　問題認識 …………………………………………………………221
　2　人材育成プロジェクト私案 ……………………………………225
　3　支店を塾にする …………………………………………………228
第2節　人事的課題（教育機会）……………………………………230
　1　ローテーション …………………………………………………230
　2　審査部宛トレーニー ……………………………………………234
　3　集合研修 …………………………………………………………235
　4　OJT ………………………………………………………………238
第3節　組織的課題（学習機会等）…………………………………241
　1　支店―勉強会― …………………………………………………241
　2　審査―支店内審査役― …………………………………………243
　3　調査―産業動向・産業調査― …………………………………247
　4　人事―評価尺度― ………………………………………………252

【資料】　第11次業種別審査事典収録業種一覧 ……………………258

寄り道 コラム

『こころ』から ………………………………………26
『銀行経営戦略論』から ……………………………33
「バブルの原因再考」から …………………………37
『海軍勤務心得之條』から …………………………40
「道楽と職業」から …………………………………45
『本田宗一郎　思うままに生きろ』から …………48
『三菱銀行史』から …………………………………58
『金融機関役員の融資決裁責任』から ……………60
『三井銀行八十年史』から …………………………65
『王道は足もとにあり』から ………………………82
『銀行の錯覚』から …………………………………92

序章

「人材育成」を考える

1 本書の趣旨

　現在の日本の子どもの教育問題に関して、だれもが雄弁に語ります。教育学の理論などを知らずに、だれもが議論をしています。まさに百家争鳴といえます。なぜそういう状況が生まれるのでしょうか。それはだれもが（＝自分が）教育を受けてきた経験があるからです。あるいは親として自分の子どもの教育をみてきたからです。理論理屈は知らなくても、そのような経験に照らして、教育問題に自分なりの意見を自由に語ることができるのです。

　そのとき、社会的に成功した人が語る教育論が注目されます。でも、成功者にとってうまくいった教育方法がほかの人たちにもうまくいくかどうかはわかりません。それがむずかしいところです。

　本書を執筆するにあたり、筆者が銀行に在籍していた時代のいろいろな場面を想定すると、人材育成に関して論を進めることのむずかしさを強く感じています。「銀行において、貸出業務に携わる人材育成をどのように行えばよいか」「そもそも、目指すべき人材の姿をどのようなところに求めるか」ということを筆者が考えるにしても、教育・研修・育成の機会提供および実践する主体はそれぞれの銀行であります。

　人材育成は銀行という組織が主体となり実施するものです。いままでもそれぞれの銀行がそれぞれの方法で行ってきたはずです。社会的に成功した人が語る教育論が注目されますが、その教育方法がほかの人たちにもうまくいくかどうかはわからないと述べました。同様に、銀行の役員に上り詰めた人たちが考えて行ってきた人材育成がうまくいっていないとき、それを担当者のせいにするのでしょうか、教育機会を提供する研修課や支店の現場のせいにするのでしょうか。それは経営者の問題であることを棚に上げては解決できないと思います。

　そのようなとき、筆者が考える貸出業務に対する視点と教育観とをもって「私の人材育成論」を掲げる意味があるのか、その判断は読者に委ねるしか

ありません。「私の人材育成論」は「事例に学ぶ」という本書タイトルからもわかるように、理論理屈ではなく、貸出業務の現場における実践的問題解決のなかから、よりよい方法を考えようというものです。

2　事例にみる「人材育成」

　本論に入る前に、実際にありうる場面をいくつか書き出します。そこでどういうことを考えるべきでしょうか。

(1)　場　面　1

> ——研修に3日間行ったA君が支店に戻ってきたとき、A君に対して上司や先輩たちがいいました。
> 「勉強するために給料を払っているんじゃないということを忘れるな」
> 「人事部（研修課）がやっている研修なんて現場じゃ役に立たないよ」
> 「研修中、君がいなかった分をカバーしてくれたみんなに君は感謝の言葉はいったのか」

　この場面を最初に持ち出したのは、どこの職場にもこういう言葉を発する意地悪な先輩や上司がいるということをいうためではありません。現場では、集合研修で「知識をどの程度習得してきたか」ということについて関心はあまり高くないため、こういう発言が出るということをいいたかったのです。このような言葉からも、研修における勉強より現場を重視しているということをうかがい知ることができます。

　「研修で学んだ勉強なんて現場じゃ役に立たないよ」と論評する人もいます。現場ニーズに立脚した研修内容について意見をもつならば、より建設的に自らの意見を人事部（研修課）に具申すればよいと思います。論評と批判

だけして終わっている場合、このような人たちから人材の育成方法を学ぶことは少ないといえます。自らも主体的に貸出業務に係る人材育成を行う立場にあるという認識がみえません。

このように自らはそれに積極的に関与することなく評論家でいる人たちにとって、人材育成・教育指導は他の部署が行うべきという他力本願の域を脱していません。これでは人は育ちません。

(2) 場面 2

> ——先輩や元上司の話。
> 「あいつを教えたのは俺だ。俺が厳しく教えたからあそこまで育ったんだ」
> 「あの時あいつの失敗を俺がカバーしてやったんだ。いまじゃ一人前のような顔をしているが。あいつは俺には一生頭が上がらないはずだ」

人材育成についてこのようなことをいう人がいます。こういうことを自慢げに話す人から得られるものは少ないといえます。「○○は自分が教えてやったんだ」という自慢話は個人的体験のなかだけのものだからです。その体験を通して、課・支店という組織として体系的な取組みに発展していないからです。

単に自分の自慢話に終始する人にとっての人材育成とは、上司と部下という人間関係のなかで行われる個人的体験の域を脱していません。組織的かつ戦略的に取り組む企業活動という認識がない人の成功体験（？）を聞いても役に立つことはありません。

(3) 場面 3

> ——集合研修における講師の話。

> 「このことは非常に大事ですから、しっかりと頭のなかに入れてください」

　講師のこの発言についてうがった見方をすると、講師は受講者の頭をバケツのような容器にとらえ、まだ入る余地がある頭のなかの隙間に私が話したことを入れてくださいといっているのです。頭のなかにある隙間に、知識を入れるのが講師の役目で、それが教育であり、受講者が頭のなかに入れることが学習という意味にとれます。

　しかし、あれもこれも頭のなかに入っていかないし、入っていったにしてもすぐに忘れてしまうのはなぜでしょうか。心理学者であるエビングハウス氏の研究によると、人間の記憶は、20分後は58％、1時間後には44％、1日後には34％、1カ月後には21％しか保持できないそうです。したがって、集合研修で行われる講義を受ければ知識は頭に入ると思い込んでいてはダメです。別な実験によると、講義を行った5カ月後に受講者を呼び出し、「あの講義でどんなことを学びましたか」と問い掛けたところ、講義で話した内容の主題に関することについては平均2.1％しか思い出さなかったといいます。講義で使用したキーワードだけを取り出して聞いたかどうかを問いただしたところ平均29.1％しか思い出すことはできなかったそうです。このことから、集合研修で行う講義という形式では、キーワードくらいしか頭に残らないということがわかります（中原淳編著『企業内人材育成入門』23～24頁（ダイヤモンド社）を参考）。

(4) 場面 4

> ――支店の上司の話。
> 「今度、人事部から来たA君は理屈ばっかりいって取引先には嫌われるし、支店の貸出目標にだって全然貢献できていない」

高学歴で成績優秀で入行したＡ君は、行内テストでもトップクラスの点数をとり、高い能力をもつという評価でした。最初に配属された支店勤務は２年と短く、その後人事部に行きました。入行年次ごとに行われる階層別研修ではいつも成績優秀でした。数年経って久しぶりに支店に異動し貸出業務を担当しましたが、上司からは上記のようにいわれています。

　実は、基本的能力が高いといわれている人はどんな仕事に就いても立派な成果をあげるという仮説の虚構性は、現場では昔から知られていました。テストの点数がよければ知識・スキルの習得ができたということで、以前はそれを重視してきましたが、昨今の成果主義では知識とスキルだけでは業績につながらないことがわかってきたのです。

　人材育成の目標は、テストの点数がよい人を多くつくるということではなく、高い水準の業績をあげることができるような人をつくらなくてはいけないという認識に変わらざるをえなくなってきているのです。

(5)　場面 5

> ――人事部の人が新人の成長をチェックするために支店に来たとき、指導担当者が話したこと。
>
> 「最初は生意気で、いろいろなことに口を出して、甘っちょろい意見をいっていましたが、やっと、彼（新人）も当行のやり方になじんできました。ちょっと厳しくいってやったんですよ」
>
> 「「これが俺のやり方なんだ」といったら反抗もありましたが、徹底的に教えたので、ようやく俺のやり方がわかったようです。ＯＪＴはうまくいったと思いますよ」

　古いやり方に疑問をもっていろいろと提案していた新人を力で押さえ込んでいたとしたら問題です。新人は心のなかで「これじゃダメだ」と感じて、スピンアウトする機会を考え始めるかもしれません。確実にいえることは、

古い体質になじまないとこの組織のなかでは生きていけないという人をつくってしまったということです。

人材育成とは、先輩・上司が自分のコピー人間をつくることではありません。人材育成のポイントは、新しい時代に生きる彼らの能力、素材を引き出すことです。その基礎づくりにおいては正しい考え方を教えなければいけません。

3 成長の前提は反省

(1) 場面 6

> ——上司の言葉。
> 「あいつの仕事ぶりが変わった。いつの間にか成長している」

むずかしい仕事に向き合い、上司から厳しい叱責や激励を受けながらも、立派に成果を出してその仕事を成し遂げたとき、こういう言い方をする場合があります。むずかしい課題や困難な局面を苦労しながらも自力で乗り越えることができたとき、人は成長するのです。これは、研修から帰ってきたときとか、特別な教育を受けた後ではありません。

上司や先輩たちから受けたアドバイスや議論に影響され、日常的に起こるさまざまな場面に自ら主体的に取り組んできた結果がこういう形で現れるのです。仕事ぶりが変わったというのは、学習したということです。

(2) 場面 7

> ——新入行員Z君の成長物語。

Z君は貸付課へ異動しました。貸出業務に関しては、新人研修、財務分析基礎研修、初級貸付研修は受けてきました。初めて貸出業務に携わるZ君に、教育指導担当者としてY係長がつくことになりました。
　Z君が取引先へ行くとき、来客があるときのほとんどはY係長が同行、同席してくれました。訪問するときの電話でのアポイントのとり方、訪問時の挨拶の基本、名刺の渡し方、応接で座る場所のことや傾聴姿勢等々について教えてもらいました。基本的なことは1週間もあればできるようになりました。
　問題は、借入申出に際し、どのような受け答えをしたらよいか、何がポイントで、何を質問したらよいかがわからず不安でした。Y係長が話すことを脇で聞きながら、発言のすべてをノートにメモしました。それを読み返して、わからないことがあればY係長に質問して、教えてもらいました。教えてもらったことに関しては、標準手続や参考図書で勉強し、必要な知識を少しずつ覚えていきました。
　6月に入り、決算賞与資金貸出が出る時期に、Y係長について取引先へ行き、折衝の仕方を学び、帰店して稟議書の書き方も教えてもらいました。数社に対して決算賞与資金貸出を行った後、Y係長に呼ばれました。「Z君、だいたい要領がわかっただろう。決算賞与資金の採上げのポイントと稟議書の書き方はほとんど同じだから、次は君が一人でやってみないか」。Z君は「はい、やってみます」と答えたものの内心は不安でした。
　J社に行ったとき、Z君から決算賞与資金貸出について切り出しました。J社社長から聞かれたことの意味がわからず、困ったと思った瞬間、Y係長が合いの手を入れてくれ、答えについても助け舟を出してくれました。Z君はホッとしました。
　その後の訪問を重ねていくうちに、Y係長が助け舟を出してくれる回数も減ってきました。繰り返し経験を積んだことで、決算賞与資金貸出は自分一人でできるようになりました。取引先と会話することもできる

ようになりました。

　Y係長が「次は季節資金を覚えような」といいました。Z君は、Y係長から教えてもらう前に、季節資金について勉強しました。決算賞与資金のときより、短期間でコツを覚え、季節資金も一人でできるようになりました。

　半年が過ぎました。Y係長が「今日、僕は支店長についてK社に行かなければいけない。C社へは君が一人で行ってこい」といいました。Z君は「わかりました」といって、一人で行き、無事に用件をすますことができました。

　そして1年が過ぎ、支店長から呼ばれて、次のようにいわれました。

　「Y係長が、Z君はもう一人でも大丈夫だといってきたので、これからは一人で担当先に行きなさい」。

　Z君は、もう一人で取引先のところへ行くことに不安はありません。まだ知らないことはたくさんあります。でも、初めてのこと、知らないことに遭遇したら、どのようにしたらよいか、何を勉強すればよいか、何よりもこの1年で取引先に可愛がられるようになったという自覚があり、頑張ってみようと思いました。

　Z君はまだ貸出担当者として一人前ではありませんが、独り立ちすることに不安はありません。こうしてZ君は一人で取引先へ行けるようになりました。

　Z君が独り立ちする過程において、Z君は勉強した知識だけでここまで到達できたわけではありません。新米のZ君のたどたどしい話にも反応してくれた取引先の存在を忘れてはなりません。そして、貸出担当者としての基礎を教えてくれ、困ったときに合いの手を入れたり助け舟を出したりしてくれ、貸出のポイントや稟議書の書き方を教えてくれたY係長の存在には感謝しなければなりません。また、そういうOJTの機会をつくってくれ、見守ってくれた支店長の役割も知るべきでしょう。

Z君が賢く育っていく過程には多くの人の支えや助けがありました。また、そういう状況のなかで自ら勉強して、受け入れる努力をすることが、Z君の学習でもありました。学んだ知識を実際に活かし、取引先や上司とのコミュニケーションや相互作用のなかで、自ら学び成長していくのです。

　桃栗3年柿8年、石の上にも3年といいます。だれもが初めは初心者です。初心者から熟達するのに多くの人の助けを必要とします。ところが、人は自分がある領域に達すると「自分一人でここまで来た」と思いがちです。そういう人が上司を務める職場では、OJTの機会がつくられたとしても、初心者はほったらかしになるでしょう。

　専門家によって意見が分かれるそうですが、一般的に人がある領域で精通するまでには5000時間が必要といわれています。1日8時間、週休2日、年間15日の有給休暇をとると仮定して計算すると、約2年8カ月がかかります。毎日貸出業務だけしていられるわけではありませんから、大雑把にいえば、貸出業務で独り立ちできるようになるには桃と栗のように最低3年はかかるのかもしれません。

4　学習に対する意識

　あなたに学校に通う子どもがいる場合、親として「遊んでばかりじゃなくて、少しは勉強しなさい」といった経験があると思います。逆に、大人になったあなたが上司から「勉強はしっかりしなさい」といわれると、「子どもにもそういった手前、私も勉強を頑張ろうか」と思う人はどれほどいるでしょうか。ほとんどの人は、「え、僕が、私が……!?」「いまさら勉強??」と思うのではないでしょうか。

　子どもはいろいろな科目を勉強します。国語も算数も理科も社会も、音楽も体育も。銀行員であるあなたは、貸出業務に関する勉強なら仕方なく（?）行いますが、それ以外の勉強を強いられてもやる気は起こらないので

はないでしょうか。また上司からそれを強いられても勉強意欲はわかないと思います。

　大人と子どもとで、勉強に対する意欲は何が違うのでしょうか。教育学において、大人の学習には6つのポイントがあるといわれています（中原淳編著『企業内人材育成入門』39頁（ダイヤモンド社））。

　　◇Learners are practical. ………学習者は実利的である。
　　◇Learner needs motivation. ……学習者は動機を必要としている。
　　◇Learners are autonomous. ……学習者は自律的である。
　　◇Learner needs relevancy. ………学習者は関連性を必要とする。
　　◇Learners are goal-oriented. ……学習者は目的志向性が高い。
　　◇Learner has life experience. ……学習者は豊富な人生経験がある。

　貸出業務の人材育成について考えるとき、上記諸点と照らし合わせて考えることは有益であると思います。

　まず、学ぶ内容については実利的であることが必要です。理論経済学や法理論を基礎から学ぶことより、実際の貸出業務の現場で起こる課題を解決するのに必要な知識であると感じたとき、あなたは重い腰をあげるでしょう。しかし、勉強を始めるにしても動機が必要です。ここで、現在の知識・実力では取引先から信頼されるレベルに至っていないと自ら感じ、貸出業務に関係する勉強をすることで早く一人前になりたい、もっと高度な貸出業務を自ら行うことができるようになりたいと思うとき、それは勉強を始める動機につながります。その勉強をクリアすることができれば、自らの自尊心や自己実現という欲求も満たすことになるはずです。

　そして、実際の貸出業務を通じて、いまの自分に足りないものは何かを考え、何を学ばなければいけないかを考えます。すなわち、貸出担当者の学ぶ意欲は自律的、自発的であります。どのような内容の研修に行くかは、自分の苦手意識や実際の貸出業務に照らし合わせ、関連性を意識して考えます。

　子どもの学校における勉強のように、先生からいわれたことをするのとは違います。したがって、研修も上司からの命令で行くことより、自らどの研

修に行こうかを決めることのほうが、研修に臨む意欲が高いはずです。また、そのように参加することで、一段上の貸出業務の問題解決に有効であるという目的意識を高くもって臨むことができます。貸出業務の経験は浅くとも、毎日の実務のなかで見聞きしたことは少なからずあり、そうした経験と並行して学ぶことで、勉強内容を早く理解することができ、よりよい効果に結びつくと考えられます。実体験と学んだこととを統合させることで理解が深まることは確実です。

　研修は、このような考えをベースにして研修カリキュラムを作成したほうが効果的であろうかと思います。すなわち、学問的な内容を教科書に沿って順番に勉強する方法は、いつかは役に立つかもしれませんが、即効性がなくては意欲は薄れます。研修したことが支店の現場に戻ったときに活用できるかという即時効果が求められます。机上の空論をいくらしても時間の無駄といえます。

　ここで大事なことは、学習および教育に関する認識です。担当者が個人でなすべきことが学習であり、それを支援するための研修・OJT等人材育成部門ができることが教育なのです。教育とはあくまでも支援であり、人材育成という活動における主体は学習者である本人です。

　したがって、効果的な教育を実現するには、学習という日常的・複合的・継続的な変化の方向とプロセスとがどのように進行していくかを理解したうえで、どの部分を、どのように支援するかを明確化することが重要です。

　そして最後に大事なことは、勉強して成果があがったとき、子どもの勉強と同じように褒めることです。褒められると嬉しいのは、子どもも大人も同じようです。

第 1 章

「貸出担当者の育成」という命題の本質

序節

まずは問題点の把握

　「貸出担当者の育成」というテーマについて考えるとき、まず最初に行わなければならないことは、銀行における貸出業務の現状を認識し、問題点を正確に把握することです。そこを曖昧な形で通り過ぎてしまうと、本書は人事部研修課用の図書で終わってしまいます。

　「はじめに」の冒頭で述べたとおり、本テーマは「幅広く奥行きが深い」と思います。貸出担当者個々人のレベルアップを図るための諸方策を考えれば足りるという簡単な問題ではないと考えるからです。貸出担当者一個人が貸出業務に関する必要知識を備え、レベルアップが図られたとしても、それを実際の貸出業務に正しく活かされるかが重要であります。

　貸出業務を正しく行うためには、担当者の上司である現場管理者や銀行経営者も貸出業務のあり方について正しく理解していなければなりません。貸出担当者が顧客から信頼を得るに足る真っ当な貸出業務を行うためには、上司である指導者が正しい方向性を示すとともに、経営者はそのような環境を整える必要があります。

　そのため、本テーマを目指す前提として、貸出担当者の仕事は正しい貸出政策のもとで行われなければならないと考え、まずは現状をどのようにとらえるべきかをみていきます。

第1節

貸出業務の現状と実態―利益追求―

1　事例紹介

　筆者は一昨年に金融財政事情研究会から『事例に学ぶ貸出判断の勘所』という本を上梓しました。本の帯には「貸出業務の生命は資金使途の検証にあり‼」とあります。
　その本を出すに際し、筆者（Y）が某氏（X）（Z）と交わした会話です。

> X：吉田さん、資金使途の検証が大事だなんていう本は売れませんよ。
> Y：なぜ。
> X：だってそんなことをいっていたら、貸出の数字は伸びないですよ。
> Y：資金使途の確認と申出金額の妥当性はどうやってチェックするの。
> X：資金使途は何でも「事業資金」です。金額もできるだけ多くやらせてほしいと顧客に頼みます。いわないと上司に怒られちゃいますよ。
> Y：資金使途も金額の妥当性もチェックしないの。それじゃ真っ当な貸出といえないじゃないか。
> X：資金使途より収益を稼がなくては評価されないですから。
> Y：収益は真っ当な貸出を行った結果としてついてくるもの。良質資産となる貸出を行えば、安定的な収益を得られるはずだ。
> X：貸出だけじゃ目標収益は稼げませんよ。だからデリバティブ商品を

買ってもらうために貸したり、私募債を出させたりする。私募債の資金使途は自由だし、フィーが全部今期に入るじゃないですか……。
Y：私募債は収益稼ぎのために取引先に出させるの。
X：そんな話は当り前ですよ。今期の収益が足らないから、決算賞与資金貸出を私募債に乗り換えたっていう話だってありますよ。
Y：異常だな……。いずれどこかでそのツケが回ってくるぞ。
X：そうかもしれませんが、いまは収益の目標達成が実績評価につながる時代なんですから。収益を稼ぐためにいろいろ考えなくては……。
Z：弊行では、融資担当者の人事評価は、収益7、事務2、与信判断1という割合です。
Y：本当かい。与信判断がたったの1。
Z：いまそれを見直そうという動きがありまして、収益4、事務3、与信判断3にするという噂です。
Y：収益至上主義の行き過ぎを少しは見直そうということらしいが、それでも収益の評価が一番だね。収益は貸出業務の結果だから、まずは正しい与信判断のほうが大事だと思うけれど。

2　収益至上主義

　筆者はこのような話を聞くと、大島堅造氏の「現状は全くアブノーマルだ」という言葉を思い出します。このような貸出業務をしていて本当によいのかと筆者は強い懸念をもち始めました。「これをノーマルに戻すのが、将来のわが銀行業を背負って立つ諸君の任務であることを、心に銘記してほしい」と大島氏は述べています。
　どの金融機関も貸出材料が乏しいなか、収益目標に対するプレッシャーが大きくのしかかり、本来の貸出業務の考え方がおろそかになっているように

思います。

　銀行は、預金・貸出ともにボリューム目標から収益目標に変わってきました。それは「自己資本利益率（ROE）」を重視する経営です。与えられた株主資本でより多くの収益を出すことが株主の要請に応えることであるという考え方です。しかし、この考え方はややもすると株主以外の利害関係者の存在を軽視することにつながりかねません。特に、銀行と貸出先という関係において、貸出先のことを第一に考える姿勢を忘れて、銀行本位の貸出業務に陥っていないか自省しなければなりません。

　上記会話にあった、決算賞与資金貸出を私募債に乗り換えさせて起債させるということのねらいが、収益をアップフロントで前倒しして計上することにあるのだとすれば、その考え方は明らかに間違いです。そのように無理をして今期収益を確保するような動き方は、銀行の体質と担当者のモラールとを悪化させます。そうした収益構造が長続きするわけがありません。そして何よりも取引先から信頼と信用を失うことになるでしょう。

　筆者の考えでは、決算賞与資金貸出を私募債に乗り換えさせて起債させることは貸出業務とはいいません。

　銀行が目先の利益を追い求めることを続けると、取引先との絆は確実に弱まっていくと思います。さらに、そのことは、そこで働く銀行員自身の気持ちを変化させ、銀行員の誇りを失うことにつながりかねません。

　「貸出担当者の育成」という問題を考えるとき、最も重要なことは、銀行として取引先から信頼を得るに足る真っ当な貸出業務を行う土壌です。貸出業務という仕事を通じて取引先から感謝されることに喜びを感ずる職場でなければいけません。貸出担当者個人の能力やレベルを問題視する前に、上司である管理職者が指導者として正しい方向性を示すことができるのかという、銀行自身の目標設定のあり方や評価の仕組みが根底にあることを知る必要性があります。それは貸出ポートフォリオや収益の多寡ではなく、業績評価制度に踏み込んだ文化の改革かもしれません。

第2節

貸出業務の現状と実態—実績追求—

1 事例紹介

赤色銀行の貸出担当者A君、青色銀行の貸出担当者B君の話です。
それぞれが既存貸出先「甲社」「乙社」を訪問しました。

(1) 場面 1

——A君が「甲社」を訪問。
甲社長：金を借りたいのだけど貸してくれるかな。
A　　：いくらですか。
甲社長：3000万円でも5000万円でもよいよ。
A　　：よいですよ、社長。何に使う金ですか。
甲社長：実は株を買いたいんだ。
A　　：その株は担保に入れてくれますか。
甲社長：値が上がったら売っちゃうから、担保は面倒でいやだな。
A　　：担保なしでは稟議はむずかしいし、全部を担保に入れても、担保の価値は時価の70％しかみないから、どちらにしても担保不足で稟議は通らないですよ。
甲社長：なんとかしてよ、うちが部品を納めている会社（上場）は今度

```
　　　　新製品が出るんだよ。絶対に株価は上がる、だからいま買えば、
　　　　儲かるし、必ず返せるから大丈夫だよ。
A　　：社長、それってインサイダー取引にならないですか。
甲社長：大丈夫だよ。
A　　：僕も今期の貸出目標を達成するのにあと5000万円の貸出が必要
　　　　なんですよ。だからなんとか貸せればよいのですが……。社長、
　　　　借入理由は株を買うことにしないで増加運転資金にしませんか。
甲社長：借りられるならばどうでもよいが、どうすればよいの。
A　　：増加運転資金が必要になるように私が稟議書を書きます。
甲社長：すまないね、儲かったらすぐに返すから。
A　　：増加運転資金だから返されると困っちゃうから、ずっと借りて
　　　　いてよいですよ。借り続けてもらえれば銀行は利息も入るし
　　　　……。稟議書は僕が作文して適当にうまく書きますから。
甲社長：サンキュー、さすがA君はできるね。
A　　：これで僕も目標が達成できます。
```

(2) 　場　面　2

```
────B君が「乙社」を訪問。
乙社長：金を借りたいのだけど貸してくれるかな。
B　　：いくらですか。
乙社長：3000万円でも5000万円でもよいよ。
B　　：社長。何に使う金ですか。
乙社長：実は株を買いたいんだ。貸してくれるかな。
B　　：株を買う理由はなんですか。
乙社長：なんとかしてよ。うちが部品を納めている会社（上場）は今度
　　　　新製品が出るんだよ。絶対に株価は上がる、だからいま買えば、
```

儲かるし、必ず返せるから大丈夫だよ。
B　　：社長、それってインサイダー取引にならないですか。
乙社長：大丈夫だよ。
B　　：僕も今期の貸出目標を達成するにはあと5000万円の貸出が必要なんですよ。だけどインサイダーの疑いがあるような株を買うのに貸すことはできませんよ。無理です。
乙社長：じゃあ、株を買うということにしないで、ほかの理由にして借りることはできないか。
B　　：社長、実際の資金使途を偽ることはできませんよ。
乙社長：そこをなんとか、稟議書を作文して貸してくれないかな。
B　　：そんなことは僕にはできません。
乙社長：わかった、君には頼まない。赤色銀行に頼むよ。赤色銀行なら、株を買うのに、増加運転資金という形で稟議書をつくって、希望どおりに金を借りられるようにしてくれたと甲社長がいっていた……。

2　あなたならどうする

　上記事例は、インサイダーまがいの株を買いたいという取引先社長からのの申出です。
　赤色銀行のA君は、実態は株の購入資金であるのに、稟議書を増加運転資金と書くことで承認をとり、貸出を行うといっています。その結果、A君は今期の貸出目標は達成できます。
　青色銀行のB君は、稟議書を作文してまでインサイダーまがいの株式購入資金を貸すことはできないと断っています。その結果、B君は今期の貸出目標は達成できません。
　あなたはどちらの行動をとりますか。目標を達成するためには稟議書を作

文しても貸しますか、それとも目標達成のためとはいえ稟議書を作文することはできないと断りますか。

　正解がB君の行動であることはだれもがわかります。だれもがわかっていることですが、A君のような行動をとっている者は、どの銀行のなかにも必ずいると思います。それは、銀行という組織における実績評価の価値尺度が、目標を達成するかしないかで実績考課や人事評価に影響する仕組みであることを知っているため、悪いことではあると知りながら、悪いことをやってしまう人がいるのです。人は、自らの考え方や行動をする際に善か悪かという分別を行います。ところが、自分をよくみせようとか、よい評価を得たいという欲求が頭を持ち上げてきたとき、悪の誘いが善悪の分別より勝ってしまうことがあります。

　それでも多くの銀行員は善人であると、筆者は信じています。悪の誘いに乗ろうとする者も、自分の上司に気づかれたらどうしようというように、上司の目が気になるはずです。そういう躊躇した気持ちを超えて、悪いことのほうへその一歩を踏み出すのには、悩みを消す何かが働くのです。

　A君が悪いことと知りながら増加運転資金の稟議書を作文することを行動に移す場合、A君は2つの状況を見極めてから行うと考えられます。1つは、自分の上司はその稟議書が作文であるということを見抜けないと思っている場合、もう1つは、上司自身も目標を達成するためには、その程度のことはしてもとがめないし、バレても目標達成を優先し、見逃してくれるということを知っている場合です。

　どちらにしても、A君がそのような行動を行う背景には、A君および上司のモラールと、そういうモラールを醸成している経営環境、評価尺度とが背景にあると考えるべきです。

　A君、B君が同じ銀行にいる場合、実際の資金使途を偽って貸出を伸ばし目標を達成したA君のほうが真っ当な考え方をもつB君より評価が高いとしたら、疑問を感じませんか。

第 3 節

貸出業務の現状と実態―清濁併せ呑む―

1　事例紹介

　本章第2節の〈場面2〉に登場したB君が、上司であるC課長に同行し、同じような局面に遭遇したと仮定します。そこで、C課長は社長からの申出に応えるためにA君と同じことをいいました。
　すなわち本章第2節の〈場面1〉におけるA君と同じ発言をB君の上司であるC課長が行い、B君はそれを脇で聞いていたという場面を想像してください。B君は、貸すことを目的にウソの稟議書を書くことはできないという考えです。しかしC課長は、実態は株式購入資金であるのに増加運転資金という形で貸出を行うことを社長に約束してしまいました。
　ここで、2つの場面を想定しました。

(1)　場　面　1

>――支店への帰路、C課長とB君との会話。
>　B君はC課長に対して自分の考え方をいえずに困っています。しかし、上司が取引先の社長に約束したことを、いまさら非難する勇気はありません。B君は、C課長からの話し掛けに、仕方なく小さな声で返事をします。

C課長：B君、聞いていたとおりだ。株式購入資金じゃ稟議は通らないと思うので、増加運転資金という形で稟議書を書いてくれ。
B　　：はい。
C課長：数字は適当につくればよい。
B　　：……。
C課長：本当はこういうことをやってはいけないんだが……。
B　　：（じゃあ、どうしてこんなことをするのですか、と聞きたい心をじっと我慢して）はい、わかっています。
C課長：支店長にはいうなよ。これで当店の目標は達成できるのだから。B君ね、目標を達成するために、場合によっては「清濁併せ呑む」こともあるんだ。
B　　：はい。

(2) 場面 2

――支店への帰路、C課長とB君との会話。
　B君は勇気をもって自分の考え方をC課長に伝えます。やはり正しくないことをやらされることに納得していないので、C課長と気まずい雰囲気になります。

C課長：B君、聞いていたとおりだ。株式購入資金じゃ稟議は通らないと思うので、増加運転資金という形で稟議書を書いてくれ。
B　　：課長、ちょっと待ってください。
C課長：なんだ。
B　　：だって、私が稟議書を書くのですよね……。
C課長：本当はこういうことをやってはいけないんだが……。
B　　：やってはいけないことは、やめましょうよ。私もウソの稟議書を作文してまで書きたくはありません。

C課長：大丈夫だよ。うちの支店長は貸出経験がほとんどないから、増加運転資金が発生する中身まで突っ込んで聞いてこないよ。作文だってことはバレないから。
B　　：バレる、バレないという問題ではないと思います。
C課長：B君、君のいっていることはわかる。正論だ。だけど、これで当店の目標は達成できるのだから。B君、ここは目をつむって書いてくれよ。目標を達成するために、場合によっては「清濁併せ呑む」ことも必要なんだ。わかるだろう。
B　　：いいえ、わかりません。
C課長：支店長もこれで目標達成すれば喜ぶし、私も君も、みんなハッピーじゃないか。数字をちょっといじって増加運転資金の稟議書を書くだけなんだから。
B　　：ウソの稟議書を書いて支店長は喜ぶでしょうか。
C課長：支店長は稟議書の中身まで詳しく読まないよ。それより目標達成のほうに関心があるんだ。
B　　：私は稟議書を作文することはできません。勘弁してください。
C課長：わかった。君には頼まない。ほかの者に書かせる。

2　「清濁併せ呑む」べきか

　あなたがB君の考え方であるとき、本節の〈場面1〉と〈場面2〉とのどちらのB君を支持しますか。これはだれが考えても〈場面2〉が正論であることはわかります。ただし、実際の場面に遭遇して、あなたはこのようなことを上司にいえますか。

　純粋な気持ちで正論を上司にいうことは正しい行動です。しかし、現実の場面においては、正しくないと思っていながらも、それを指摘することに躊

躇するケースのほうが多いのではないでしょうか。見て見ぬふりをしたり、聞かなかったふりをして、かかわりたくないというのが本音ではないでしょうか。

銀行という職場に限らず、上司といわれる人の仕事の仕方や考え方を否定することは、非常に大きな勇気を必要とします。この事例のように、課長から頼まれた仕事について倫理的に疑問をもっても、実際にこれを拒否したり、「間違っている」と支店長に告発したりするのは相当な覚悟と勇気が必要です。

上司の指示命令に逆らえば、人事的にマイナスになるという結果につながりかねません。仮に、正しい行動をとったことを支店長が理解してくれるにしても、C課長との関係はきわめてむずかしくなります。

しかし、目の前の不正や倫理的に問題があることを見逃せば、自分の心に対して正直でなくなり、それは必ず悔いというよどみが心のなかに溜まります。それでもあなたは「清濁併せ呑む」ことをしますか。また、「清濁併せ呑む」ことで、自分を正当化し、納得することができますか。このジレンマは、多かれ少なかれタテ社会の組織のなかではみられる現象です。だから企業の不祥事がなくならないのだと思います。それは人間の弱さかもしれません。組織においては、「長いものには巻かれろ」という立場に自分を置いたほうが安全・安心なのでしょうか。

真の貸出担当者として正しく生きるには、正論を述べて心に恥じないような生き方を自らに確立しなければいけません。倫理的におかしな経営や方針に対して、自分の意思に反しながら上手に折り合いをつけながら生きていくのがよいか、それとも、厳しい試練や結果になるにしても、高潔な心をもって真と善とを求めて正義に生きるかは、これを読む人自身が決める問題です。筆者自身は正論を述べて生きてきたつもりですし、恥ずること、悔いることもありません。

寄り道 『こころ』から

「……悪い人間という一種の人間が世の中にあると君は思っているんですか。そんな鋳型に入れたような悪人は世の中にあるはずがありませんよ。平生はみんな善人なんです。少なくともみんな普通の人間なんです。それがいざというまぎわに、急に悪人に変わるんだから恐ろしいのです。だから油断ができないんです。」

……

「さきほど先生が言われた、人間はだれでもいざというまぎわに悪人になるんだという意味ですね。あれはどういう意味ですか。」

「意味といって、深い意味もありません。——つまり事実なんですよ。理屈じゃないんだ。」

「……私の伺いたいのは、いざというまぎわという意味なんです。いったいどんな場合をさすのですか」

先生は笑い出した。

……

「金さ君。金を見ると、どんな君子でもすぐに悪人になるのさ」

私には先生の返事があまりに平凡すぎてつまらなかった。

（夏目漱石『こころ』76〜79頁（旺文社文庫））

銀行員の多くは真面目であると確信しています。銀行員が、してはいけないことに手を染めてしまう人（悪人）になる「まぎわ」は、金ではなく、評価を得たいと思うときなのでしょうか……。

第4節

バブルを知らない銀行員

1　事例紹介

(1)　場 面 1

――甲社はＡ銀行と1960（昭和35）年に取引を開始しました。社長のＭ氏は30歳のときにプラスチック金型をつくる甲社を創業し、その後の運転資金や設備資金などはＡ銀行をメインに借りています。業績は順調に拡大して、工場も拡張し社員も増えてきました。
1988（昭和63）年夏、Ａ銀行の担当者Ｘ（当時29歳）が創業社長Ｍ氏（当時58歳）を訪問しました。

Ｘ：社長、業績は順調でよいですね。また借りてくれませんか。
Ｍ：新しい機械の購入資金で借りたばかりじゃないか。
Ｘ：そうですが、うちも貸出の目標があるんですよ。
Ｍ：必要な金はいつもＡ銀行さんにお世話になっている。金が必要になったらまた頼むよ。
Ｘ：今期中に借りてくださいませんか。
Ｍ：いまは要らないよ。
Ｘ：社長、冷たくいわないでくださいよ。どうです、株を買いません

か。ここ数年の株価はずっと上がっているじゃないですか。

M：私は株はやらないよ。損したら大変だ。

X：儲かるかもしれませんよ。株価をみればわかるじゃないですか。

（注）この時期の日経平均株価は毎年上昇していた。
年末時の終値でみると、1984年が１万1542円、1985年が１万3113円、1986年が１万8701円、1987年が２万1564円、1988年が３万159円、そして1989年にピークの３万8915円を迎える。

M：俺は金型づくりの職人だ。経済や株のことはわからない。

X：でも金型の注文をくれているＺ社の株ならもってもよいんじゃないですか。

M：俺は株はやらんといっただろ。余分な金は借りない。返せなくなったら大変だ。

X：じゃあ社長、土地を買いませんか。土地の価格はこれからも上がりますから、将来のために買っておきませんか。会社が順調に発展すれば社員も増えるし新しい機械も必要になるでしょう。数年もしないでこの工場では手狭になるでしょう。よい売り物があります。土地なら株のように下がることはないですし、どうですか……。

――このような経緯で、M社長は銀行が紹介してくれた土地をA銀行から１億円の借入れをして購入しました。ところが、バブルが崩壊した後、金型業界は不況に陥り、業績は低迷しました。甲社はリストラ策の第一弾として借入金を減らすために、いますぐには使わない１億円で買った土地を売りに出しました。ところが地価は下がっており、売値は5000万円でした。売却代金では１億円の借入金の半分しか返せません。借入金だけが残りました。銀行が勧めた土地購入資金ですが、返済方法の見直し等を申し入れても聞いてくれませんでした。売上げが落ちるなか、資金繰りが苦しくなり、運転資金の借入れを頼みに行っても、A銀行は貸してくれなくなりました。新しい担当者に借入金が多過ぎるといわれました。A銀行が勧めた借

入れなのに、過去の事情や経緯には触れず、借りた金は返してほしいというばかりで、M社長はその態度には我慢がなりませんでした。幸いにも、他の銀行がＡ銀行からの借入れを全額肩代わりして貸してくれるということになり、甲社はその銀行から借りて、1994（平成６）年にＡ銀行からの借入金のすべてを返済し、Ａ銀行との取引をやめました。

(2) 場面 2

——〈場面１〉から20年が経過。
　甲社は業務を縮小しながらも事業を継続してきました。その後、息子が事業承継し、新しい金型製造技術を開発したこともあり、業績は増収増益で推移してきました。
　2008（平成20）年秋、二代目社長のＮ氏（48歳）宛にＡ銀行の担当者Ｙ（29歳）が訪問しました。

Ｙ：こんにちは、Ａ銀行ですが、社長さんはいらっしゃいますか。
Ｎ：私が社長だが、何の用。
Ｙ：（名刺を出して）私どもは駅前にあるＡ銀行ですが、ご挨拶に参上しました。
Ｎ：Ａ銀行には用はないよ。
Ｙ：貴社はご業績がよいようですが。
Ｎ：業績がよくてもＡ銀行さんには関係ないでしょう。
Ｙ：もしご資金がご必要とあれば、私どもからもお借入れをしていただければと思いまして……。
Ｎ：あのね、うちはＡ銀行さんとは取引はしないの。
Ｙ：そんなにはっきりいわれると困るのですが……、何か理由でも。
Ｎ：理由。本気で聞いているのかい。

Y：もし事情がありましたらお聞かせください。

N：あのな、そんなことは自分の銀行に帰って調べてこいよ。

Y：……。

N：うちに来るにあたって過去の取引経緯を調べて来なかったの。

Y：以前は当行と取引があったのですか。

N：あのな、この際いっておくが、うちはおたくの銀行に勧められて1億円の借金をして土地を買ったが、バブルがはじけて大変な苦労をしたんだよ。貸しておきながら、返せ返せでいじめられたのよ。そんな記録はもう残っていないのか。俺は親父から社長を引き継いだとき、親父から「俺の目が黒いうちは、絶対にA銀行と取引はするな」といわれている。

Y：それは申し訳ありませんでした。

N：そのときの担当者の名前はMという名だったと聞いているが、そのMって奴はまだ銀行にいるのかい。

Y：昔当店にいましたMはいま、審査部長です。

N：何、変な貸出を勧めてうちを困らせた人物がおたくの銀行の審査部長だって。親父がそれを聞いたら驚くだろうな。親父は78歳でまだ目が黒いから、おたくとの取引は絶対に無理だな。帰ってくれ。

Y：……、失礼いたしました。

M：うちに来るなら、バブルのときにどういうことをやって迷惑をかけたのかくらいのことは調べてから来い。親父がここにいたら怒鳴りつけられるぞ。「どんな面してうちへ来たんだ」って。

2　バブルを知らない銀行員

「バブルを知らない銀行員」という言葉が、「戦争を知らない子供たち」と

いう歌の題名をもじったものであるということに気づいた人はいるでしょうか。

「戦争を知らない子供たち」という歌は、戦争が終わった後の平和な時代に生まれ育った戦争を知らない世代という事実を的確に表している言葉です。この歌には、戦争を経験してきた大人たちが戦争を知らない子どもたちである筆者たちに送るメッセージがあるように感じています。それは、戦争の恐ろしさや残酷さや哀しさの実態を知ろうともしないで、いまを自由に生きている私たち世代に対して、好き勝手にいいたいことをいいながら世間知らずの軽薄な生き方をしているのではないかという、戦争を経験してきた大人の皮肉な見方が裏に隠されているようにも感じます。

「バブルを知らない銀行員」という言葉を使ったのは、上記と同じような考えからです。「バブルを知らない銀行員」という言葉は「バブルを知っている銀行員」の存在と対比して使いました。

筆者が使った「バブル」という言葉は、バブル景気とその後のバブル崩壊による景気後退である平成不況との両方の期間のことを指します。銀行の貸出業務を考えるとき、バブル景気とその崩壊が、銀行、なかんずく貸出業務に与えた影響は計り知れないものがあると思います。それを「バブルを知っている銀行員」（＝役員・管理職）と、「バブルを知らない銀行員」（＝課長以下の担当者）とを対置させることで、現在の貸出業務に対する認識や考え方、行動を考えています。

「バブル景気」は、概ね1986(昭和61)年12月から1991(平成3)年2月までの4年3カ月の期間を指します。その後の景気循環に関しては、内閣府が行う景気の判定によれば、第一次平成不況（1993年10月まで）、カンフル景気（1997年5月まで）、第二次平成不況（1999年1月まで）、IT景気（2000年11月まで）、いざなみ景気（2007年10月まで）となっています。

2005年1月に開催された衆参本会議において、竹中平蔵経済財政政策担当大臣は経済演説で次のように述べました。「私は、不良債権問題の終結がみえたいま、もはやバブル後ではないと明確に申し上げたいと思います」（下

線は筆者による）この演説は昭和31年の経済白書で「もはや戦後ではない」（下線は筆者による）と宣言された表現をまねた言い回しです。そのようにいわしめた背景は、その後に続く演説で「主要行の不良債権比率を半減するという目標はその達成が確実に見込まれます」ということを根拠にした発言でした。

　竹中大臣が2005年1月に行った「バブル後ではない」発言は、主要行の不良債権比率が目標としていた水準にまで下がったことからされたものです。しかし、いまの銀行における貸出業務を考えるとき「いまはバブル後である」と考えなくてはなりません。その理由は、バブル景気、バブル崩壊を通じて、貸出業務をめぐる環境と認識が大きく変わったからです。

　たとえば、金融庁の設立、金融機関に対する早期是正措置、自己査定制度、BIS自己資本比率規制、金融機能安定化緊急措置法などはバブル景気以前はありませんでした。かつてあったがなくなったものとしては、金融行政における通達行政やいわゆるMOF担があります。いくつもの銀行が破綻し、長期信用銀行がなくなりました。土地担保神話も崩れました。

　銀行においては、不良債権問題を反省し、貸出業務の基本・原点に戻るという決意がそこにあったはずです。現在の貸出業務は「バブル後」の状況・環境下で行われているということです。

　しかし、多くの銀行から聞こえてくる現場の声によれば、「はじめに」で述べたような収益至上主義が強く打ち出され、良質貸出を求めるという貸出業務の基本がないがしろにされているようです。そこにはバブル期の貸出の反省は活かされていません。特に「バブルを知らない銀行員」は、バブル時期の銀行本位の貸出で取引先に迷惑をかけたこと、銀行自身に不祥事が生じたことを知らないまま育ち、いままで、収益至上主義という状況が当り前であるなかで仕事をしているように思えてなりません。

　バブル景気とその後の崩壊によって生じた取引先とのさまざまなトラブルや出来事について、自らがそれを経験した「バブルを知っている銀行員」たちは、それぞれの職位・職責において、「バブルを知らない銀行員」に二度

と同じ過ちは犯さないということをしっかりと伝えていかなければなりません。

「バブルを知らない銀行員」は取引先に迷惑をかけた過去の実態を知ろうとせず、貸出事務も預金の知識もないまま貸出業務を行うようでは、取引先からは世間知らずで薄っぺらな銀行員ではないかという皮肉られた見方をされているかもしれません。また、銀行はどのような教育を行っているのかという目で取引先はみています。

銀行と貸出先との関係で考えてみますと、銀行の支店長・担当者は2～3年で転勤して交替しますが、取引先は長年にわたって同じ場所で事業を続けており、中小企業のオーナーも変わりません。過去にあった事実を取引先はいまでも覚えているのに、銀行側がそれを知らずに商売することでよいのでしょうか。過去にどのようなトラブルがあった等々の主要な取引経緯について、銀行側が記録せず、引継ぎしていないとしたら問題です。

「貸出担当者の育成」というテーマを考えるとき、現在の担当者である「バブルを知らない銀行員」は、バブル景気、バブル崩壊後はどのような時代で、何があったかを知ることが大事であると思います。バブル期における銀行貸出の失敗は、貸出業務を行う人材を育成するうえで必ず学ばなければならないことです。

> 寄り道　『銀行経営戦略論』から
>
> 　昔、銀行員がバンカーと呼ばれていた時代には、顧客企業のことは隅から隅まで熟知していた。したがって情報生産の品質はきわめて高く、積極的に経営者に助言を行うことで能動的にリスクを管理していた。企業の経営者に対し、投資を思いとどまらせたり、逆に思い切った事業展開を提案するという指南役を担っていた。
>
> 　しかし、今の銀行員の多くは、残念ながらこうした役割を担っていない。……顧客の事業に対する理解が低下しただけでなく、顧客に「言われれば動くが、言われないと動かない」受け身の存在になってしまった人が多い。

> ……
> また、担保さえあれば貸すという安易な営業が、逆に担保がなければ貸せない人材を大量につくり出すことにつながった。「いまの若手銀行員の多くは企業を見る目がない」という声は至るところで耳にする。
>
> （本島康史『銀行経営戦略論』37頁（日本経済新聞社））

3 バブル期の銀行の反省

　バブル期に貸出関係の大きな不祥事が続きました。それは国会でも問題になりました。国会に参考人として招致された当時の銀行経営者がどのようなことを述べたかを知ることは、「バブルを知らない銀行員」にとって有用であると考え、その一部をここに紹介します（第121国会・参議院「証券及び金融問題に関する特別委員会」第5号（1991年9月5日㈭）の議事録より抜粋）。

　　① F銀行の架空預金による不正融資事件に関する同行頭取の発言

　　「このような事件を引き起こした行員を私どもの銀行の中から出したという……やはり背景に収益偏重、収益至上主義の営業方針が強く出過ぎまして、現場の支店長も業績推進に傾斜し過ぎましたために、支店長ほか営業店の責任者がこれらの管理システムを有効かつ適切に作動させ得なかったというように銀行の事務管理運営に欠けるところがあったと思います。また、……倫理観を失った人間を見抜く判断力が曇ってしまっていたのではないか、このように考えています」

　　「一連の事件の背景には、金利の自由化の流れの中で収益に重点傾斜をいたしまして、かつバブル経済の浸透がそれを助長したというようなことがあったろうかと思います。そんな中で、経営

として収益偏重、収益至上主義に陥ったことがあろうかと思います。こうした中で行員の育成指導、教育管理に万全を欠いたと言わざるを得ないと思います。……

　昨年度から当行は収益偏重、収益至上主義の弊を改めまして、先進のベストバンクという新しい企業理念を打ち出しまして、広く社会に支持される銀行を目指してスタートしたところでございます」

　「人事評価、教育、それから業績表彰、目標制度、いろんなそういった経営管理手法、仕組み、そういったものはやはり行員を営業偏重に走らせる一つのベースがあったということは私どもも事実だというように思います。……したがいまして、ご指摘になった人事評価の仕組み、業績表彰、そういったことにも管理というものを入れて、あるいは職業倫理とかルールを守ろうといったような側面からも十分に評価をしていこうというように改めていくつもりでございます」

② 　S銀行の巨額融資に関する同行頭取の発言

　「ややもすれば営業推進面に対する審査部門の独立性を弱めることになったことは否定できないかと思います。これが……、営業面におきまして行き過ぎた面が出てきた際に、審査部門が十分な抑制機能を果たせなかったことにつながったということで反省をいたしております。さらに、組織面での問題に加えまして、人事評価、支店評価におきまして業績面を重視し過ぎましたことも、これらの背景としてあったと厳しく受け止めております」

　「近年では金利自由化の進展、国際的な自己資本比率規制の導入等から、銀行経営上、収益というものの重要性が一層高まってきたわけでございます。しかし、当然のことではございますが、収益を重視するとは申しましても、そのために銀行の公共性、社会性、社会的な責任に反することまでしてよい、言い換えます

と、収益を上げるためには何をしてもよいといった方針をとったことは決してないつもりでおります。しかし、ここ幾年かの間にいつしか私どもの組織並びに管理体制に一部緩みが生じまして、現実に一部、収益追求の行き過ぎというものがありましたことは厳然たる事実として受け止めております。……私どもといたしましては、信用によって立つ銀行といたしまして、二度とこのような不本意な事態を招くことのないように、信用と公共性という金融の原点に立ち返りまして、人事、教育、組織、体制等、業務運営の全般にわたる見直しを行いまして、バランスのとれた経営を確立することによりまして信頼の回復に全力を挙げて取り組んでまいる決意をいたしております」

この国会議事録を読みますと、問題となった貸出関係の不祥事に関して、2行の頭取が、原因・対策について同じ内容のことを話していることに気づきます。不祥事を起こした原因については、収益偏重、収益至上主義の営業方針が強く出過ぎたことをあげています。そして対策については、人事、教育、組織、体制等、業務運営の全般にわたる見直しを行うという点です。

このことは、国会で取り上げられるような大きな不祥事につながらないまでも、貸出業務を行ううえで、バブル期の反省をするとき、どの銀行でも同じことがいえるのではないでしょうか。すなわち、公共的使命を帯びた銀行が、取引先から信頼を得る正しい貸出業務を行うためには、銀行の都合を優先させるような過度の収益至上主義およびそれを助長する人事評価体制等では、間違った方向に行く傾向があるということです。

前節で述べたとおり、普通は善なる考え方をもっている人間でも、いざという「まぎわ」に正論を外れる行動をする原因について、夏目漱石氏は『こころ』のなかで「金」だといっていますが、いまの銀行員においては、それぞれの銀行内の人事の評価尺度が大きく影響しているといえます。それが競争をあおり、倫理観を失わせる行動に走らせることになったということを強く反省すべきです。

寄り道　「バブルの原因再考」から

「金融機関が企業・個人に対し不動産や株式などへの投資・投機資金を積極的に融資したこと、即ち金融機関の財テク融資の増大によりバブルは大きく拡大したが、このような金融機関行動の原因としては第一に金融機関とそこに働く銀行マンが激しく競争していたことがあげられる。当時の金融行政は護送船団行政として広く知られており、金融機関や銀行マンは行政の庇護の下で競争とは無縁の日々を過ごしていたような印象があるが、実際は金融機関や銀行マンは護送船団の中で激しい競争を繰り広げていた。」

「現実は、どの金融機関も銀行マンは毎日激しい競争にさらされ、数字に追われていた。」

「組織で働く者にとって共通の最大の関心事は人事であるが、毎年の人事で勝者となるためには組織が求める数字を作ることは当然で、それに加えて行内政治においても巧者であらねばならない。」

「子供の頃から有名校を目指した受験競争に加え、就職時の厳しい選抜を勝ち抜いて入行してきた銀行マンの行内での競争は激しくストレスの強いものであった。」

（楠壽晴「バブルの原因再考(上)」預金保険研究5号）

（注）　筆者は元預金保険機構総務部長、執筆時は財務省勤務で、論文はホームページで閲覧できます（http://www.dic.go.jp/kenkyu/2005/5-2.pdf）。

第5節

「貸出担当者の育成」が経営課題になる背景

1 「バブルを知っている銀行員」

　いまの時代、なぜ「貸出担当者の育成」というテーマが経営から求められるのでしょうか。自行内に貸出業務を行える人材が少ないため、同業務を行う人材を育成する必要性があるということをいう前に、そもそも若手に対する貸出業務の教育・育成を行うことができる管理職者が自行内に数少ないという現実は認識されているでしょうか。

　第4節で、「バブルを知らない銀行員」と「バブルを知っている銀行員」という分け方をしました。現在、若手を教育・育成する立場にいる管理職者は「バブルを知っている銀行員」ですが、彼らがいまから10～20年前に行った貸出業務は、果たして真っ当な貸出であったかということが問題になります。

　バブル景気のとき、本章第4節の〈場面1〉の担当者Xのように、ともかく銀行の目標のために、取引先の事業遂行に必要な本来の資金需要のほかに、土地、株式、高級美術品、ゴルフ・リゾート会員権等々や、博打的要素がリスクとして潜在しているデリバティブ商品を買ってもらうための貸出をしてきた人たちがいます。

　銀行の都合を優先した収益稼ぎのための貸出を推し進めてきた結果、それらの多くが不良債権になりました。現在、現場管理職者や本部役員になって

いる人のなかにはそのような時代を経験した人がいます。

　いまにして思えば時代の流れであったかもしれませんが、省みて貸出業務の王道を歩んできたとはいえない人たちが、若手に貸出業務の王道と本質とを教えることは、ためらいやむずかしさを感ずることがあるのではないかと思います。バブル崩壊後の長い不況の期間、アゲインストの風が吹くなかで貸出業務を行ってきた人も然りです。要するに、現在の管理職者や役員のなかに、自らは貸出業務の一流プレーヤーであると自負をもっていえる人は少ないというのが多くの銀行の実態であり、悩みなのではないでしょうか。

　貸出業務の経験が乏しく、実務を知らず、貸出業務の実際や本質を理解していない支店長や経営者が、収益という数字的目標だけで部下を管理している現実は、スポーツの世界にたとえていえば、選手経験がない人が監督になり、自らは教える基礎や技量がないのに、全選手に対して一律的に数字的目標を与えて競わせ、精神論で勝つことを要求しているようなものです。

　このような貸出業務を行っている銀行では、必ずといってよいほど現場から次のような不平不満が出ています。「本部の連中は現場のことをわかっていない」「支店長は貸出業務の本質を知らない」「倒産したが実損は回避したのに評価されていない」「危ない先にでも貸せばよいのか」……と。

　しかし、このような現場の声が聞こえない・通じない組織、聞こえても耳を傾けない役員がいる銀行では、いくら「貸出担当者の育成」を声高にいっても、人材は育ちません。担当者が育っても、それを正しく活かせる現場でなければ、育成された人材が実力を発揮できないからです。

　したがって、「貸出担当者の育成」というテーマでは、若手だけではなく、真っ当な貸出経験をしてこなかった「バブルを知っている銀行員」たちも正しい貸出業務を学ぶ必要があると思います。

寄り道　『海軍勤務心得之條』から

　部下を指揮する場合の心得として……、私自身の今日までの経験を通じてもっとも感銘を受けたのは、戦時中連合艦隊司令部長官として活躍された山本五十六大将から聞いた次の心得である。
　「やって見せ　言って、聞かせて、させてみて、ほめてやらねば人は動かぬ」これを分解して説明すると次のとおりである。
　「やって見せ」とは、部下に対して正しい模範を示してやる。そのためにはそれだけの実力が必要である。……
　「言って」とは、説明することであるが、部下がわかってくれないと意味がないから、わかりやすく説明しなければいけない。……
　「聞かせて」とは、部下に対して説明したことを、部下が「わかりました」と納得することである。そのためには一回だけではなく、数回繰り返して、わかるまで教えてやることが大切である。
　「させてみて」とは、実際にやらせて、頭だけではなく体で覚えさせることである。すなわち体験させるということである。
　「ほめてやらねば」とは、人間はほめられると嬉しくてやる気をもつものである。だから、やらせたことが出来た場合には、必ずほめて励みを与えてやることが大切である。……
　　　　　（上村嵐（元海軍少佐）『海軍勤務心得之條』152～153頁（柏心社））
「貸出担当者の育成」というテーマでは、若手のレベルアップだけでなく、OJTの役割を担う上司・管理職者が見本となる仕事を「やってみせ、いって聞かせる」ことができなくて、「させる」だけではダメです。また「ほめる」仕組みがないと、気持ちよく働かないことも事実かと思います。

2　成果主義とモチベーション

　銀行というタテの序列階層が存在する組織において、数字で結果を測る成果を求める仕組みで管理すると、担当者は自由度と責任とのバランスを崩してしまいます。それが行き着く先の弊害として、自分の自由度を超えたところまでの責任を問われ、権限がない自分の能力ではどうしようもない状況になると、ルールを度外視してでも自分の成績を実際以上に高くみせる手練手管に手を染めるようになります。まさに前述の「寄り道」のとおり、夏目漱石氏が『こころ』で書いたように、「まぎわ」が人を悪人に変えてしまうことになるのかもしれません。

　本章第2節の〈場面1〉で登場するA君、本章第3節の〈場面1〉〈場面2〉で登場するC課長などは、まさに自分の成績を実際以上に高くみせたい、評価されたい、その結果多くの賞与をもらいたい、早く昇格したいという願望のために、「まぎわ」になって、いけないことだと知りながらもルールの一線を超えてしまうのだと思います。

　場合によっては、上司や特定の人との人間関係に依存し、自分に対して恣意的、情実的な判断をしてもらい、自分の評価を上げようとする社内政治的な動きにまで走るようになります。本章第3節の事例〈場面1〉で登場するC課長とB君とは、このような関係に陥っているといえます。

　銀行の支店長・次長・課長・代理・担当者という序列による管理構造において、銀行員はその序列を上がることがモチベーションになっています。

　前掲「バブル原因の再考(上)」でも、銀行員について次のように書かれていることを紹介しました。「組織で働く者にとって共通の最大の関心事は人事であるが、毎年の人事で勝者となるためには組織が求める数字を作ることは当然で、それに加えて行内政治においても巧者であらねばならない」と。

　このような組織環境や評価尺度が貸出業務に携わる人材を活かしきれない状況にしているのです。そのため、いまの貸出担当者は、取引先のために役

に立つことを行うことで取引先から感謝され、信頼を得ることが自らの喜びであるという意識が希薄化しているようです。それよりも、収益という数字的成果をあげて上司から褒められることが自分の評価につながり、それが人事的尺度の階段を上がることになり、そこに喜びを感ずるというほうへ、モチベーションの原点を履き違えるような現状になっていないでしょうか。もしそうであるならば、それは担当者の意識を責めるという問題ではなく、まさしく経営のあり方が問われていると考えなくてはならないと思います。

3 貸出業務における公正公平な評価

　第4節3で紹介しましたが、F銀行の頭取は国会で次のように述べています。

　　　人事評価、教育、それから業績表彰、目標制度、いろんなそういった経営管理手法、仕組み、そういったものはやはり行員を営業偏重に走らせる一つのベースがあったということは私どもも事実だというように思います。……したがいまして、ご指摘になった人事評価の仕組み、業績表彰、そういったことにも管理というものを入れて、あるいは職業倫理とかルールを守ろうといったような側面からも十分に評価をしていこうというように改めていくつもりでございます。

　バブル期のこのような反省に基づき、各銀行は貸出実績を公平公正に評価する仕組みを築くという考えを示しましたが、現実にそのような尺度をつくり、使用しているのでしょうか。
　簡単な事例でそれを検証しましょう。
　格付が低い危険な取引先「甲社」に、資金使途を確認せず、無担保で3000万円を貸し込んだAと、3000万円の貸出がある格付が低い危険な取引先「乙社」から3000万円を回収したBとがいます。数字の比較では、Aは＋3000万

円、Bは▲3000万円となります。しかし、半年後に「甲社」も「乙社」も倒産しました。結果として、Aは▲3000万円の実損を被り、Bは損失ゼロでした。さて、皆さんの銀行では、この場合の実績についてAとBとではどちらが評価されますか。

「結果がすべて」という言い方があります。この場合の「結果」とは、当期の貸出増減実績のことをいうのでしょうか。それとも翌期以後の損失の有無のことをいうのでしょうか。

この問掛けは、そもそも「貸出担当者の育成」というテーマで育成したいとする人材の具体的なイメージを経営はどのようにとらえているか、そこに具体的モデルがあるのかを問うものです。

倒産するかもしれない危険な取引先に貸し込んで残高を上げたAを評価するか、債権管理を行って損失を防いだBを評価するかで、その銀行の経営が求めている貸出業務における優秀な人材、評価される人材についてどのような姿を想定しているかがある程度わかります。

本章第1節であげた会話のように、与信判断力より収益の獲得、数字の伸長、そのための交渉力を重視する人材が欲しい銀行はAを評価すると思います。貸出業務の要諦は債権保全であるということに大事を見出す銀行はBを評価すると思います。

そもそも、目にみえ、数字で管理できることと、質的かつ主観的な基準が入ることとを同じ土俵で評価することはむずかしいでしょう。しかし、むずかしいから数字で管理する方法に頼らざるをえないといって、現状の手法を肯定する理屈には感心しません。

多くの銀行では、貸出判断を行うに際して、財務内容を定量的分析で行うだけでは不十分として、実態把握を進める定性的分析の重要性を説いていると思います。貸出判断の際、定量的分析と定性的分析との両方を重要視するごとく、担当者の実績評価も数字化できる部分と数字化できない部分とをバランスよく併存する形にして、できる限り公正公平であると納得してもらえる評価尺度を示すことが重要であると考えます。

貸出業務の担当者は、与信判断、債権管理、事務管理の3つともしっかり行わなければならないというのが筆者の持論です。貸付課・融資課という組織はこのような仕事を行うのが本来の姿です。貸出判断は形ばかりで、債権管理、事務管理はスタッフの仕事であるから積極的には関与しない、自分の使命を貸出金額を大きく伸ばし収益を稼ぐこととするのは、本当の貸出業務とはいいません。

　取引先にとって不要な金を貸すこと、あるいは金融商品を売り込むことで収益を追求することが目的であると考えるならば、貸付課・融資課という名前は返上すべきです。ほかにも、商売斡旋や取引先の紹介等で恩を売ったバーターとして、資金需要がないのに借入れに応じさせ、リスク商品を貸出代わり金で買ってもらったり、既存の短期借入れを収益欲しさに私募債に乗り換えさせたりするようなことを行うのは、本来の貸出業務ではないと筆者は考えます。

　筆者が現役の頃と比べ、現在の貸出担当者のレベルはかなり低くなったと感じています。それは個人の能力とか資質という問題ではなく、経営的な問題が影響していると考えます。それは大きく2つの理由が考えられます。1つは、いままで述べてきたように、あまりに収益という成果主義に走らせた結果、貸出業務を取引先本位に考えることより、銀行本位に儲けることを優先する動き方になっていることです。2つ目は、貸出業務について、効率化・合理化ということで担当者自身が行うべき仕事を細分化し、組織的にも分断したことによる影響です。

　貸出事務を組織的に分けることで貸出数値を伸ばす営業に邁進・専念する環境は整ったとして、担当者はそれで存分に数字を伸ばせるとでも本気で思っているのでしょうか。そのため、貸出事務を知らない貸出担当者になりました。決算書はコンピュータ分析に任せた結果、生の決算書が読めない貸出担当者になりました。事務を別スタッフの組織にしたことで、銀行取引約定書は読んだことがない、不動産担保の設定にはどういう契約書が必要で、どのような手続を経るか知らない、商手の預かり方どころか、手形要件という

基本中の基本であるチェックの方法を知らない、しかし収益を稼ぐ知恵は発達しているという「ちびっこギャング」のような貸出担当者になりました。そのような担当者が積み上げた貸出残高の数字の裏側にシロアリやウイルスが潜んでいたとしても、担当者がそれに気づかず、上司もそれを見破ることができないのではないかと心配になります。

筆者は貸出担当者を評価するとき、実績を数字で目標管理するだけでなく、事務能力や債権保全面で発揮する法的知識などの基本的能力も評価の対象に加えるべきと考えます。

寄り道　「道楽と職業」から

開化の潮流が進めば進むほど、また職業の性質が分かれれば分かれるほど、我々は片輪な人間になってしまうという妙な現象が起こるのであります。言い換えると自分の商売がしだいに専門的に傾いてくる上に、生存競争のために、人一倍の仕事で済んだものが二倍三倍乃至四倍とだんだん速力を早めておいつかなければならないから、その方だけに時間と根気を費やしがちであると同時に、お隣りの事や一軒おいたお隣りの事が皆目分からなくなってしまうのであります。……つまり吾人の社会的知識が狭く細く切り詰められるので、あたかも自ら好んで不具になると同じ結果だから、大きく言えば現代の文明は完全な人間を日に日に片輪者に打崩しつつ進むのだと評しても差支えないのであります。

（夏目漱石「道楽と職業」『夏目漱石全集10』（筑摩書房））

（注）明治44年8月、兵庫県明石で行った講演記録から抜粋

約100年も前に夏目漱石氏は、細分化された専門的な仕事を行うため、生存競争で生き抜くためには、普通の2～4倍の仕事量をスピードをもってしなければならず、その結果、隣の人が何をしているかがわからなくなるといっています。そのようなことは、あたかも人間を不具にするようだ（＝一人前ではない）と評しています。

貸出事務を知らない、貸借対照表を読めない、契約書を読まない、条文を

> 理解していない、説明ができない……、そういう貸出担当者でよいのでしょうか。そういう人物が取引先から真に信頼される貸出担当者としてみられるのでしょうか。翻って、そういう銀行は取引先から信用を得られるのでしょうか。

4 貸出業務を通して得る喜び

　貸出担当者であるあなたが貸出業務を行うことで感ずる喜びとはなんでしょうか。あるいは貸出業務を行うにあたって、どのような喜びを感じたいと思って仕事に励んでいるでしょうか。
　現在、貸出業務を担当している人たちの多くは、次のように答えるかもしれません。それは「目標を達成したとき」「上司に評価されたとき」という答えです。このような答えを間違いだとはいいませんが、筆者はこのような答えに失望します。なぜ失望するかわかりますか。それは、この答えは取引先から受けた感謝の言葉に対して喜ぶのではなく、行内で褒められたことに喜びを感じているからです。
　貸出業務はだれのために行うのでしょうか。銀行や上司のために、与えられた目標を達成するためでしょうか。それを全面的に否定するものではありませんが、貸出業務の本質はそうではないはずです。貸出業務は銀行の使命として取引先のために行うのです。そうであるならば、取引先に対して行った貸出業務について、取引先から感謝されることに一番の喜びを感じなくてはならないと思います。
　取引先から感謝されることより目標達成感や上司に褒められたことに喜びを感じている貸出担当者は、いま一度だれのために貸出業務を行っているか考えてほしいと思います。また取引先から感謝されるような貸出業務を行っている意識はなく、取引先から感謝されたことがないとしたら何をかいわん

やです。

　貸出業務に係る人材の育成問題を考えるとき、その仕事を通して得られる喜びを教えることが大事です。貸出業務の仕事を行うことで得られる喜びや夢を語らずして、成果だけを求めたり、競わせたりすることで人材の育成を図ることはできません。

　筆者が貸出担当者として第一歩を踏み出したとき（1974（昭和49）年）、銀行の貸出業務は第二のホンダやソニーを見出す仕事であると教えられました。企業の発展過程において銀行の貸出業務が果たす役割ということを教えられ、おもしろさを感じ、夢をもちました。自分が担当した取引先を、貸出取引を通して大きく発展させ、一流の大企業に育て上げることができれば、貸出担当者冥利に尽きると思いました。

　ですが、いまの日本で実際にその夢が実現することはきわめてむずかしいと思います。いまの日本経済では昭和30年代や40年代のような右肩上がりの経済成長は望めません。高度経済成長ではない世界で貸出業務を通して第二のホンダやソニーにめぐり合うことは容易ではないと思います。

　ベンチャー企業向け貸出にそういうチャンスがあると安易に思い、積極的に貸し込んでいくことは危険です。ベンチャー企業を起業するオーナーたちは大きな夢を熱っぽく語ります。銀行員は冷静にその話を聞かなければなりません。ベンチャー企業のオーナーが語る夢に惚れすぎて、その夢に賭ける貸出は感心しません。貸出業務は、その取引先が大きく化けるかどうかというギャンブルの手段ではありません。

　銀行はベンチャーキャピタル会社と違います。銀行は、預金と貸出とをあわせ行うという基本的立場を考えるとき、貸出を行う際、返済が確実に行われるかという実態把握、与信判断が大事になります。資産が乏しいベンチャー企業が大きく成長するには、かつての高度経済成長時代のような流れや勢いが必要でしょう。低成長経済のなかで、貸出業務を通して第二のホンダやソニーのような大きな夢にめぐり合うことはむずかしいと思います。

　しかし、貸出業務を通して得られる喜びの本質は変わらないと考えます。

ホンダやソニーほどに大きくならなくても、貸出取引を通して中小企業のトップの方々から感謝される言葉を受けたときは嬉しいものです。

また、貸出業務に携わると取引先の事業を通してさまざまな業界業種のことを学ぶことができ、経済の実態や世の中の出来事をみる眼が磨かれます。さらに、多くの人と出会うことで自分自身を高めることができ、人間としての幅を広げてくれる機会になるとも思います。そして、将来においてもつながりがもてるような人間関係を築くことができ、自分の財産となる人脈を得ることもできます。これらは貸出業務を行うことで得られる喜びであると思います。

このように、貸出業務を経験することは、自らの知識や見聞を広げ、深めるとともに、取引先の社長ほかの人たちとのつながりから生き方を学び、自らの人格を高めることができます。これらのことは数字では測ることができない素晴らしい経験であり、財産です。

銀行で貸出業務に携わる仕事に就けたことは、必ず将来、それを誇りに思い、喜びと感ずることができると、筆者は自信をもっていうことができます。その時々に目標を達成したかどうかなどということは忘れても、よい仕事をして感謝されたことと、自分がそれによって成長したという実感は、生涯にわたって忘れることはないでしょう。

寄り道　『本田宗一郎　思うままに生きろ』から

　昭和25年3月……、本田、藤沢の合意で地元、浜松での将来の資金調達は断念し、東京京橋槙町の東京営業所の近辺の銀行に取引を移すことにした。藤沢は営業所の近くにある銀行支店を軒並みまわって歩いてみた。そのなかに三菱銀行京橋支店があった。

　藤沢の話を熱心に聞いてくれたのは、当時の三菱銀行京橋支店長の鈴木時太だった。……鈴木時太は度胸のすわった大男の藤沢に魅了された。それに藤沢から伝え聞いた希代の発明家社長の本田宗一郎に強い興味を持った。……鈴木は一目で本田宗一郎が本物の技術の天才だと知る。この風変りなコ

ンビが経営する本田技研、新しい顧客になりそうな本田技研という会社の一部始終を、本店の審査担当常務の川原福三（のちに副頭取）に報告した。そこで川原も鈴木と同様に、本田技研に大いなる興味を持ったのである。

　やがて三菱銀行と本田技研の本格的取引がはじまる。……

　川原専務は、本田、藤沢の二人に聞いた。

「世界をめざす会社にする、という気持ちはよくわかりました。でも会社が大きくなり、立派になったら、やはりご両人の子供さんや孫に引き継がせますか」

　本田宗一郎は間髪を入れずに答えた。

「もうその話は、とうに専務と話し合って決めています。自分たちの子供は会社にも入れさせません。後継者は社員の中から一番優秀なヤツにします」

「社長、社員にいいヤツがいなけりゃ、世界の40億人の中から選んでもいい、と決めたじゃないの」と藤沢が補足した。

　川原は二人の言葉に感動し、二人を深く信頼することになる。……

　川原福三は、三菱銀行の慎重派の役員を説得してまわった。担保の不足も目をつぶり、さらに本田技研の納入業者の問い合わせには、「本田技研は大丈夫です」と、非公式の信用保証すら与えたのである。

　かくして本田技研の最大の危機は奇跡的に回避された。この危機脱出ののち、藤沢武夫は、全役員にことあるごとに三菱銀行の恩を次のように語って聞かせるのである。

「三菱銀行の英断がなければ、本田技研は潰れていた。本田技研が存続する限り、三菱銀行の川原福三、鈴木時太さんらの名前を永久に忘れてはならない」

　ちなみに川原福三、鈴木時太が三菱銀行を退職すると、本田技研は子会社や財団の要職に二人を据えて遇した。

（梶原一明『本田宗一郎　思うままに生きろ』219〜222頁（講談社文庫））

5　貸出業務の人材を育成し活かす

　第1章で述べてきたことを総括すると、貸出業務において人材を育成し活かすということは、担当者のみならず、現場の管理職者や本部役員たちを含め、銀行全体が貸出業務の本質を正しく理解することから始まります。そして、本当の意味で取引先のために真に役に立つ真っ当な貸出業務を行うことで、人材を活かし、取引先からの信頼を得ることができるようになるのです。それが銀行に安定的な収益を生む健全な貸出資産となるのです。
　バブル期を経験した反省の上に立ち、銀行は、そして貸出担当者はもう一度、次の考え方のどちらに立つべきかを確認すべきです。
　　　◇取引先本位の貸出業務を行うか、銀行本位の貸出業務を行うか。
　　　◇長期的に取引先から信頼を得、感謝される貸出業務を行うか、短期的な収益稼ぎで上司から褒められるための貸出業務を行うか。
　　　◇貸出判断・債権管理を重んずる貸出業務を行うか、数字による目標管理を中心にした貸出業務を行うか。
　　　◇信頼・信用を得るための高潔なる心を教えるか、目標数字の達成や競争に勝つための技術論を教えるか。
　元日本マクドナルド・人材開発室長の田岡純一氏は、ある雑誌で「数字を追いかけると、人は疲弊し必ず嘘をつく」といっていました。その結果、「虚偽に満ちた現場」となり、取引先からの信頼どころか、行内・支店内においては評価評定に公正さを欠くようになり、それがモラールのダウンにつながります。
　取引先の役に立つ貸出業務を真摯に行うことで、取引先から満足や信頼を受けた結果が収益に結びつくという考え方に立つべきです。
　いまもって収益至上主義を掲げ、収益目標を貼ることで現場・支店をコントロールしようとする経営は、銀行の体質を悪化させ、人材を活かせないことにつながります。それはバブル期の異常な行動に重ね合わさってみえ、不

良債権を増大させ、再び銀行経営の危機への道につながることになるのではないかと懸念します。

第 2 章

貸出業務の本質

序節

本質の再確認

　日常業務に追われている担当者、あるいは現場の支店管理者たちは、現在置かれている立場で毎日を忙しく働いているために、いまの仕事の手法の是非を冷静にみつめる余裕がないと思います。そこで、いったん立ち止まり本章を読むことで、貸出業務の本来のあり方を再確認していただきたいと思います。

　貸出業務の本質は何か、銀行が育成する人材が行う本当の貸出業務とは何か、それを考えなくては、「貸出担当者の育成」というテーマを論ずる際の方向感を見失うことになります。

　収益至上主義という経営方針のもとで銀行の目標達成を優先する動き方をする人材をつくるか、それとも取引先のために役立つため本来の貸出業務を真っ当に行うことで取引先から真の信頼を受ける人材をつくるか、それがポイントです。

第1節

銀行の役割

1 事例紹介

　昨年来、筆者は地銀・第二地銀から依頼され、貸出業務の研修講師を何度か務めています。対象者は入行3年目から支店長まで、さまざまな世代の人たちです。筆者は彼らを前に、講義を始める前に必ず以下の話をします。

筆　者：銀行が行っている仕事である「銀行業」の定義はなんですか。
受講者：……。
筆　者：銀行法は知っていますよね。
受講者：はい。
筆　者：銀行法のなかに「銀行業の定義」が書かれていますが、知っていますか。
受講者：……。
筆　者：銀行法2条（定義等）の2項に「銀行業とは」ということが書いてあります。
受講者：……。
筆　者：読みましょう。「この法律において、銀行業とは」「預金又は定期積金の受入れと資金の貸付け又は手形の割引とを併せ行うこと」と書かれています。

> 受講者：……。
> 筆　者：要するに、預金と貸付とを行うと書いてあるわけですが、私はここで「併せ行うこと」と書かれていることに注目していただきたいと思います。

2　間接金融としての銀行の役割

　筆者が研修の冒頭に受講者に「銀行業の定義は」と質問したとき、これに自信をもって答えられる人はまずいません。そもそも、銀行が何であるかがわからずに銀行の仕事をしていてよいのでしょうか。本人たちの勉強不足は問題でありますが、銀行も入行時に基本中の基本を研修で教えなかったのでしょうか。
　銀行法の存在は知っていても、銀行法2条2項に「銀行業」の定義が書かれていることはほとんどの人が知りません。そこには次のように定義が書かれています。

　　　　　この法律において「銀行業」とは、次に掲げる行為のいずれかを行う営業をいう。
　　　一　預金又は定期積金の受入れと資金の貸付け又は手形の割引とを併せ行うこと

　この定義を持ち出し、「併せ行うこと」と書かれていることの重要性を説明するようにしています。銀行の役割、なかんずく貸出業務の本質を考えるに際し、これが原点になると考えるからです。
　すなわち、顧客から余っているお金を預金という形で預かり、お金を必要としている個人や企業、国や地方公共団体等に貸すのが銀行です。このお金の橋渡し役が銀行であり、これを間接金融といいます。預金者には、利息を付し、元本を保証して預金として預かります。言い換えると、預金者に利息

を付して元本を返すためには、それを原資として貸し出したお金が預金利息以上の利息をつけて返ってこなければいけないという仕組みであることは、いまさら説明する必要性はないと思います。

　これをもう少し掘り下げましょう。預金者が銀行に預金する際、元本は保証され、いつでも引き出し、解約することができます。銀行側からみた場合、預金業務は、リスクは低いが流動性が高い債務を負うといえます。一方、貸出業務を行うということは、倒産や返済されないという高いリスクを抱えながら、期限の利益までは貸したままの状態が続くという流動性が低い債権をもつということです。

　こうして考えますと、間接金融というのは、預金という資金を銀行を通すことで貸出金にするという仲介という機能にとどまらず、銀行にはリスクと流動性の高低を転換するという機能があることも見逃してはいけません。こういう転換機能が可能になるのは、預金者および貸出先の数が多くに分散していることと、資金を必要とする時期が個人と企業のさまざまな事情によって異なるからできるのです。

　銀行の規模にもよりますが、預金者数は数十万ないし数百万という口座数があり、貸出先数も数万ないし数十万という大きな数字だろうと思います。このように預金も貸出も分散させることで、「一挙に金を貸してほしいといってくる貸出の不確実性」と「いつ引き出されるかもしれない預金の不確実性」とをつなぐ役割を果たしているといえます。

　銀行が、預金者からの払戻し要求や解約に応ずるため、急に資金が必要になったからといって、貸出先に貸出期日前に「返してほしい」とはいえません。期限の利益を与えているからです。一方で、預金者はいつでも引き出し、解約ができます。こういう当り前のことですが、上記のような背景を理解しておくとよくわかると思います。

　要すれば、貸出金が返済されないと預金者からの払戻し請求に応えられなくなります。常にそのことを認識して貸出業務を行っている人はどれだけいるでしょうか。

なぜそのように思うかというと、取引先が倒産して貸出金の回収ができなくても、貸出担当者が預金者に対して痛みを感じているようにはみえないからです。また、預金者から預かっている預金が貸出金の原資であることを知れば、貸出の可否を判断するときに、返済できるかどうかのチェックをいま以上に真剣に行うと思うからです。預金は銀行にとって負債であるという認識をもっていない貸出担当者が多いようです。

　いま一度、銀行法における銀行業の定義に書いてある「併せ行う」ことの意味を確認してほしいと思います。

寄り道　『三菱銀行史』から

　明治34年10月銀行部長豊川良平が銀行通信録の求めに応じて述べた「銀行家と其華客」と題する論説は、銀行家がその二種の顧客即ち借主と預金者の両者に対して真に親切ならんが為には結局堅実な経営を行う以外にないことを訓えており、その後現在迄一貫する当行の「親切第一」と「堅実経営」の二大方針の宣明が既に茲にも見えるのである。

　……

　「銀行家と其華客」豊川良平

　銀行の顧客に二あり、一は銀行に対して手形を売り若くは有価証券及び諸商品等を担保として借金をなすものにて、一は銀行に対して其の第二の資本即ち預金を供給するもの是なり。銀行の業繁と雖ども要此の二客の間の介して商売をなすに過ぎず、故に銀行者の第一の務は常に此等顧客の愛顧に背かざるを期するにあり。即ち、貸出を求むる顧客に対しては其の要求に応じて融通を与へて其便利を謀らざるべからず。唯銀行家の注意を要するは顧客の果して信用を重んずる人なりや否や、切言すれば期限に及びて借金を返済するや否やを観破するにあり。一言以て之を掩う、顧客の選択を厳にする是なり。夫れ選択を用ゐざるの親切は真の親切と謂ふべからず、故に余輩は謂ふ不信用なる顧客の要求は断乎として之を斥くべし。期に至りて返さず背約以て顧みざるの客は断乎不動の利剣を之に加へんのみと。而かも世の銀行者が

> 果して此の心を以て其業を執りつつあるや否やに就ては私かに惑はざるを得ず。……
>
> （三菱銀行史編纂委員会『三菱銀行史』103頁）

3　銀行の公共的使命

　上述したように、銀行は預金を受け入れ、資金を必要としている企業・個人・公的部門に貸出すること等によって、経済・社会の健全な発展に資する使命を担っています。

　そのことは、銀行法1条（目的）で、「銀行の業務の公共性にかんがみ、信用を維持し、預金者等の保護を確保するとともに金融の円滑を図るため、銀行の健全かつ適切な運営を期し、もつて国民経済の健全な発展に資することを目的とする」と書かれています。

　次に、銀行の公共的使命について述べます。

　上でみた法律の条文に、「銀行の業務の公共性にかんがみ」という文言が入っています。同文言の後に、「預金者等の保護」と「信用の維持」に加えて「金融の円滑化」という文言が入っています。

　この「金融の円滑化」という言葉の意味と解釈について、1979（昭和54）年5月6日の衆議院大蔵委員会において米里銀行局長（当時）は次のように答弁しています。すなわち、「ここでいっております「金融の円滑化」というのは、あくまでも社会的に要請されている望ましい分野に資金を供給することであろうかと思います」と。

　こうした理解に立つならば、中小企業が必要とする健全な資金需要に銀行が応える貸出業務は、まさに「社会的に要請されている望ましい分野に資金を供給すること」であり、真っ当な貸出業務を行うことが、銀行の公共的使命であることは疑いを挟む余地はありません。

こうした銀行の公共的使命を全うするため、銀行は貸出業務においても「健全かつ適切な運営」を行わなければなりません。銀行は、健全かつ適切な貸出業務を行うことで、社会、企業、個人から信頼を得て、信用を確立しなければなりません。

　銀行は信用秩序を守るリーダーたる存在であるべきです。いやしくも、銀行が公共的使命を顧みず、信用秩序の維持よりも自らの収益増強を第一に考えるようでは、信頼の確保と信用の確立とは望めません。銀行が揺るぎない信頼を得て、信用を維持し向上させるためには、それぞれの銀行において確固たる企業倫理が構築されていなければなりません。

　特に、貸出業務に携わる人たちは、モラールの高さが求められます。その個々人のモラールが発揮されるためには、組織全体が人事や評価という経営管理面の仕組みや取組みをなさなければ、個人のモラールは埋没してしまいます。

> **寄り道**　『金融機関役員の融資決裁責任』から
>
> "銀行は、広く国民一般から預金を受け入れるとともに、企業・個人・公共部門等に対し必要な資金を供給することにより、経済活動の中枢を占める資金仲介機能を果たし、もって国民経済活動の健全な発展に資するべき使命を負っている（銀行法1条）。銀行は、私企業形態で経営され、創意工夫を発揮しつつ、自己責任の原則の下に、その営業展開をするものであるが、上記のような一私企業の立場を超えた高い公共性を有するため、その健全経営を確保するなどの見地から、その組織・業務運営等広範囲にわたって、銀行法その他の関連法令の規制を受けている。そして、このような銀行の公共性に鑑みて、従来からその重要業務の一つである融資（貸付）は、公共性の原則（利害関係に立脚した情実融資の禁止等）、確実性（安全性）の原則（回収が確実な融資の実行）、収益性の原則（銀行にとって収益のある融資の実行）、流動性の原則（自行の特性、経済情勢に応じた融資の実行）等の下に行われるべきであるとされており、拓銀における貸出業務取扱規定も、以上

の4原則に従った融資の励行がなされるように定められているものと解される。"

(神吉正三『金融機関役員の融資決裁責任』192頁（酒井書店））

北海道拓殖銀行カブトデコム事件に係る札幌地方裁判所判決文より抜粋したものです。

判旨が、銀行をして「一私企業の立場を超えた高い公共性を有する」としている点が注目されます。

第2節

銀行における貸出業務の位置づけ

1　事例紹介

——支店長が店内勉強会で、部下の行員たちに銀行の決算書（貸借対照表と損益計算書）のコピーをみせて話し始めました。

支店長：今日は当行の決算書の勉強をする。当行の決算書をみたことがないという人はいるか。

行員A：何気なくみたことはありますが、中身までじっくりみるというか、読んだことはありません。

支店長：多分、多くの者はそうだろう。今日は、銀行の決算書をみて、銀行の仕事を考えてみよう。

行員A：仕事って、預金とか貸出のことですか。

支店長：そうだよ。それぞれの仕事は貸借対照表と損益計算書のどこに、どのように載っていて、数字的なウェイトはどうであるか知っておくことは大事だよ。

行員B：そういうことは研修でも教えてくれませんでした。

行員C：僕は貸付課だから取引先の決算書はたくさんみますが、当行の決算書は分析するどころか、じっくりみたこともありません。

支店長：自分たちの仕事がどういうことなのか、その位置づけを認識す

るための勉強だ。まず自分の仕事に係る勘定科目が貸借対照表のどこに載っているか探してみなさい。

行員C：貸出金は資産の部に載っているのはすぐにわかります。だけど、割引手形とか手形貸付と細かく載っているのは初めて知りました。証書貸付がものすごく大きな数字ですね。

支店長：それは住宅ローンが入っているからだよ。

行員B：預金って負債の部にあるんですね。初めて、っていうか、改めてみました。

支店長：そうだよ。預金を預かるということは、銀行は預金者から借入れをするということと同義なんだ。預金は銀行にとって債務であるということがわかったね。

行員C：企業は資金を調達して運用して事業を行うが、銀行は預金が資金調達で、貸出金や有価証券で運用するのが仕事であるってことが、貸借対照表をみると明らかにわかりますね。

支店長：じゃあ、預金のウェイトは全体のどのくらいだろうか。また、預金と貸出金とではどちらが大きいかな。

行員A：預金は負債及び純資産の部の合計額の90％近くを占めています。純資産は6％程度です。

行員B：自己資本比率が6％。意外に低いんですね。

行員C：貸出金は、資産の部の約70％を占めています。

支店長：実数でみると、預金が約3兆円で貸出金が2.5兆円だね。預金を原資として貸出業務を行っているが、貸出金だけでは全部の預金の運用が図られていない。そこで有価証券などの方法で運用を行っているんだ。

行員A：こうしてみると銀行の預金と貸出、そして有価証券のことがよくわかります。

行員C：銀行の預金は元本保証だから、それを使う貸出業務が焦げ付きを出したら、預金の払戻しに応えられなくなる仕組みがよくわか

ります。

支店長：貸出金は資産の70％を占め、経常収益でもトップの67％を占めている。これをみても、銀行における貸出業務の重要性がわかると思うが……。どうだ。

行員C：もちろん、わかります。

行員B：支店長、質問があります。銀行が倒産するのはなぜですか。

支店長：貸付課のC君、貸出先が倒産する理由はなんだ。

行員C：結局は資金繰りが行き詰まるからです。黒字でも資金繰りが立たなくなると決済できずに不渡りを出し……。

支店長：そうだな。結局は資金繰りの問題なんだ。では、銀行が資金繰りに行き詰まるときとはどんなときだろうか。

行員B：……。

支店長：それは不良債権を多く抱えているとか、銀行の信用が大きく落ちたとき、預金者は「この銀行に預けていたら、預金は返ってこない」と思い込む人が大勢出てくる。そういう人たちが大勢で、一斉に預金を引出しに来る……。これを「取付け」というが、一挙に預金の払戻しが殺到すると、資金繰りがつかなくなってしまう。だって、貸し出している取引先から貸しているお金をすぐに回収するというわけにはいかないんだ。法律では「期限の利益」を与えているというのだが、期日までは返してくれとはいえない。そうすると預金の引出しに応ずるためには、新たに預金を集めるか、短期市場から資金調達をしなければいけない。しかし、そういう銀行の事情を知っている人は、その銀行に預金をしようとは思わない。だって、引出しに大勢が来るようなところに預けようと思わないだろう。短期の市場でも信用不安があるその銀行に1日たりとも貸したがらない……。よって、資金繰りが行き詰まって倒産するということになるんだ。

行員B：よくわかりました。

支店長：だから不良債権を出すような変な貸出をやっちゃいけないってことだ。わかっているよなC君。

行員C：もちろんわかっています。毎日、支店長からご指導をいただいておりますから。

寄り道　『三井銀行八十年史』から

「預金は借金なり」との説

　当行の近代化のための諸改革に力を注いだ中上川専務理事には、預金に関する独特の見解があった。それは「預金は借金なり」との見地であった。この点については、専務理事自身の言説や、当時の当行の記録などの上に徴すべきものが見あたらないが、部下として勤務した多くの人々が異口同音に語っているところからみて、ほぼ確実であると思われる。中上川専務理事時代に理事の任にあった波多野承五郎の次の談話は、中でも信用するにたるものであろう。

> 此人（中上川をさす）三井銀行の主任者となって行務を整理するに当り、第一に取り定めた方針は何であるかと言ふに、預金は借金だ、預った物は返さねばならぬのは尚借金を返済せねばならぬと同じ事だ。三井は金持である。金持が借金をする筈はない。預金といふ大借金を三井が背負って居る以上は縦令預金引出期限がついて居るものでも、預金者から返済せよと言はれれば直に返済せねばならぬ。銀行の貸金は期限が来ない間は取立てる事が出来ない。縦令期限が来ても相手が返済して呉れなければ契約上の手続に依って何等かの処分をする外はない。貸金の取立が出来ぬのに預金払戻の請求が殺到すれば銀行は店を閉じる外には仕方がない。……

――「中上川彦次郎君伝記資料」

（三井銀行八十年史編纂委員会『三井銀行八十年史』139〜140頁）

2　決算書にみる貸出業務

　あなたは自分の銀行の貸借対照表、損益計算書をみたことがありますか。貸出取引先の決算書はみたことがあるが、自分の銀行の貸借対照表、損益計算書をみたことがある人は少ないのではないでしょうか。

　次頁・次々頁に掲げるのは某地方銀行の2008年3月末時点の貸借対照表と損益計算書とを要約したものです。

　実際にここで銀行の貸借対照表と損益計算書とを掲げた意味は、貸出担当者にこの2つの表をみることで、銀行における貸出業務についての認識を深めてほしいからです。

　まず最初に認識してほしいことは、貸借対照表において、資産の運用として貸出金が占めるウェイトです。多くの銀行において総資産に占める貸出金のシェアは60～70％でトップシェアを占めています。その次が有価証券で銀行によって20～30％のシェアのところが多いと思います。このことから、銀行の資産運用において最も収益を生み出す源泉になっているのが貸出業務であるということがわかると思います。

　そしてこのことから、貸出担当者には次の2点について認識を深めていただきたいと思います。

　その第一点は、総資産の60～70％というトップシェアを占める貸出金の運用に間違いがあった場合、銀行の健全性が大きく損なわれるということ、その結果、自行に対する信頼・信用が大きく揺らぐことにつながりかねないということです。

　第二点は、このような数字の大きさとともに、第一点で指摘したことをふまえ、自分が携わっている貸出業務という仕事について、その重みを感ずると同時に、仕事に対するやりがいと誇り、そして責任感をもっていただきたいということです。

　このことは、「貸出担当者の育成」を考える際、とても大事なことです。

貸借対照表（平成20年3月31日現在）

(単位：百万円)

科　目	金　額	科　目	金　額
（資産の部）		（負債の部）	
現　金　預　け　金	194,060	預　　　　　　金	3,639,608
現　　　　　金	64,319	当　座　預　金	215,189
預　け　　　金	129,741	普　通　預　金	1,495,562
コ　ー　ル　ロ　ー　ン	158	貯　蓄　預　金	122,667
買　入　金　銭　債　権	0	通　知　預　金	25,536
商　品　有　価　証　券	1,514	定　期　預　金	1,697,786
商　品　国　債	1,444	その他の預金	82,865
商　品　地　方　債	69	譲　渡　性　預　金	28,236
金　銭　の　信　託	4,000	コ　ー　ル　マ　ネ　ー	33,062
有　価　証　券	852,503	借　用　　　金	18,000
国　　　　　債	301,083	借　　入　　金	18,000
地　方　　　債	149,798	外　国　為　替	736
社　　　　　債	163,713	売渡外国為替	447
株　　　　　式	162,430	未払外国為替	289
その他の証券	75,478	社　　　　　債	30,000
貸　　出　　金	2,909,032	その他負債	69,930
割　引　手　形	49,280	未決済為替借	99
手　形　貸　付	234,307	未払法人税等	7,336
証　書　貸　付	2,166,564	未　払　費　用	6,338
当　座　貸　越	458,880	前　受　収　益	3,877
外　国　為　替	4,613	従業員預り金	2,209
外国他店預け	2,321	金融派生商品	20,255
買　入　外　国　為　替	1,544	その他の負債	29,814
取　立　外　国　為	747	賞　与　引　当　金	1,405
そ　の　他　資　産	62,751	役員賞与引当金	33
未決済為替貸	1	退職給付引当金	6,929
前　払　費　用	38	役員退職慰労引当金	484
未　収　収　益	4,604	預金払戻損失引当金	439
金融派生商品	21,108	その他の偶発損失引当金	457
その他の資産	36,998	再評価に係る繰延税金負債	10,424
有　形　固　定　資　産	65,370	支　払　承　諾	29,087
建　　　　　物	14,751	負　債　の　部　合　計	3,868,835
土　　　　　地	44,937	（純資産の部）	
建　設　仮　勘　定	65	資　　本　　金	36,839
その他の有形固定資産	5,616	資　本　剰　余　金	25,371
無　形　固　定　資　産	10,817	資　本　準　備　金	25,366
ソ　フ　ト　ウ　ェ　ア	10,227	その他資本剰余金	4
その他の無形固定資産	589	利　益　剰　余　金	115,553
繰　延　税　金　資　産	6,968	利　益　準　備　金	20,154
支　払　承　諾　見　返	29,087	その他利益剰余金	95,399
貸　倒　引　当　金	△50,322	別　途　積　立　金	83,700
		繰越利益剰余金	11,699
		自　己　株　式	△1,489
		株　主　資　本　合　計	176,275
		その他有価証券評価差額金	32,716
		土　地　再　評　価　差　額　金	12,728
		評価・換算差額等合計	45,444
		純　資　産　の　部　合　計	221,720
資　産　の　部　合　計	4,090,555	負債及び純資産の部合計	4,090,555

損益計算書 （平成19年4月1日から平成20年3月31日まで）

(単位：百万円)

科目	金額	
経常収益		116,312
資金運用収益	77,042	
貸出金利息	60,405	
有価証券利息配当金	16,091	
コールローン利息	323	
預け金利息	0	
その他の受入利息	222	
役務取引等収益	13,531	
受入為替手数料	4,487	
その他の役務収益	9,043	
その他業務収益	9,948	
外国為替売買益	1,845	
商品有価証券売買益	8	
国債等債券売却益	8,073	
その他の業務収益	22	
その他経常収益	15,789	
株式等売却益	14,094	
金銭の信託運用益	63	
その他の経常収益	1,631	
経常費用		97,272
資金調達費用	13,547	
預金利息	9,988	
譲渡性預金利息	167	
コールマネー利息	1,859	
債券貸借取引支払利息	651	
借用金利息	446	
社債利息	417	
その他の支払利息	16	
役務取引等費用	4,459	
支払為替手数料	914	
その他の役務費用	3,545	
その他業務費用	6,226	
国債等債券売却損	3,156	
国債等債券償却	1,731	
金融派生商品費用	1,338	
営業経費	49,537	
その他経常費用	23,500	
貸倒引当金繰入額	13,715	
貸出金償却	0	
株式等売却損	386	
株式等償却	1,515	
金銭の信託運用損	263	
その他の経常費用	7,619	
経常利益		19,039
特別利益		79
固定資産処分益	23	
償却債権取立益	55	
特別損失		1,547
固定資産処分損	245	
減損損失	356	
その他の特別損失	944	
税引前当期純利益		17,571
法人税、住民税及び事業税		10,863
法人税等調整額		△3,649
当期純利益		10,357

銀行の価値尺度で実績を評価されるということを考える前に、自分自身が携わっている貸出業務ということの大きさを知ることで、仕事の重みを感じ、それがやりがい・誇り・喜びにつながることで、モチベーションに発展すると考えるからです。

次にみてほしいことは、貸借対照表の負債の部です。負債の部における預金をみてください。銀行によってそのウェイトの大きさは異なると思いますが、預金は負債及び純資産の部の約90％のシェアを占めています。

ここで本節1の「事例紹介」で述べたことを繰り返しますが、次の認識をしっかりともってください。すなわち、貸出を行う原資はこの預金であるということです。そして、預金は銀行にとっては負債である、言い換えれば、銀行は預金者から預金という借入れ（＝負債）をしてそれを貸出（＝資産）しているという、単純ですが重要なことを再確認してほしいと思います。これが銀行の間接金融としての基本的な役割です。

銀行は、預金者から払戻し請求を受けたとき、約束した金利を付して、元本保証で払戻しに応じなければいけません。そのため、預金者から預かっている預金の運用である貸出業務において貸出金の回収ができなくなるということは、預金者からの払戻し請求に応えることができなくなるということです。もちろん、預金も貸出金も総量として大きな金額ですし、預金者数、貸出先数も多いことから、実際にはいくつかの貸出先の倒産による回収困難な資金が生じても、預金者の全部が一気に払戻し請求を行うということは考えにくいといえます。しかし、その銀行に対して信用不安説が惹起し、そういう噂が預金者に伝わり響いたとき、取付けという騒ぎの事態に発展し、銀行自身の資金繰りが回らなくなり、銀行の倒産が起こります。

次に損益計算書をみます。貸借対照表でみたとおり、貸出金が運用資産として最も大きなシェアであることから、当然のことですが、損益計算書における経常収益のなかで貸出金利息が占める割合が最も大きく、それは不良資産でない限り安定的に収益を生む資産になっています。

3　資産運用における貸出金と有価証券の違い

　前項でみたとおり、銀行の資産運用の第一は貸出金ですが、次に有価証券による運用が大きいのが一般的です。

　貸出金と有価証券とは、シェアの多寡にかかわらず、その運用姿勢に違いがあります。その違いを認識することは貸出業務の特徴を知ることであり、大事なことです。以下にその違いを述べます。

　第一は、有価証券の運用は市場を相手に行うものであるのに対し、貸出金の運用相手は法人、個人等です。相手の顔をみることなく、銀行の意思だけで運用する有価証券と違い、貸出金の運用は人間を相手に行うものです。有価証券の運用を行う市場はグローバル経済の動きに大きな影響を受け、刻々と変化しますが、貸出金の運用相手は個別相対であるという違いがあります。

　第二は、市場を相手にする有価証券の運用は、銀行の思惑だけで行われますが、貸出金の場合は相手がいます。貸出業務は相手が希望することに対してどのように対応するかという仕事です。言い換えれば、有価証券の運用姿勢においては市場のことを慮ることはしませんが、貸出業務の場合は相手の気持ちや立場などの状況を慮ることも必要です。

　第三は、有価証券の場合は、運用するかしないかという銀行の態度に対して市場からクレームが来たり、市場に迷惑をかけたりすることはありません。貸出業務の場合は、貸渋りとか貸剥しというように、社会から指弾される場合があります。また、貸さないという判断が取引先の倒産を招く引き金になるかもしれないという、相手の事業経営に非常に大きな影響を与える業務であるということを知るべきです。

　第四は、有価証券の場合、運用した結果が悪く損失を招いた場合、決算において経済的処理を行えば片づきます。貸出業務の場合、貸出金が焦げ付いて回収できなくなった場合、経済的処理を行うまでに所要の回収努力を行う

ことになります。

　第五は、有価証券で運用した場合、銀行は大きな利益が出ることで喜びます。貸出業務の場合、利益よりも取引先のために役立ったことで感謝されることで、銀行も喜びます。有価証券の運用担当者が市場から感謝されることはありませんが、貸出担当者は取引先から感謝されることに喜びとやりがいを感ずるはずです。

　第六は、有価証券の運用で損失を招いた場合、仮に運用姿勢に間違いがあっても、それによってだれかに迷惑をかけるとか、銀行の信用を落とすことにつながるケースは少ないように思います。多くの場合、市場が予想外に動き見通しを誤ったという理由ですまされます。しかし、貸出金の運用の場合、焦げ付きによる不良債権を多く出したとき、信用不安を惹起することにつながる可能性があります。同時に、銀行の与信判断力の低さを露呈することになります。

　第七は、有価証券の運用は資金証券部という類の本部組織で行いますが、貸出金の運用は支店という顧客に接する現場で行われます。したがって、有価証券と貸出金との運用は、担当する人数にも大きな差があります。

　第八は、モラールの問題です。有価証券の運用においては数的結果がすべてであり、モラールが問われることはまず少ないと思います。一方、貸出業務においては、数的結果とは別にモラールが問われることがあります。これは第一のところで記したこと、すなわち、運用する相手が市場か企業・人かの違いから来るものであると考えます。

　以上のように、有価証券と貸出金との運用の違いについて概観しました。その特徴は、有価証券運用は経済的要因と心理的要因等とが交錯し、収益第一を考えて、運用担当者の思考と思惑とが入り混じるところです。貸出業務は取引先と相対し、銀行の公共的使命を背景に、顧客第一で行う業務であるといえるのではないでしょうか。

4 貸出業務と預金業務

　銀行業の定義は、先に述べましたように、「預金と貸付とを併せ行うこと」です。そして、貸付金の原資は預金であることも述べました。
　一方、実際の人事において、貸出業務に配置する人材に対し、どの銀行も預金業務は短い期間しか経験させていないようです。それは早く貸出業務に就かせることが早く貸出の仕事を覚えることになるという考えに基づくようですが、それは間違いだと思います。
　法人取引部門において貸出担当に就くことが明らかな者が、預金部門で3カ月ないし6カ月程度の研修をさせ、それを教育ローテーションとして位置づけても、それは預金業務を学ぶ機会にはなりません。いずれ貸出業務を行う人に対して預金業務部門は、どうせ預金部門の戦力にならない人だからと考え、本気で教える必要性は感じないでしょう。また、教えるにしても表面的な預金事務をみてもらう程度で、預金法務等の本質的な教育は望めません。本人たちも、いずれ自分は法人取引部門へ行くのだから、預金部門での経験は腰掛けくらいの軽い認識で、真剣に覚えようとしないでしょう。
　しかし、貸出担当者に預金業務の知識は必須です。預金業務の経験が少ない貸出担当者は、預金知識が乏しいため、貸出取引先の当座勘定異動明細表をみない、どのような手形・小切手が回ってきたかをみることもしない、まして商手が不渡りになったらどのような手続をしなければいけないかわからない等々のレベルです。どれも貸出業務に関連することですが、担当者としてそこまでの知識をもつ人は少ないと思います。
　取引先が貸出担当者にこのようなことを尋ねても、「担当に聞いてみます」「持ち帰って聞いてから回答します」といい、自分が銀行員であることを忘れ、預金に関する取引先からの質問に答えられなくても恥ずかしさを感じないようです。いまの法人部門の貸出担当者は、そういうことは自分の仕事ではないという認識をもっているようです。

あらためて、貸出業務と預金業務との関係をみれば、預金業務とのかかわりや同業務の重要性がよくわかると思います。
　貸出の実行代わり金は取引先の当座預金へ入金されます。取引先は、事業経営に必要な資金の入出金は主として当座預金を使います。手形・小切手の決済、一般経費の支払のみならず、手形の取立金や売掛金の入金も当座預金を使います。それぞれの支払日や入金日などは、月次パターンが決まっている場合が多いかと思います。
　たとえば、支手決済日は25日、給与支払は10日、その他経費の支払振込は月末、入金の振込は原則15日……というように、取引先は資金の入払いに当座預金勘定を使います。貸出担当者は取引先の当座預金勘定の月中の動きをみることで取引先の資金繰りの実際を知るとともに、資金移動の異常から業績の変化についても察知ができます。当座預金で決済される手形・小切手をみることで、商売の相手先の名前がわかります。
　また、為替では振込先・振込金額、振込入金の相手先や金額に注意を払い、定期預金については債権保全のこともあり、特に解約の動きには注意しなければいけません。
　このように貸出担当者は、取引先の預金の動き方をみることで、業績の変化を察知することができます。貸出担当者にも預金業務についても関心をもっていただくと同時に、預金業務に関しても必要最低限の実務知識は身につけておくべきと考えます。
　いまの貸出担当者は、数字的目標達成だけに精力を費やすことから、貸出事務も預金業務もわからない人が多いのです。そういう人は、一人前の貸出担当者として認められないばかりか、取引先からみると半人前の銀行員としか映らないかもしれません。
　貸出業務と預金業務との違いは、判断の有無にあるといえるかもしれません。言い換えると、預金業務は標準手続に従って行えば足りますが、貸出業務の場合、事務面は標準手続どおりに行いますが、貸出を行うか否かという判断が重要になります。

貸出業務において「判断する」ということは、法律・財務等の基本的知識があればできるというものではありません。経済・金融・産業の動きという教養的な知識も必要であり、さらに常識を軸とする道徳観の要素も備えた総合的知性をもって行うべきであると考えます。そこに、預金という実務面からの経験が支えとなれば申し分ないといえます。貸出担当者には預金業務の基礎はぜひ学んでほしいと思います。

第3節

貸出業務に対する考え方
―資金使途の確認―

1 事例紹介

　赤色銀行のA君がABC商事を訪問、青色銀行のB君はXYZ商事を訪問したとき、両社とも増加運転資金が発生するという情報を得て、帰店後支店長に口頭で報告しました。

(1) 場　面　1

> A　　：支店長、ABC商事に行ってきたら増加運転資金需要が発生しそうだという話が経理部長からありました。
> 支店長：いくらだ。
> A　　：経理部長はまだ金額は確定していないが総額で2000万円くらいといっていました。
> 支店長：ABC商事のメインは黄色銀行だったな。黄色銀行はその情報は知っているのかな。
> A　　：まだだと思います。ちょうど今日、経理部長と社長が話をした直後に私が行ったので、これはホットな情報です。
> 支店長：よし、明日一番で社長のところへ行こう。絶対に全額を当行でやらせてもらうよう私が頼みに行く。A君も一緒についてきてく

	れ。
A	：はい、わかりました。

(2) 場面 2

B	：支店長、XYZ商事に行ってきたら増加運転資金需要が発生しそうだという話が経理部長からありました。
支店長	：いくらだ。
B	：経理部長はまだ金額は確定していないが総額で2000万円くらいといっていました。
支店長	：XYZ商事の売上げはこの2年間伸びていないよな。売上げが伸びていないのに増加運転資金が2000万円も発生するということはどういうことかわかるか、B君。
B	：はい、まだ主要勘定を使って計算していませんが、売上げが伸びていませんので、不良債権が出ているとか、何かの事情で在庫が増えたことが原因かもしれませんね。
支店長	：そうだね。どういうことで増加運転資金の需要が出るのか、社長のところへ行って、事情を聞いてこよう。B君も一緒についてきてくれ。
B	：はい、わかりました。

2　あなたならどうする

　上記事例紹介で、〈場面1〉は、赤色銀行の担当A君がABC商事への訪問で増加運転資金が発生するかもしれないという情報を支店長に報告していま

す。同じように、〈場面2〉では、青色銀行の担当B君がXYZ商事への訪問で増加運転資金が発生するかもしれないという情報を支店長に報告しています。しかし、赤色銀行の支店長と青色銀行の支店長との対応が違います。どちらの支店長の対応が正しいでしょうか。

〈場面1〉の赤色銀行の支店長は、増加運転資金が発生する理由を尋ねることなく、ともかく当行が全額貸出をしたいという様子で、メインバンクがまだこの情報を知らぬうちに社長宛に頼みに行くといっています。

〈場面2〉の青色銀行の支店長は、売上げが伸びていないXYZ商事が増加運転資金が発生するという情報を聞き、発生理由等の事情を社長から聞くべく訪問したいといっています。

両行の支店長の対応の違いとして、赤色銀行の支店長は、増加運転資金の発生理由を検証することより、貸出金額を多くとりたいという業績志向が強いように思えます。一方、青色銀行の支店長は、まずは増加運転資金が発生する理由を確認したいとして、貸出の可否や金額の妥当性を考える前に、増加運転資金が発生する事情を聴取するために社長に会いに行くといっています。

この場合、本来の貸出業務の姿勢としては〈場面2〉の青色銀行の支店長の対応のほうが望ましいと考えられます。なぜならば、貸出業務はまず資金使途の検証から始めることが大事だからです。増加運転資金が発生する理由もわからないまま、貸出金額だけに目が行く姿勢は感心しません。

増加運転資金が発生する理由は、業績が好調で健全な売上増加に伴う場合だけとはいえません。過去の売上げが不良債権化したことによる売上債権回転期間の長期化で発生する場合等々の理由も考えられます。後者の理由で発生する増加運転資金を安易に貸し、経常化させることは、銀行の債権管理上も取引先の経営上も好ましいとはいえません。やはり、資金需要の発生原因、使途の検証を行うことが貸出担当者の基本動作といえます。

第2章 貸出業務の本質 77

第4節

貸出業務に対する考え方
―貸さない親切―

1　事例紹介

　東西部品工業の社長がメインバンクである赤色銀行のA君を訪問し2000万円の借入申出を、一方、南北部品工業の社長はやはりメインバンクである青色銀行のB君を訪問し2000万円の借入申出を行います。

(1)　場面1

> 社長：Aさん、今日はお願いがあってまいりました。来月、2000万円ぐらいの資金ショートが発生するので借入れをお願いしたいのですが。
> A　：社長、資金が不足する理由はなんですか。
> 社長：実は、主要販売先の銀座工業の業績が悪化して、手形の支払期日を1カ月延ばしてほしいといってきたので、その影響で2000万円の運転資金が足らなくなるのです。
> A　：わかりました。2000万円は貸します。大丈夫です。すぐに稟議書を書きますから。後で稟議に必要な主要勘定の数字を教えてください。東西部品工業さんはうちの主力先ですから、全額やらせていただきます。

社長：ありがとうございます。

(2) 場面 2

社長：Bさん、今日はお願いがあってまいりました。来月、2000万円ぐらいの資金ショートが発生するので借入れをお願いしたいのですが。
B　：社長、資金が不足する理由はなんですか。
社長：実は、主要販売先の新橋工業の業績が悪化して、手形の支払期日を1カ月延ばしてほしいといってきたので、その影響で2000万円の運転資金が足らなくなるのです。
B　：そうですか、それは大変ですね。2000万円の借入れは御社にとってちょっと負担になりますね。
社長：そうですよ、でも仕方ないです。
B　：借入金額を少しでも減らせませんか。2000万円の借入れの返済と金利は資金繰りや収益に負担をかけますよね。だったら借入金額をできるだけ減らす努力をしたほうがよいと思います。
社長：それはありがたいですが、どうやってですか。
B　：まず、仕入先で業績が好調なところはありませんか。
社長：赤坂工業の業績は絶好調のようだが……。
B　：赤坂工業との関係が親密であって協力をいただけるのであれば、支払条件を……、たとえば支払期日を1カ月延ばしてもらう交渉はできませんか。
社長：そうか。そういう手があるね。もし、赤坂工業が支払期日を1カ月延ばしてくれたら1000万円くらい資金繰りが助かるな。
B　：もう1つの手は、御社の回収条件に協力してくれそうなところはないですか。もし、御社宛の支払手形の条件を1カ月短縮してくれ

るところがあれば、これも資金繰りに寄与しますよ。あるいは来月に限って手形払いを振込にしてもらえるところがあれば助かりますよ。
社長：そうだね。2000万円を丸々借りられるかどうか心配していたが、そういうことも考えなくてはいけないな。
B　：来月限りの資金繰りのことであれば、親しくお付合いさせていただいている仕入先や販売先に事情を説明して協力を仰ぐことも検討してみてください。うまくいけば回収条件と支払条件の見直しと協力によって借入れはしないですみます。2000万円借りるのと、借りないのとでは、大きく違いますよ。
社長：そうだね。そうなれば全然楽だよね。
B　：社長、協力してくれるところがあるかどうか、よく検討してください。借入金額を決めるのはそれからでもよいじゃないですか。うちは御社のメインバンクですから必ず相談に乗り、応援しますから。全額を借りるのではなく、借入金額を減らすことを考えてみましょうよ。
社長：ありがとう。よいアドバイスをいただいて感謝します。

2　貸すも親切、貸さぬも親切

　貸出をするということは、銀行にとっては収益を得る機会になります。一方、取引先にとって借入金は負債です。企業経営にとって、負債金額は少ないほうが望ましいと考えられます。銀行は収益につながる大きい金額を貸し込むことを考えがちです。しかし、顧客本位の考え方に立って考えるとき、必要不可欠な最低金額の借入れですむよう親身になって共に考えることが銀行の本来の役割ではないでしょうか。

増加運転資金の発生事由は、売上増加に基づく健全な増加運転資金ばかりではありません。不良債権の発生により売上債権回転期間が長期化した、あるいは新製品の販売不振により在庫が増加したことで棚卸回転期間が長くなった等々、前記事例を含めていろいろな場合があります。

　その際、増加運転資金の必要金額の全額を貸すのではなく、借入金額を最小限に抑えることについて相談に乗り、アドバイスすることが、真の顧客本位の銀行の役目であると考えます。

　貸出業務はこのような姿勢で臨むべきであると考えます。取引先の事情よりも銀行の都合を優先させるような行動は慎まなければなりません。貸出業務は与えられた目標達成を図ることが第一義的であるという考え方は間違っています。それは、貸出業務の本質について目的と手段を履き違えているからです。

　銀行が目指す数的目標の達成は銀行本位の目的にすぎません。銀行は取引先本位に考え、取引先が事業経営上真に必要な資金需要に貸出業務をもって応えることが重要であるはずです。取引先本位に考えた場合、貸出を行わずにすむならばそれでよいという「貸すも親切、貸さぬも親切」という考え方をもつ人材を多く育てることが、銀行全体として大きな信頼を得ることにつながることになると確信します。

　この事例に関連して、拙著『事例に学ぶ貸出判断の勘所』86～87頁（金融財政事情研究会）では次のように書いています。

　　(1)　必要金額のすべてを貸すか
　　……増加運転資金の需要額のすべてを借り入れようとする企業があります。また銀行でも増加運転資金のすべてを自行から貸出したいと考える人がいます。

　　　この問題に関して、必要となる増加運転資金金額の全額を貸出するのが当然であるように思う人もいることでしょう。それは銀行や担当者の論理であって、顧客にとって経営上もっともよい方法は何かということを考えることが「お客様第一」を掲げる銀行

の本来の姿勢であるべきです。
　……全額借入れがよいかということも銀行は考え、顧客にアドバイスすることがあってもよいのではないでしょうか。……
　銀行の「貸したい」という論理だけではなく、取引先にとって役立つことをともに考える銀行が顧客から支持を受け、信頼される銀行になると考えます。

> **寄り道**　『王道は足もとにあり』から
>
> 　金融機関は、ただお金を預かり、お金を貸して、その利ざやを稼いで儲けるところではない。お預かりするにしてもお貸しするにしても、お取引いただいている企業を育てるというところに金融機関の価値があると思っている。したがって、お貸しする際、その金を使って相手が成功する見込みがあれば、多少担保不足だろうが無理をしてでも貸してよい。ところが、その反対に、その人のためにならない場合、つまり、失敗してその人を貧乏にしてしまうような金ならば、いくらいい担保があっても、貸さないほうがいい。これを私は、「貸すも親切、貸さぬも親切」というのである。
>
> 　　　　　（小原鐵五郎『王道は足もとにあり』44〜45頁（PHP研究所））

第5節

貸出業務に対する考え方
―目標達成至上主義―

1 事例紹介

――赤色銀行Ｐ支店では、今期の目標管理の会議を行っています。

支店長：今期も残すところあと２カ月もない。先月までの収益の実績では、今期の収益目標の達成はむずかしい。なんとかならないか。

全　員：……（し～ん）……。

支店長：こんな成績じゃ表彰なんかとれないぞ。おい、どうするんだ。黙っていちゃわからない。松田、竹田、梅田、何かよい考えはないか。

松　田：貸出材料はほとんどありません。

支店長：材料がなければみつけてこいよ。

全　員：……（し～ん）……。

支店長：じゃあ、俺から３つ指示をいうので、聞いてくれ。１つ目は他行肩代わり、２つ目は私募債への乗換え、３つ目は経常運転資金貸出の長期へのシフトだ。

松　田：どの会社の他行肩代わりをするんですか。

支店長：どこをやるかは担当者が決めろ。ねらいは、青色銀行が主力の先を中心に考えろ。青色銀行が主力の先に対しては、無担保で１

　　　　　億円まで、金利は青色銀行の適用金利マイナス0.25％ですぐに貸しますということで回ってこい。

竹　　田：私募債といっても、資金需要がある先はほとんどありませんが。

支店長：別に新たな資金需要を待っていなくたってよい。既存借入れを私募債へ乗り換えさせればよい。

竹　　田：どうやるんですか。

支店長：季節資金や決算賞与資金を私募債へ乗り換えさせるんだよ。

竹　　田：季節資金や決算賞与資金は期間半年の約弁付きですよ。

支店長：別にかまわないじゃないか。私募債は資金使途を問わないだろう。なんといっても（当行の）業績考課上では全期間の利息とフィーを今期に収益に計上できるだろう。これがねらい目だよ。

竹　　田：季節資金や決算賞与資金の借入れを私募債へ乗り換える取引先がいますかね。

支店長：いなかったら、そうさせるのが君たちの役目だ。そうだろう。

梅　　田：経常運転資金貸出を長期へシフトというのは……。

支店長：経常運転資金は返済を求めないで継続しているなら、長期貸出にシフトすれば利息収入が増えるだろう。

梅　　田：取引先にとっては支払金利が増えますから抵抗があるんじゃないでしょうか。

支店長：抵抗されたら説得するのが君たちの役目だ。何年も継続して、実態的には転がしている借入れなんだから、実質長期であるということで長期貸出にシフトすることになったと説明すればいいだろう。そうすれば長期金利で利息収入は増える。

全　　員：……（し〜ん）……。

支店長：返事がないな。これをやらなくちゃ表彰はとれないぞ。ほかに収益を稼ぐ方法があれば案を出してくれ。

2　貸出業務は収益稼ぎか

　前項の事例を読んでどのように感じましたか。「こんな銀行が実際にあるわけがない」と感じた人もいると思います。一方、「これを読んで驚きはしない」という人もいると思います。

　この事例を第三者の立場で客観的に読むと不自然に感ずるかもしれません。しかし、議論の現場で、自らが当事者として参加している場合、「これはおかしい」と思っていても、客観的に良否の判断をすることを忘れて、議論の渦のなかに組み込まれていくものです。特に、上司がいっていることの倫理性に問題があったにしても、大きく抵抗することなく、かついけないこととは知りながら、上司の指示どおりに行ってしまうのが、人間の弱い面であると思います。

　事例では他行肩代わりの話が出てきました。他行肩代わりを行うこと自体に問題はありません。ただし、この支店長は青色銀行が主力先であれば、無担保で1億円、金利は青色銀行の適用金利マイナス0.25％で貸すことを公言してよいということを話しています。これは感心しません。他行肩代わり貸出については第3章第3節10で詳しく述べますが、この支店長の考え方は、ボリューム欲しさに貸出判断不要という姿勢で部下に命じています。これは真っ当な貸出業務とはいえません。

　また、事例では、一般的には期間半年の季節資金や決算賞与資金を私募債へ乗り換えさせる指示を出しています。これに至っては、貸出業務ではなく、収益ハンターです。私募債の手数料収入を全額当期の収益に計上することを目的にこういうことを行う人がいれば、そもそも貸出担当者としての資格要件はないと断じます。

　経常運転資金貸出を長期運転資金貸出にシフトさせることは、銀行によってはそれが通常の政策である場合もあろうかと思います。

　この事例から学ぶべきことがいくつかあります。

第一に、支店長は収益目標を達成するがために、銀行本位で物事を考えています。銀行の都合を優先し、取引先側に立って考えていません。収益目標を達成するために貸出先を利用するという発想です。ここには「お客様第一」の考えはありません。

　第二に、支店長自らが声を大にして部下にモノをいうと、いっている内容が間違っていても、倫理的に疑問があることでも、面と向かって公然と反論する部下はいません。会議や打合せの場で、最初から支店長が上意下達の発言や意向を強く打ち出すと、問題解決のためにいろいろな提案が出されたり、みんなで議論したりするということになりません。上司の指示が間違っていると、部下たちは逆らえず、組織として間違った方向へ進むことになります。

　第三に、これでは貸出業務の人材は育ちません。上司である支店長自身が正しい貸出業務とは何かがわかっていません。貸出業務は、お客様に必要な資金を貸し出すことが目的で、利息収入はそれに伴うものです。収益稼ぎが目的化して、そのために貸出判断をしない他行肩代わりや、季節資金や決算賞与資金という短期貸出の私募債乗換え、金利収入上乗せをねらった銀行都合による長期貸へのシフトは「邪道」といえます。このようなことを銀行が力をもって取引先に無理強いすることは、銀行に対する信頼を落とすことにつながるということを強く認識しなければなりません。

　第四に、こういうことを行ってでも収益目標を達成した人が実績・能力を高く評価されて昇進するような銀行においては、真っ当な貸出業務は行われなくなります。貸出担当者に対する指示・指導も、収益至上主義のもとでこのような行動に仕向けることになれば、人材の育成どころか、人材のレベルとモラールの低下につながるということを強く知るべきです。それは銀行にとって、顧客からの信頼を失うことと、人材の資質低下スパイラルに陥ることになると思います。

第6節

貸出業務に対する考え方

1　事例紹介

——赤色銀行P支店で、再び今期の目標管理の会議を行っています。

支店長：今期も残すところ1カ月だ。先月の打合せで、他行肩代わり、私募債への乗換え、長期シフトを指示したが、思ったように進んでいない。そこで最後の1カ月は、「ノックイン投信」を強力に販売推進してほしい。

全　員：……（し～ん）……。

支店長：「ノックイン投信」って知っているよな。松田君、どうだ。

松　田：日経平均にリンクするものだと思います。

支店長：日経平均が決められた下限価格を下回らなければ10％の利息がつくという商品だ。

竹　田：でも、下限価格を下回ったらどうなるのですか。

支店長：いまの日経平均は1万3000円くらいだろう。下限価格は9000円。2013年の償還時までに9000円を下回らなければ10％の金利がつく。もし下回ったら0.1％になってしまう。まあ、株価が1万円を割ることはまずないよ。

梅　田：支店長、この10年間の株価の推移をみますと、2003年、2004

　　　　年、2005年の最安値は1万円を割っています。

支店長：その頃は、金融機関の不良債権処理で公的資金を入れたりしていた頃だろう。この数年は上がってきている。これが9000円を下回る事態になるとは思えないよ。だからこれをセールスして購入資金を貸す。いいか、わかったか。

松　田：ほかにリスクとして説明しておくべきことは……。

支店長：日経平均が8000円を割ったらどうなるとか書いてあるが、そんなことにはならないから心配ないよ。

竹　田：でも金融商品取引法の問題がありますので。

支店長：それはそうだ。担当者はしっかり勉強して説明してくれよ。

梅　田：どこへ売りますか。

支店長：小さい金額じゃおもしろくない。売上げが10億円以上で格付が6以上の取引先をリストアップして、そこから選ぼう。1ロット1億円。10％の利息が入ればお客は儲かるじゃないか。

2　金融商品購入資金を貸す

　上記事例は、取引先に対して、本業で必要とする資金需要ではなく、金融商品の購入を勧め、その購入資金を貸出しようという考えです。これも貸出業務の本質とかけ離れたことです。

　バブル時に銀行は資産購入貸出を積極的に行いました。バブルが崩壊して、土地の価格や株価は大きく下落しました。借入金でそうした資産を購入した取引先には、資産を売却しても借入金だけが残るという事態が生じました。

　第1章第4節1の事例〈場面1〉を思い出してください。A銀行の担当者Xが甲社のM社長に土地の購入を勧めたケースがこれです。バブル期の反省

もあって、銀行が土地や株式などの資産購入を貸出とセットで勧めることはなくなりました。

　一方、長期間にわたる低金利下で、高い金利がつく商品に関心が高まったことは事実です。金融技術を駆使した新しい金融商品が登場しました。本事例に出てくる日経平均にリンクした仕組債や、円安が進めば進むほど高い利回りが得られる商品等があります。

　銀行預金に比べると高い利息が得られることから販売も好調に進み、このような金融商品は2004年には残高が1兆円を超えました。しかし、2008年9月に起こったリーマンブラザーズ証券の倒産に端を発した金融危機で、日経平均は8000円を下回り、為替も急激な円高が進み90円を切ることもありました。この事態によって、リスク軽減をうたっていた仕組債が一転して高リスク商品に変わって、含み損を抱えるに至った企業や個人も多いと思います。

　顧客から余裕資金の運用として高利回り金融商品の相談を受けたときのセールスであるならばともかく、貸出を伸ばす手段としてリスク商品販売とセットで借入れを勧めることは感心できません。

　銀行が、貸出金でこのような金融商品の購入を勧め販売するということは、バブル期に行った同様の貸出の失敗で社会的非難を受けたことを忘れてしまったのでしょうか。

　土地・株の価格はマーケットによって決まるので手出しはできないが、金融商品は自分たち（金融機関）が設計した商品という思いから、土地や株とは違うとでも思っていたのでしょうか。それは大きな間違いです。金融商品もマーケットによってリスクが左右されることは、考えればだれでもわかることです。金融技術を駆使した仕組債は一定水準までの下落ならば損失は表面化しませんが、これはリスクを先送りしているだけであって、リスクが消えたわけではありません。

　そもそも、このような仕組債を正しく理解して説明できる銀行員はどれだけいるのでしょうか。多くの銀行員は、金融商品のパンフレットを読み、表面的なことだけ、すなわち「こういう状況になったらこういうことになりま

す」といううわべの説明に終始していると思います。なぜそうなるのかという金融技術の本質を理解し、世界の株式市場、債券市場、為替相場の現況と見通しとを説明したうえで販売セールスができる人はほとんどいないと思います。

　また、そういう商品の説明や勧誘を行うとき、銀行のセールスは他行他社の商品と比較して説明することはほとんどありません。そして、そういう金融商品に関する説明書は読んでもわかりにくい内容といえます。

　あなたが液晶テレビを買いたくなって家電量販店へ行ったとします。販売店の店員さんから説明を受け質問しながらいろいろなメーカーの商品を見比べて、特徴や優劣を比較します。価格も比べます。そして商品取扱説明書がわかりやすく書いてあると安心します。

　銀行の金融商品セールスはどうでしょうか。他社との比較はまずありません。自行・自社で取り扱う販売商品だけを説明し、他社商品と比較検討するという選択余地ではなく、セールスされた商品を買うか買わないかという結論を迫られるだけです。さらに、その商品説明者は細かい文字と数字とグラフが書いてありますが、素人が読んでも理解するのが困難な内容のものです。顧客は、読んで理解できないことは担当者の説明で理解しようとしますが、最後は「もう説明はいい。銀行を信ずる」という短絡的判断になって、後でもめごとになる可能性が出てきます。

　取引先が望んでいないにもかかわらず、販売手数料稼ぎと貸出を伸ばすこととを目的に、その程度の浅い知識でリスクがある金融商品を販売することは決して好ましいとはいえません。

3　バランスシートで考える

　銀行が預金を原資にして貸出を行うことと、企業が借入金で資産を購入することとの基本は同じです。銀行にとって預金は債務（＝借入金）であり、

貸出は資産であるからです。

　ということは、銀行も企業も同じことに注意しなければいけません。そのことをバランスシートを使って説明します。

　銀行が貸出の可否の判断をなおざりにした結果、あるいは貸出実行後の債権管理をおろそかにした結果、不良債権となり、貸出金が回収できなくなると、預金者の払戻し請求に応えられなくなります。要すれば、資産運用を間違えば債務が残るということです。

　100の貸出金のうち50が不良債権となって回収困難になった場合は、次のようになります。

| 貸出金 | 50 | 預金 | 100 |
| 貸倒引当金 | 50 | | |

　このような状況になると預金者は預金の安全性を懸念して払戻しという行動に出ます。貸出金の期日、預金の払戻日は無視して理屈だけで考えた場合、正常な貸出金50の返済金で預金のうち50は払戻しができますが、50は資金不足となり、払戻しに応じられません。銀行は50について外部から資金調達（新たな預金、借入れ等）をしなければいけませんが、顧客や市場がこの銀行に不安や不信を抱いた場合、新たな預金は集まらず、他の金融機関から調達ができなくなり、この銀行は破綻に向かいます。

　企業がバブル時に陥った誤りも同じでした。銀行から100の借入れを行い、時価100の土地（土地に限らず株式等の資産）を購入したが、時価が50まで下落した場合は次のようになります。

| 土地 | 100 | 借入金 | 100 |
| （内含み損▲ | 50） | | |

　すなわち土地を50で売却して借入金の返済に充当しても、50の借入金は残ります。これがバブル期に企業が借金して土地や株式を買った結果、資産価格の下落によって残った借金の姿です。

要するに、銀行でも企業でも、預金・借入金という負債をもって資産（貸出金・土地）勘定を立てる場合、資産価値の減少（回収不能・価格下落）という局面が来ると、資産を失い負債だけ残るという図式では同じです。
　この仕組みと過去の反省とをふまえれば、銀行は不良貸出になるような貸出を行ってはいけない、企業は借入金で価格変動リスクをもった資産購入を安易に行うと危険であるということがわかると思います。
　昨今は、バブル期の反省もあり、さすがに企業においては借入金で土地や株式等の資産を購入することはなくなったと思います。一方、銀行の貸出業務は健全に行われているのでしょうか。
　バブル期のような土地や株式購入資金を貸出とのセットで売るようなことはしていませんが、リスクがある金融商品を貸出金で購入することを勧めているとしたら、その実態は土地や株式購入資金を貸出とセットで売っていたことと基本的には変わりません。
　価格や価値が下落する可能性がある資産の購入を貸出金をもって勧めるという行為は、銀行自らが不良資産になる可能性がある貸出を行っていることと基本は変わりません。ですから、貸出を伸ばすことを目的にリスクがある金融商品を販売することは、発想自体が好ましいとはいえないのです。
　取引先の立場に立って考えるとき、リスクがある金融商品の購入を借入金で購入することは、資産価値下落リスクと返済リスクとを抱えることになります。どうしてもその金融商品の購入を希望する場合は手元余裕資金で考えるのが普通でしょう。自己資金で購入するとき資産価値下落リスクは承知のうえです。実際に下落しても、自己資金であれば返済リスクは負わないですみます。さらに、手元余裕資金を資産価値下落リスクがない商品での運用を考えるとき、最も安全で効率的な資金運用は借入金の返済かもしれません。

寄り道　『銀行の錯覚』から

　銀行としては無理をしてでも収益を出さなければならない。基本的な資金

の貸付けではなく、証券や保険の取引に伴う手数料収入の比重が大きくなってきた。しかも銀行としての危険負担を顧客に転嫁し、顧客の裁量で資金運用することにより、手数料をもらうのである。
　今期の収益目標を著しく高くせざるを得ない。そのために無理を重ねている。将来に帰属するべき収益を今期に取り入れるような事例が増えてきた。このように将来の顧客を犠牲にして目先の自分の都合を優先させている。自己資本を充実させるのではなく、逆に将来の収益を犠牲にして今期の収益目標を達成しようと躍起になっている。それは、もっとも忌むべき銀行経営である。
（水谷研治『銀行の錯覚』43頁（PHP研究所））
　金融機関として基本的な収入である資金運用による収入が得られないとすれば、それ以外でも収益を上げることを考えなければならない。金融機関は金融商品のすべてを使って手数料の獲得に邁進している。
　……
　ところが銀行が今期の収益を挙げるためだけに力を注ぎ無理を始めると問題が起きる。たとえば、前述のように、将来にわたり発生する収益をいまの時点ですべて計上してしまうようなことを、やってはならない。
　しかし現実には収益を前倒しで入手することが行われている。そのような方法によらなければ必要な収益が確保できないからであるが、そうした収益構造が長続きするはずがない。無理な収益を目指せば、体質を悪化させる。それよりも、さらに大きな問題であり危険なのが、顧客の信用を失うことである。
（前掲書52～53頁）

第 3 章

貸出担当者の育成は現場から

序節

人材育成に必要なこと

　貸出担当者が真っ当な貸出業務を行うために学ばなければならないことはたくさんあります。貸出業務の規程である「標準手続（マニュアル）」等に書かれている内容はもとより、必要知識として法律（会社法、民法、手形・小切手法ほか）、財務分析、経済（日本経済、世界経済、産業動向、株価・為替動向ほか）、税務等々についても学ばなければなりません。そのほかにも、基本的マナーやモラールについても必要最低限のことは身につけなければなりません。

　これらのことを一挙に身につけることはできません。また、貸出業務に就く前に、全部を教え込むこともできません。仮に全部について勉強したところで、それは机の上の薄っぺらい知識にすぎず、実際の現場で役立つものでありません。

　貸出担当者の育成を植物栽培にたとえるならば、種をまき、水をあげ、芽を出させ、育てる場所は現場です。研修所ではありません。支店という現場で実際に取引先を担当し、実務知識や業務知識を使うことで蓄積し、必要とする上記知識の自己啓発に励み、借入申出の対応を通じて取引先との間で交渉等のさまざまな経験を積み、つど上司から指導を受けながら人材は育つのです。研修所で受ける集合研修は、成長度合いのチェックと、成長を促す肥料を付け加える機会です。そして、植物の成長に欠かせないのが土壌と太陽です。土壌は支店という現場の雰囲気であり、そこでOJTという養分を得ることで大きく成長できます。そして、何よりも大事なことは、植物に暖かい

光を与え、空に向かって伸びる意欲をかき立てるエネルギーとなる太陽の役割です。その温かさは、成長しようとする本人の努力と、育てようという上司の気持ちを見守る公平な評価体系といえます。また、明るい太陽の光は貸出業務を正しい方向へ導き照らす倫理観であるともいえます。

　これらのすべてが貸出業務に係る人材育成に必要なことです。そのすべてについて本書で十分に述べることはむずかしいと思います。そこで本章では、貸出業務の現場で実際にみられる場面の事例を通して、担当者として学ぶべきことをOJT教育の形で紹介したいと思います。

　その場面とは以下の4つです。

　　① 貸出担当者の心得
　　② 貸出事務の重要性
　　③ 資金使途の検証
　　④ 債権管理

第1節

貸出担当者の心得

1　目標の割付け

(1)　場　面　1

――本部から来期の貸出増加目標金額は＋5億円という通知が来ました。K支店では担当者4人がいます。入行5年目の甲君を筆頭に、4年目の乙君、3年目の丙君、2年目の丁君の4人です。課長に集められて目標の割付けの打合せが始まりました。

課長：本部から来期の貸出増加目標金額は＋5億円にするという知らせが来た。当店の貸出残高の10％の伸びに相当する。したがって、現在各自が担当している残高に比例して割り付けると、甲君が2億円、乙君が1億5000万円、丙君が1億円、丁君が5000万円となる。この案でどうだ。

甲　：課長、僕の担当先ではA社とB社の2社で5000万円の返済があることが決まっていますから2億円は無理です。乙君のところではB社の設備資金で5000万円の貸出材料があるようなので、乙君を2億円にして僕を1億5000万円にしてくれませんか。

乙　：それは困ります。B社の5000万円の設備はまだ決まったわけでは

ありません。
甲　：決まっていなくたって材料としてあるじゃないか。僕のところの
　　　2社の返済は決まっているんだから。2社の5000万円の返済をみれ
　　　ば目標を1億5000万円に減らしても、実質は＋2億円やらなければ
　　　いけない。乙君は2億円に増やしても、5000万円の材料を考えれば
　　　実質は＋1億5000万円なんだから……。
課長：じゃ、返済予定と新規の貸出材料がどうなっているのか、みん
　　　な、正直に出してくれ。
丙　：（3000万円の確定した貸出材料があるも）……（無言）。
丁　：私はまだ貸付課に来て半年なので、返済予定はよくわかりませ
　　　ん。
課長：大口の返済と新たな材料があれば、それは考慮しよう。だけど、
　　　同じ課内で目標を押し付け合うのはいかがかと思う。もっとフラン
　　　クに話し合おうじゃないか。

(2) 解　説

　目標の割付けに際して、担当者それぞれに腹のなかに思惑があるようです。どうしてこういう状況になるのでしょうか。それは目標達成度合いによって実績が評価される仕組みであることから、達成率を高くするためには目標は低くしてもらいたいという思惑が働くからです。

　甲君は、大口の返済予定と新規実行予定とが決まっているなら、それは目標設定時に考慮してほしいといっています。乙君は、確定していない数字だからそれを見込まれては困るといっています。丙君は、確定している材料があるのに黙っています。みんな、自分にとって目標数値は低くしてもらいたい、そのほうが目標達成できるという思惑があり、同じ課のなかでも牽制しあっているようです。

　もっとずるい人は、当期に目標達成が確実になった後に、さらに目標を上

回るような確定材料が出た場合、その情報を上司や同僚に隠して、その案件の実行を翌期にずらすということをします。これは、個人の目標さえ達成すれば、支店の目標は自分には関係ないという利己的な考え方です。売上げを意図的に翌期にずらす粉飾決算の手口と同じ考え方です。

　このような目標の押付け合いをすることで人間関係が傷ついたり、チームとしての信頼感や協調性を低下させたりするようなことは好ましくありません。それは結果的に本人にとってマイナスになると心得るべきです。そのような態度や行動、発言は、貸出業務のみならず、社会人として、組織人としての資質が疑われます。「これだけやればよい」という意識は捨て、「できるだけやる」という意識をもつことが大事です。

　目標の割付けに際して大事なことは、与えられた目標を貸付課や支店の皆が協力し合って達成するために、状況の認識や材料の有無を出し合って話し合うことです。チームプレーで行う仕事において、自らの目標値を低く抑えてほしいようなことを言い張ったり、材料を隠したりする行為は、貧相な人間性であるとみられ、恥であると知るべきです。自分一人が目標を達成すれば、チームの成績は関係ないという態度や考え方は、そもそも協調性を欠く人物という評価になってしまい、本人にとってマイナスになるということを心得るべきです。

　期初に把握している材料をこまごまと出し合い、話し合ったとしても、把握していなかった実行案件、返済案件は期中に必ず起こります。期初に倒産が発生するかどうかわからないように。

　もちろん不公平な目標設定ではいけませんが、大事なことは与えられた目標を達成する努力は自分自身で行うこと、そして常にチームワークを意識して仕事にあたることです。そして忘れていけないことは、貸出金額の増加目標だけに目を奪われることなく、既存貸出先に対する債権管理も重要な仕事であるという認識を常にもってほしいということです。

2　飲み屋での噂話

(1) 場 面 2

――支店長宛にK社の社長から電話でクレームがありました。支店長はK社担当の近藤君を支店長室に呼びました。

支店長：君はなぜ私に呼び出されたか、その理由がわかるか。

近　藤：わかりません。

支店長：K社の件だが……。

近　藤：K社ですか。K社宛の経常運転資金貸出は先日、継続で承認していただき、それ以外の案件はいまありませんが……。

支店長：貸出案件がないのにK社のことでなぜ呼ばれたか、気がつく心当たりはないか。

近　藤：はい、特に……。

支店長：君は昨日、帰りに同僚と駅前の居酒屋「炉端」に行っただろう。

近　藤：はい、しかしどうして支店長がそれを……。

支店長：そこで君はK社の話をしなかったか。その件で、K社の社長からクレームの電話があった。どんな話をしたんだ。

近　藤：えっ、K社のことは話題にしたかもしれませんが、K社の社長はいなかったと思いますが……。

支店長：社長がいたか、いなかったかではなく、どんな話をしたんだ。

近　藤：あの社長は気むずかしくて、担当者として苦労させられる……というような話をしたと思います。

支店長：それだけか。君たちが飲んでいた隣のテーブルに、K社長と親しい友人がいたようで、その人がK社長に告げ口をして、K社長

から私にクレームの電話があった。K社長がいうには、友人から「銀行の奴らがおまえの悪口をいっていたぞ」といわれたそうだ。

近　藤：別に悪口なんていっていません。本当です。

支店長：君の言い分、K社長の話のどちらが正しいかは知らない。部下である君の言葉を信じたい。信ずるにしてもだ、いいか近藤君。飲み屋でお客さんの話題をしてはいけないだろう。

近　藤：それは、はい、そのとおりです。申し訳ありませんでした。

支店長：K社長の友人が、尾ヒレをつけて社長に話すとか、冗談気分でからかったのかもしれない。それを真に受けた社長が電話してきたのかもしれない。どちらにしても言い訳をするのではなく、お客のことを飲み屋で話すことは絶対にしてはいけない。

近　藤：はい、二度といたしません。すみませんでした。

支店長：どこにだれがいるかわからない。当人がいなくたって、昨日のように、当人の友人がいることもある。壁に耳あり、障子に目ありというだろう。これからは気をつけろよ、いいな。

近　藤：はい。支店長、K社長には、どうしたら……。

支店長：私から謝っておいた。社長も本気で怒って電話してきたわけではなさそうだった。だから、君もこれからすぐにK社へ行き、社長に謝ってこい。

近　藤：謝るといっても、何も変な悪口をいったわけではありません……。

支店長：言い訳は無用。支店長に呼びつけられ注意されたといってこい。君自身、K社長について変なことをいっていなければなおさら簡単だ。「実はこういう話しかしていません。その方に確認していただいて結構です」といえばよいじゃないか。

近　藤：わかりました。行ってまいります。

(2) 解　　説

　取引先に関する情報を口外することは厳禁です。この事例のように、帰宅途中に同僚と行う「飲みニュケーション」の場で取引先のことを話すことは絶対にしてはいけません。

　飲み屋ばかりではありません。通勤電車や通勤バス等の公共交通機関のなかでも取引先のことや個人情報に関することを話題にしてはいけません。仕事で知りえたことは、親しい友人知人に話すことはもとより、家族にも話すことはいけません。また、同業者ではないからといって、他の取引先に情報を流すことも厳禁です。

　取引先の会社の事業内容・商売・業績に関する情報や、取引先の社長等の個人に関する情報、銀行との取引内容に関する情報等々、職務上知りえた情報を他に漏らすことはしてはいけません。第三者からの信用照会の対応には注意が必要です。

　公務員や弁護士、医師等は、このような守秘義務に違反した場合、法律で罰せられます。しかし、金融機関の守秘義務について規定している法律はありません。銀行員の場合、情報を漏らした行為だけで処罰される法律はありませんが、情報を漏らしたことが原因で取引先に不測の事態を招くことになったり、損害を与えることになったりした場合は、民事訴訟法等で訴えられることもありえますので、銀行員は守秘義務があると考え発言、行動しなければなりません。

　法律上の明文規程はありませんが、商慣習、信義誠実の原則とともに、取引先との間には黙示の契約があるという認識が必要です。法律問題に発展しないまでも、銀行員としての信用を失う、あるいは銀行の信用を失うようなことにならないよう十分に注意を払うことが必要です。

3 取引先からの供応

(1) 場面 3

──取引方針として「新規与信回避、消極方針」である要注意先W工業宛に1000万円の運転資金貸出の稟議書が支店長のところへあがってきました。担当の河野君はW工業の社長に気に入られているという噂を支店長は耳にしています。

支店長：河野君、ちょっと来てくれ。
河　野：はい。
支店長：W工業の稟議があがってきたが、これって、貸すの。
河　野：(うつむきながら小声で) はい。
支店長：ここに対する取引方針は知っているよな。
河　野：はい……。
支店長：「はい」じゃないよ。新規与信回避という方針なのに、なぜわけのわからない運転資金を貸すのだ。
河　野：……。
支店長：黙っていてはわからない。いったいどうなってるんだ。
河　野：……、資金繰りが厳しいので貸してくれと頼まれました。
支店長：頼まれました。どういうことだ。なぜその場でむずかしいということをいわなかったんだ。
河　野：……。
支店長：黙っていてはわからない。いつ頼まれたんだ。
河　野：実は……。
支店長：実は……、なんだ。
河　野：先週、社長と一緒にゴルフをやったとき、それとなく……。

支店長：W工業の社長とゴルフをしたって。初めて聞いた。取引先からの誘いについては支店長に事前に許可をもらうはずだろう。そんな申請書はみていないぞ。

河　野：土曜日に自宅に電話があって、「明日一人空きがでたから来ないか」といわれ……、すみませんでした。

支店長：ゴルフ場で頼まれたのか。

河　野：後日、飲み会に誘われたときに頼まれました。

支店長：なんだって。そういう付合いを内緒でしていたのか。金はどうした。

河　野：社長が出してくれました。申し訳ありません。

支店長：君はW工業の社長からゴルフや飲み会に誘われ、借りがあったので断れなかった、そういうことか。

河　野：すみません。でも、これ以上の貸出は無理だと思うといったんですが……。

支店長：それまでして金が必要であるということは、業績が悪いことは確実だ。資金繰りも大変だということだろ。貸す場合じゃなくて、実態を把握して、債権保全を図らなければいけないのじゃないか。W社から供応を受けたことは後でじっくり聴くが、まずは資金繰りのチェックを優先して調べ、夕方までに報告してくれ。

河　野：はっ、はい。

支店長：そうか、この交渉はW工業の社長に借りがある君には無理だな。君にはこの任はできないと思うから、私が直接、社長のところへ行って話してくる。

(2) 解　説

取引先からの供応に安易に応じてはいけません。まして事例のように、担当者が上司に内緒で取引先とゴルフや飲み会の誘いに乗ることは、絶対にし

てはいけないことです。行内のルール上も禁止されているはずです。

　取引先からの供応に応ずるということは、取引先に対して「借り」をつくることになります。「借り」をつくると、どうしても立場が弱くなったり、相手に情がわいたりして、相手の意に反するようなことを行うことに負い目を感ずるようになってしまいます。そのように感じさせることが取引先の意図していることなのですから、取引先からの供応に応じてはいけないのです。

　人間は弱いもので、取引先に「借り」があったり、情が移ったりすると、取引先に対して冷静に正論をぶつけることができなくなります。その結果、上記事例のような事態に発展するケースがあります。

　貸出判断を行う際に大事なことは冷静に判断する姿勢です。そのために注意すべき点は次の諸点です。これは担当者のみならず、支店長を含めすべての人に共通していえることです。

　① 取引先に惚れ過ぎない。
　② 相手のいうことを鵜呑みにしない。
　③ 公私混同は絶対にしない。特に金銭に関しては清潔にすべし。
　④ 常にセルフコントロールを心掛ける。

4　決算説明を聞く

(1) 場面 4

――Y部品工業が決算説明に来店。支店長と斉藤君が支店長室で応対しました。Y部品工業が帰った後、支店長は斉藤君を呼びました。
支店長：斉藤君、ちょっと来てくれないか。
斉　藤：はい、なんでしょうか。

支店長：さきほどのY部品工業の決算説明で気づいたことを注意しておく。

斉　藤：はい……。

支店長：Y部品工業の社長が説明したことのポイントはなんだ。いってみなさい。

斉　藤：ええと、前期売上げは……。

支店長：そんな数字は決算書に書いてあるからみればわかる。決算書に書いていないことで大事なことをいくつか話しただろう。

斉　藤：そうですね。まず中国現法の業績が悪かった……と。

支店長：たしかにそういっていた。その理由はなんといっていた。

斉　藤：ええと……。

支店長：いちいち思い出しながらいうようなら、数時間も経ってからだと忘れてしまうな……。いいか斉藤君、なぜ君は決算説明の席でメモをとらないんだ。

斉　藤：……、すみません。

支店長：それから、Y部品工業に対して的を射た質問になっていない。Y部品工業のことをあまり勉強していないように感じた。違うか。

斉　藤：……、すみません。

支店長：同じように何回も謝らなくてもよい。中国現法の業績が悪くなった理由は、自動車メーカー宛納入価格が下がったのに、自社工場の原価低減が思うように進まないことと、中国人の給与が上がってきたことを主な理由にあげていたな。そうだろう。君はメモしないのに、私がメモをしているんだから……。

斉　藤：……、すみません。

支店長：また同じか。さらにもう1つ。

斉　藤：メモのこと以外でですか。

支店長：そうだ。決算説明のために来店するということがわかっている

　　　　のだから、Ｙ部品工業のことで知りたいこと、尋ねたいことなど、あらかじめ質問するポイントを整理してから、面談に応じなくてはいけない。君をみていたら、ぶっつけ本番で事前に予習はしていないようにみえた。違うか。

斉　藤：一応、ファイルはみたつもりですが……。

支店長：君がそういうならそれでよい。でも、Ｙ部品工業のことを深く知っているようにはみえなかった。いいか、取引先から決算説明を受けるときは必ずメモをとりながら聞きなさい。そして取引先のことはあらかじめ十分に勉強して、的確な質問をすべく、できれば実態把握を行う機会であると考えて、大事な質問は準備しておくとよい。

斉　藤：はい、わかりました。

(2)　解　　説

　決算説明を受ける場合は、有意義な機会にすべく、事前に質問の準備を含めて、取引先の概要、業績動向とともに、自行との取引状況、取引上の問題点等を勉強しておきます。そして必ずメモをとりながら話を聞くことが重要です。

　決算書の数値の説明は漠然と聞くのではなく、数値は目（視覚）で確認しながら、数値の背後にある生産・販売等の生々しい動きを耳（聴覚）で聞き、経営者の考え方や人物像は鼻（嗅覚）で嗅ぐように、感覚を研ぎ澄ませて臨む姿勢が必要です。説明がよくわからなかったときには、遠慮なく質問すべきです。

　決算説明に限らず、取引先と面談するときに大事なことは、第一に問題意識をもって面談に臨むことです。面談の機会はチャンスと心得て、当該取引先について知っておきたい事項、関心がある事項、疑問に思っている事項、確認しておきたい事項をあらかじめ整理しておき、質問することが大事で

す。第二は、取引先の話をよく聞くという傾聴姿勢です。質問することは大事ですが、銀行側が一方的に話し、質問し、意見を述べるのではなく、取引先が話すことを優先して聞く、いわゆる「傾聴」の姿勢が必要です。面談時間の6～7割は取引先に話させるように仕向けるように努めてください。傾聴し、メモをとり、話のポイントをつかむことが大事です。重要なことについてはその場で確認、あるいは念を押すことも大事です。第三は、面談の記録は簡潔に素早くメモにして報告します。そして新たに得た情報等は、取引先概要表などに記録しておくことが大事です。

5　ほうれんそうの話

(1)　場面 5

――支店長が外訪活動から帰店し、野原君を呼びました。
支店長：野原君、ちょっと来てくれないか。
野　原：はい、なんでしょうか。
支店長：今日、KK社の社長のところへ行ってきた。KK社から借入申出があるらしいな。
野　原：はい。
支店長：社長から、「よろしく頼みます」といわれたが、どういう話かわからずに困った。月末に金が必要だといっていたが、月末って明後日だろ。どうなっているんだ。
野　原：すみません、まだ報告していなくて……。
支店長：金額的には支店長決裁案件だけど、なぜ査定書を書かないのだ。
野　原：ちょっと……。すみません。

支店長：いいたいことがあればいいなさい。
野　原：足元の業績がよくないようで……。
支店長：それで。
野　原：だからどうしようかと……。
支店長：悩んでいるのか。
野　原：はい……。
支店長：一人で悩んでいて解決するのか。なぜ相談しないのだ。
野　原：すみません。他の案件で忙しかったので……。
支店長：社長は2週間前に君に頼んだといっていたぞ。
野　原：はい……。
支店長：どうして2週間も握っていたんだ。
野　原：すみません。
支店長：ほかに握っている案件はないか。
野　原：ほかにはありません。これだけです。
支店長：私が常々、報告・連絡・相談に遠慮はいらないといっているだろう。
野　原：……。
支店長：ポパイはどんな逆境でもほうれんそうを食べたら勝つ……という昔のTVの話は君たちは知らないと思うが、報告・連絡・相談は、組織においてコミュニケーションとして大事な手段だ。報告書を書く時間や、メモの形式にとらわれていたら時間がかかってしまう。大事なこと、急ぐことは、課長を飛ばしても、立場に関係なく直接支店長に口頭で報告し、その場で指示を仰ぐことが必要だ。なぜ君はそれをしなかったのだ。
野　原：……、すみません。
支店長：課長にいいにくかったのか……。
野　原：いえいえ、そういうわけじゃあありませんが……。
支店長：まあいい、実行までに時間がない。君が悩んでいる問題点はな

　　　　んだ。じゃあ、どうするか相談しよう。早く結論を出してあげな
　　　　いと、KK社の社長も困るだろう。
　野　原：はい。

(2) 解　　説

　貸出業務は取引先の資金繰りにかかわる仕事です。必要な日に必要な資金が用意されていないと、手形・小切手の決済ができなかったり、支払ができなかったりします。資金繰りがくるうと、最悪は倒産という事態を招くことにもなりかねません。

　企業経営にとって重大な資金繰りに関する借入申出を、担当者の処理や判断の遅れで、取引先に迷惑をかけることがあっては絶対にいけません。

　上記事例のように、担当者が取引先からの借入申出を握ってしまうケースがあります。そういう状況に至る理由に、担当者が未熟で、どのように対応したらよいか悩み、先輩や上司に相談を持ちかけられない場合があります。相談できない理由は、自分の未熟さを何度もみせたくないという見栄がある場合や相談しにくい雰囲気がある場合です。それは人間関係がよくない、あるいは上司に怒られる恐怖心があるからかもしれません。そういうことを含めて、上司は常に部下の行動管理に目配りをしていなければいけません。

　このようなケースが起こったとき、案件を握ってしまった担当者だけを責めるのではなく、上司として部下がそういうことをした責任の一端は自分の指導と管理監督にあると思ってほしいと思います。「自分は指示していたが、彼がそのようにやらなかった」という言い訳をするのではなく、「指示していたにかかわらず、彼がそのようにしなかったのは指導力が行き届いていなかった」という反省を上司もすべきと思います。

　そこで「ほうれんそう」が大事になってきます。報告・連絡・相談がだれでも気軽にできる雰囲気を支店につくっておく必要があります。組織の秩序や報告の形式にとらわれず、本質を重視する姿勢の重要性を説くことが必要

です。「俺を飛び越して支店長に直接相談したのはけしからん」という組織の序列や「メモにしていない」という報告の形式よりも、取引先にクイックレスポンスするほうが重要であり、それが本質であることを全員の共通認識にしておくことが重要です。

　ただし、なんでもかんでも「ほうれんそう」では困ります。「ほうれんそう」は業務を円滑に遂行する一連動作です。担当者は緊急性の程度、問題点の把握、相談すべきポイントと自分の意見をもって「ほうれんそう」に臨むべきです。「ほうれんそう」を有効に活かすために、上司の部下に対する躾が重要であると思います。

6　取引先への訪問頻度

(1) 場面 6

――支店長が外訪活動から帰店し、松本君を呼びました。
支店長：松本君、ちょっと来てくれないか。
松　本：はい。
支店長：今日、久しぶりにYY社に行ってきた。君が担当だろう。
松　本：はい。
支店長：最近、あまりYY社に行っていないようだね。社長が、松本君は来てくれないんですといっていたが、そうなのか。
松　本：はい、ここ1カ月ほど行っていません。
支店長：YY社は優良主力先だぞ。なぜ行かないんだ。社長がいうには四角銀行の新規取引の攻勢がすごいそうだ。メインバンクとしてあぐらをかいていたら、四角銀行に取引をとられちゃうぞ。
松　本：すみません。

支店長：何か行かない理由でもあるのか。
松　本：あるといえばありますし……、ないといえば……。
支店長：よくわからない返事だな。はっきりいってみろ。
松　本：あの社長、うるさいんですよ。正直いって苦手です。
支店長：君の好き嫌いで大事な取引先との関係がまずくなっては困る。
松　本：それはわかっています。
支店長：松本君は自分の担当先の訪問頻度をどうやって管理しているの。
松　本：用事がある先に行きます。
支店長：それは当然だ。私がいっているのは、主力先や債権管理上必要な先、あるいはシェアアップをねらう先などに区分けして、週1回訪問先にするとか、まったくの付合い先で妙味がない先は1カ月に1回とか……、要するに訪問頻度管理表をつくって、自己管理していないのか。
松　本：そういう表をつくってはいません。
支店長：感情的に行きやすい会社と、行きたくない会社があるというのはわかるよ。私も若いときにそういうことがあった。でも、仕事だから、個人の好き嫌いという感情は出さず、取引状況や案件の優先度などを考え、訪問頻度管理表をつくってみてはどうだ。
松　本：はい、そうします。
支店長：その表には松本君自身の訪問を記録すると同時に、私や課長の訪問も記録したり、来店したことも印しておくとよいね。
松　本：わかりました。

(2) 解　　説

　貸出担当者は、受け身の仕事や電話応対や雑用等があり、時間に追われ忙しく仕事をしていると思います。貸出担当者の仕事は、守りと攻めとの両面

があります。見方を変えると、期限がある仕事とない仕事とがあります。いずれにしても、自らのスケジュール管理をしっかりと行っていないと、仕事が押せ押せになってしまいます。それは、貸出業務という特性から、債権保全が甘くなったり、貸出判断に費やす時間的余裕をなくしたり、攻める機会を逸したりするというようなことにもなりかねません。

　そういう事態に陥らないようにするため、自らの行動管理を徹底する必要性があります。1日の行動予定、1週間の行動予定、1カ月の行動予定を立てて、スケジュール管理に心掛けてください。

　それは仕事を確定させることであり、優先順位をつけることであり、必要な時間の確保であります。

　1日の行動では、午前中は内部処理、午後は外訪にするとか、1カ月の行動では、稟議書の作成や決算分析に費やすのは月初にするとか、自分なりの行動パターンを決めてみてはいかがですか。

　行動管理予定表は確実に消化するように心掛け、その進捗管理は上司にチェックしてもらい、アドバイスや指示を受けることで、自分の行動を有効かつ効率的な行動に結びつけていくことは重要です。

　事例のように、取引先の訪問頻度管理は大事です。どうしても自分の感情に左右されて、行きやすい先、話しやすい先ができ、反対に苦手な相手、嫌な相手があります。しかし、担当者の感情の趣くままにして、大事な取引先に1〜2カ月も行かなかったり、業績が落ちてきた会社へ1カ月も行かなかったり、取引先が遠距離にあることで訪問がおろそかになったりしていると、競合する銀行に優良顧客を奪われたり、債権保全が遅れたりして、損害を被ることになりかねません。

　そこで担当先に訪問頻度の優先順位をつけて、訪問回数、訪問間隔の予定を立て、実績をチェックすることが大事です。これは取引における攻めと守りとの両面から必要とされる行動管理です。

7 貸出担当者の心得

貸出担当者の心得は大きく分けて3つあると考えます。

1つは渉外、すなわち攻めの姿勢の心得です。2つ目は債権（与信）管理、いわば守りの姿勢の心得です。この2つは仕事です。もう1つは仕事以外のことで、不断に勉強することです。

この3つの心得について以下に筆者の考え方を述べます。

(1) 攻めの姿勢の心得

すでにみてきましたように、貸出業務は銀行の収益の大黒柱です。銀行間の競争が激しい時代、渉外の役割は大きな意味をもちます。渉外担当は取引先へ出向き、貸出案件の確保や提案を行います。かつ、派生する関連取引の確保も重要な役割です。

その心得は以下の5つです。

① 銀行を代表する顔として自信・自負心をもって活動し、取引先から信頼される。
② まずは「お客様第一の精神」で接する。
③ アンテナ機能を高く張りめぐらせて、取引先のニーズを吸収し、銀行の商売に結びつける。
④ 企画提案、行動管理を自ら行い、自分自身で「P—D—C—A」サイクルを立てる。
⑤ 目標管理、採算管理を念頭に置いて行動する。

(2) 守りの姿勢の心得

貸出業務の要諦は債権保全です。貸出金が確実に返済され回収されなければなりません。これもすでにみてきましたとおり、預金者から預かっている預金を原資に貸出を行っているわけですから、万が一にも不良債権が発生す

ると、銀行の信用問題ばかりか経営の根幹に係る問題にも発展する可能性があります。

そのための心得は以下の3つです。

① 債権保全を第一に考える。

取引先は生き物です。常に業況は変化しています。業況の変化、特に業績悪化の変化は見逃してはなりません。資金使途は適正か、事業経営は順調か、返済の見通しは大丈夫か。そして財務分析、定性分析、担保チェックを行い、さらに事業経営に影響を及ぼす要因（業界動向、主要販売先・仕入先等）まで注意を払うようにします。

② 貸出規定、標準手続は必ず遵守する。

規定、手続を遵守することが債権保全を確実なものにします。規定や手続がなぜそのように決められたのかという根拠や理屈、あるいは判例などを勉強することは非常に役に立つと思います。

そして事務の基本動作は必ず身につけて、絶対に確実に行うことが重要です。

③ 現物の管理は厳格に、現物の処理は迅速かつ確実に行う。

貸出業務では手形、小切手、契約書、重要書類等々の現物を預かります。現物を汚損・破損・紛失すると、債権保全上問題になるばかりでなく、銀行の信用は失墜します。現物の受渡しや管理、保管、処理は正確かつ速やかに行わなければなりません。

(3) 不断の勉強

貸出業務に携わるうえで必要な知識は必須科目として早い時期に学ばなければいけません。法務、財務の基礎はしっかりと学びます。その知識を広く深く掘り下げて身につけるのは、基本的には自己啓発によります。銀行が推薦する通信教育にとどまらず、自分自身が自らの課題を決めて自己啓発する心掛けが必要です。

それに加え、日々刻々と変わる経済情勢や金融、産業等の動向も自ら勉強

することが大事です。新聞や雑誌等の情報に敏感になり、いろいろなことに興味や関心をもち向学心をもつことが大事です。会社経営に係る参考図書等を買い求めて勉強したり、自費で外部セミナーを受講したりと、自分が成長するためには自己投資することも考えてください。

　1日平均30分の勉強を続けることができる人と何もしない人とでは、数年後の実力格差は歴然とします。これは本当です。

第2節

貸出事務の重要性

1 「標準手続」の遵守―契約書の代筆―

(1) 場面1

――貸出事務担当の横山さんと法人担当稟議方の神林君との会話。
横山：神林さん、X商事社長が差し入れた保証書ですが、筆跡が社長本人のものではないようですが。
神林：どうしてわかるの。
横山：だって、過去に徴求した保証書や印鑑紙に書かれている筆跡と比べたらすぐにわかるでしょう。
神林：そうか……。
横山：まさか、神林さんが書いたのではないでしょうね。
神林：ううん、実は僕が書いた。
横山：そんなのダメです。どうしてそんないい加減な仕事をするんですか。
神林：最近、あの社長とうまくいっていないんだ。先日、社長を怒らせちゃって、いま出入り禁止なんだ。
横山：理由がなんであれ、代筆は絶対にダメです。

> 神林：期間半年の貸出だから、目をつむってよ、お願い。
> 横山：絶対にダメです。

(2) 解　　説

　貸出業務を行うにあたり、最も重要な点は「貸出の可否の判断」「適正な事務」の2つです。どちらか一方でもおろそかにすると、債権保全上、重大な影響を生ずるおそれがあります。貸出判断を冷静かつ適正に行ったにしても、事務に疎漏があると、損失につながることにもなりかねません。

　貸出業務に携わる人は貸出事務に関して次の2点を常に心掛けていなければなりません。1つ目は貸出事務は必ず「標準手続」を遵守すること、2つ目はその手続の背景にある根拠・理由を理解しておくことです。すなわち、なぜそのような手順を踏まなければならないのか、なぜこういう書類が必要なのかということを取引先に説明しなければならないからです。こういう理解をしないまま、形式的に事務処理を流してしまうと、後日、思わぬ事故につながりかねません。

　本事例のように、保証書や契約書を徴求することについて、保証人本人や貸出先（債務者）の意思確認を怠るばかりか代筆を行うということは、「標準手続」に定められている規定に反することです。標準手続を逸脱することは、どのような言い訳も通用しません。

　保証書の徴求に際しては、保証人と直接面談し、本人確認を行い、保証書の内容を説明し、納得を得られてから、面前で自署・捺印してもらわなければなりません。なぜ本人の自署・捺印が必要なのでしょうか。

　後日、保証をした覚えがないと言い張られたとき、保証書の有効性が争われます。代筆した保証書であれば、社長が事前に承諾していたとしても、それを認めなければ、保証書の成立が真正であるかどうか証明できません。しかし、私文書（保証書は私文書）に作成名義人の署名捺印があれば、それは真正なものであるということが推定される（注）ことから、自署・捺印が必

要であると標準手続は定めているのです。

> (注) 民事訴訟法228条4項
> 　　私文書は、本人又はその代理人の署名又は押印があるときは、真正に成立したものと推定する

　本事例のような代筆に限らず、独断禁止、秘密保持、現物の受渡し等々事務手続は必ず「標準手続」に定められた手続と権限とを遵守することが大事です。

　「標準手続」には、事務手続のフローと同時に、上述した代筆の事例のように、なぜそのような手続をしなければいけないかという手続の背景となる説明が書かれていると思います。それは銀行が経験から学んだこと、法律や判例に沿って定められたものです。したがって「標準手続」をしっかり読み、手続の背景を理解したうえで、正確な事務を行うことが大事です。

　最近、銀行によっては、貸出業務について、取引先の担当をもって実際に渉外活動を主にして動く者と、貸出事務を専門に行う者と、仕事を分けたり、組織を分けたりしているところもあるようです。営業と事務とを分けるにしても、渉外担当者が貸出事務を軽んずることは許されません。取引先から質問を受けたとき、「その担当者はほかにいますので」という話で取引先は納得するでしょうか。話の矛先は収めるにしても、担当者への信頼は薄れることと思います。筆者は、貸出担当者には必ず貸出事務を学ぶ経験、ローテーションを踏ませることが大事だと考えます。

2　契約書を読む―勘定科目内訳明細書の徴求―

(1) 場面2

――中田君は、取引先Z社の決算分析において疑問点があるので、同社

社長に３期分の勘定科目内訳明細書をみせてほしいと頼んだが断られたと上司の課長に報告した。
中田：Ｚ社の売上債権の数値がおかしいので、同社社長のところへ行き、過去３期分の勘定科目内訳明細書をみせてほしいと頼んだのですが、断られました。
課長：それでどうした。
中田：いくら頼んでもいただけないというのであきらめました。
課長：数値の内訳を教えられないというのであれば、ますますその数値は怪しいな。どうしても勘定科目内訳明細書をみて、不審な点をチェックしなければいけないな。
中田：でも社長は勘定科目内訳明細書は出せないといっています。
課長：中田君、どうやって交渉したの。
中田：交渉といっても、「ください」「出せない」のやりとりの繰り返しを30分もやりあいました。
課長：それじゃあ、ダメだ。説得力がないし、それじゃ交渉になっていない。中田君、君は銀行取引約定書を読んだことがあるか。
中田：銀行取引約定書ですか、知っていますが読んだことはありません。なぜそんなことを聞くのですか。
課長：銀行取引約定書は銀行と貸出取引先との交わす基本契約だ。署名捺印しているということは、取引先はそこに書かれている契約条文は承知したということを意味している。
中田：それで、そこに何が書いてあるのですか。
課長：当行の銀行取引約定書の12条には次のように書いてある。「財産、経営、業況について貴行から請求があったときは、直ちに報告し、また調査に必要な便益を提供します」と。だから、これを根拠に３期分の勘定科目内訳明細書が欲しいとお願いすればよい。
中田：わかりました、明日にでもこれを根拠に申し入れます。
課長：「ください」「出せない」のやりとりではなく、ちゃんと説明して

交渉をしてこい。ただし、この約定があっても強制する権限はない
　　　のだから穏やかに交渉してこいよ。
　　中田：はい、わかりました。

(2) 解　　説

　貸出業務を行うに際し、銀行と取引先との間でいろいろな契約書等の書類が交わされます。ところが、担当者は貸出実行に伴い、どの書類が必要かわからない、なぜその書類が必要か理解していないというケースがあるようです。そのためにチェックリストが用意されていたり、貸出事務の者に教えてもらったりしながら書類を整え、取引先から徴求します。しかし、ほとんどの担当者は徴求する書類がそろってもそれを読むということをしません。書類に何が書いてあるか知らないまま、取引先のところへ行って「署名捺印をお願いしています」と頼むことでよいのでしょうか。取引先が書類を読み、内容について質問されても答えられない貸出担当者でよいのでしょうか。貸出の数字だけを伸ばす役割に特化された渉外担当の者は、貸出事務は守備範囲ではないということなのでしょうか。

　銀行取引約定書は、貸出取引全般に関する内容を定めた、銀行と取引先との基本的な契約書です。この約定書は大きく分けると次の４つの内容で構成されています。①総則的事項、②債権保全条項、③危険負担・免責条項、④担保・保証条項です。特に重要と思われる条項は、担保（旧銀行取引約定書ひな型４条）、期限の利益喪失（旧銀行取引約定書ひな型５条）で、この２つについては特にその内容をしっかり理解して、取引先に説明ができるようにしておかなければなりません。

　本事例において、中田君は銀行取引約定書を読んだことがないといっています。読者のなかにも、以前に読んだことがあっても、内容について理解していないという人がほとんどではないかと思います。銀行取引約定書だけでなく、取引先に渡す書類、取引先から徴求する書類や契約書等は、条文等を

読み、内容を理解することが担当者に求められます。

　不動産担保の徴求について、抵当権なのか根抵当権なのか、根抵当権を設定する方法として、累積式根抵当なのか共同根抵当なのかなどの知識も基本的なことです。これも契約書の条文を取引先に説明できるほどに理解していなければなりません。

　貸出の実行は経済的行為で、貸出事務は法律的行為という側面をもちます。貸出業務の人材育成ということを考えるとき、経済的行為に優れ、数的成果だけを伸ばす人材をつくったところで半人前にすぎません。法律的行為の知識がない担当者は取引先から信頼を得ることはむずかしいと思います。

　取引先と貸出実行に伴う契約書を交わす場合、あらかじめ契約内容を取引先に十分説明し、納得してもらい、了解を得たうえで、署名捺印をして契約の締結を行わなければなりません。また、重要書類が差入れ式の場合は「写」を契約の相手方へ必ず交付することも大事です。

　契約書の記入すべき箇所を貸出担当者が記入することは絶対にしてはいけません。借入金額や返済期限などの重要項目を担当者が記入したり、契約内容の一部が未記入のまま契約を締結したりしてはいけません。

　貸出担当者として貸出の実行に伴い必要な契約書について内容の説明もできないのでは、取引先から信頼されません。

3　期日管理―稟議書提出期限―

(1) 場面 3

――支店長と渡辺君との会話。
支店長：渡辺君、F社の経常運転資金の稟議期限は今月末だぞ。あと3
　　　　日しかない。早く稟議書を書いて回してくれ。

渡　辺：大丈夫です。継続稟議ですからすぐに書けます。
支店長：そういう自分勝手な都合で仕事をされたら困るな。
渡　辺：明日の朝には出します。すみません。
支店長：標準手続に決められている稟議書の提出期限はすでに過ぎている。
渡　辺：はい。
支店長：はいじゃない。決められたルールは必ず守れ。
渡　辺：すみません。
支店長：いいか渡辺君、経常運転資金の継続稟議書だから簡単にすぐに書くことができるといっているが、経常運転資金の継続稟議書といえども手抜きは許されない。前期の業績分析をしっかりとしたうえで、同じ金額で継続することが妥当であるか検討してくれよな。
渡　辺：はい、大丈夫です。
支店長：渡辺君、あえて教育的指導でいうならば、君は稟議書を書けば終わりだと思っているようだが、支店長の私が稟議書を読む時間や、君が書いた稟議書の内容では印鑑を押せない場合だってあるぞ。君が書いた稟議書に訂正や修正がありうることを考えれば、時間的な余裕をもって回してくれないと困ることはわかるだろう。
渡　辺：申し訳ありません。
支店長：君は稟議書の提出期限が遅れるとだれに一番迷惑がかかると思っているのだ。
渡　辺：支店長です、審査部からお叱りが来るかもしれないし……。
支店長：一番迷惑をかけるのはＦ社だぞ。稟議書の承認が下りないで、手形の書換えができるかどうか心配しているかもしれない。私も審査部も迷惑だが、なんといっても銀行内の手続が原因でお客様に迷惑をかけてはいけない。いいか、わかったか。

渡　辺：はい、わかりました。申し訳ございません。
支店長：じゃあ、すぐに稟議書を書いてくれ。そして稟議書の期日管理はしっかりやってくれよ。

(2) 解　説

　上記事例は稟議書の提出期限の話ですが、貸出業務を行ううえで、期日管理は非常に重要なことです。この事例は経常運転資金の継続稟議の提出期限の話ですから大きな問題に発展することはないと思いますが、これが取引先に約束した新規貸出の場合であったら大変です。

　取引先は貸出が約束された日に実行されることを前提に資金繰りを組んでいると思います。稟議書の承認が遅れたり、否認されたりした場合、資金繰りがくるい、場合によっては不渡りにつながることもありえます。あるいは担保などの条件が付与されたりした場合も含めて、取引先とのトラブルに発展することになっては大変です。

　審査部へ提出する稟議書や支店長決裁の査定書が貸出予定日の直前に回されると、審査や判断に要する時間が十分にとれません。限られた短時間のなかで行われる貸出判断は急がされることから、判断に重要な影響を及ぼす重要なポイントを見逃したり、事実等を確認する時間的余裕がないままで可否の判断を行ったりすることになります。貸出判断を下すにあたり、十分な時間がなかったことで判断を誤ることにもなりかねません。そういう意味からも稟議書の提出期限を遵守することは大事です。

　銀行の仕事は正確な事務処理を要するものばかりです。とりわけ貸出業務においては、債権保全に絡む問題もありますので、いっそうの正確さと注意とが必要です。期日管理のミスは、取引先とのトラブルや取り返しがきかない問題に発展するケースになるので、心して取り組む姿勢が求められます。

　以下に期日管理すべき主なものをあげます。

　　◇稟議・査定期限

◇手形貸付・証書貸付等の期日
　　◇担保・保証に関する期限
　　◇印鑑証明書等の有効期限
　　◇未済事務の完了予定日

　これらの期日管理はコンピュータの還元資料で管理されていると思います。加えて、コンピュータの還元資料には載らない取引先と約束した期日を守ることも大事です。いつまでに調べて回答するというような約束期日は自分で管理しなければなりません。

　期日管理は、貸出担当者である前に社会人として求められる大事なことであり、人としての信用につながる問題でもあります。

　期日管理のポイントは「前広に準備する」ことと「確実に行う」ことです。最後に付け加えると、管理する「期日」は、期限であるエンド日ではなく、処理に必要な時間を見立てた仕事の「着手日」にすると、真の意味で「前広」「確実」に管理できると思います。

4　現物管理―手形の受渡し―

(1)　場面 4

――貸出事務担当の志村さんと法人担当稟議方の宮地君との会話。
志村：宮地さん、商手を勝手に机の上に置いていかないでください。
宮地：それ、25日に継続する単名手形と、月末に割る商手だから。
志村：できません。
宮地：なんで。稟議の承認は下りているんだから。
志村：稟議の問題ではありません。
宮地：じゃあ、どうしてなの。

志村：宮地さん、あのね。お客さんから現物を預かってくるときは、ちゃんと手続どおりにしてくれないと困ります。

宮地：何かまずかった……っけ。

志村：単名手形には名宛欄に「株式会社三角銀行」と、うちのスタンプを押してください。万一、帰店途中に紛失したら大変なことになります。

宮地：わかりました。以後、注意します。

志村：それに商手もです。預かったときに、手形要件のチェックをしていないし、特定横線判も押されていないし……。

宮地：ほかにも何か……。

志村：商手の最終裏書人欄にも「株式会社三角銀行」のゴム印が押されていません。

宮地：だって、スタンプをかばんに入れずに行っちゃったんだから、仕方ないよ。ごめんなさい。

志村：これが検査にバレたら大変ですから。

宮地：許して……。お願い。

志村：宮地さん、手形要件のチェックって何をするのか知っている。

宮地：ええと、それって……。

志村：貸出案件をとってくるばかりで、事務はなんにも知らないんだから。それじゃ取引先も困るし、私たちも迷惑してます。商手のなかに支払期日が鉛筆でうすく書かれているのが1枚と、裏書が連続していないのが1枚ありました。こういうのは、預かったその場でチェックし、取引先にすぐに確認してくれなくちゃ。

宮地：すみません。

志村：この2枚はどうしますか。取引先へ行って内容を確認するか、割り引く商手を差し替えるか……。

宮地：午後にもう一度行ってくる。ごめんな……。

(2) 解　説

　貸出担当者は、貸出の実行や返済に際し、取引先からいろいろな現物を預かります。集金した現金や手形、小切手、契約書、保証書、担保設定関連書類、あるいは印鑑証明書や権利証等々、大事なものを預かって銀行へ持ち帰るのも貸出担当者の重要な仕事です。

　このような取引先から預かった現物を紛失したり、汚損、破損したりすると、債権保全上重大な問題に発展する可能性があります。それは取引先に多大な迷惑をかけることであり、銀行の責任を問われることでもあります。現物の管理ができていないことは銀行の信用を失います。したがって、現物の受渡し、保管、管理にはいささかの不注意も許されません。慎重のうえにも慎重を期した取扱いが求められます。

　本事例は手形の扱いについて書きましたが、そのほかにも注意すべきことを以下に書き出します。

　第一に、貸出の実行に必要な契約書や手形などは、貸出の実行の承認が下りてから徴求します。これらを先に預かった後、取引先が希望した貸出実行に至らなかった場合、無用なトラブルを起こすことになりかねません。

　第二は、必要書類は全部そろってから一括して預かるようにします。書類は全部そろうことで効力を発揮します。一部だけを預かり、残りは後でということも、無用なトラブルを起こす火種になります。

　第三は、預かるときは完全な形で預かるようにします。契約書で記入が必要な箇所は取引先に書いてもらい、押印も鮮明な印影であることを確認して、全部の書類が完全な形になってから預かります。

　そして、最後に重要なことは、受渡しには必ず記録を残すことです。現金と書類や手形小切手という現物の受渡しは、後日になって「預けた」「預かっていない」という押し問答を繰り返さないように、受渡しの事実を確認できるようにしてください。銀行によって、集金帳を利用したり、専用ノートを使ったりしていると思います。現金、現物は「その場限り」という認識で

取り扱い、受け渡すことが大事です。

　支店へ帰って来たとき、事務処理を担当する者への受渡しも同様に、しっかりと記録を残します。そして預かった現金と現物は可及的早期に処理するよう心掛けることも必要です。

　現物管理で大事なポイントは「完全に」と「確実に」です。

5　意思確認—第三者による担保提供—

(1) 場 面 5

―― AB食品とCD繊維とは同じ工業団地に工場があります。業種は異なりますが、社長同士は幼なじみの親友です。両社とも菱形銀行がメインバンクです。今般、CD繊維の借入れに際して、AB食品の社長が自分の個人定期預金を担保に差し入れることになりました。担保提供手続はAB食品の社長にかわって経理部長が銀行に来て行われました。
以下は貸出事務担当の藤原君と法人担当稟議方の立石君との会話。

藤原：立石さん、これではダメです。
立石：どうして。
藤原：だって、AB食品の社長さんが来られていないじゃないですか。
立石：社長は用事があるので、社長が手続を経理部長に頼んだんだからよいじゃないか。
藤原：ダメです。担保提供者本人の意思確認ができていません。
立石：AB食品の社長が担保を提供することを承諾したから、社長の個人預金を部長が預かってきたんじゃないか。預金証書を部長に渡したということで、社長はそれを了解していることがわかるじゃない

か。
藤原：そうかもしれませんが、実務上は標準手続どおりに行わなければ、後日の火種になるかもしれません。
立石：大丈夫だよ。期間１年だよ。
藤原：AB食品の社長から「担保を提供した覚えはない」といわれたらどうしますか。
立石：いわないって。あの二人は親友なんだから。
藤原：立石さんがどんな理屈をいってもダメなものはダメです。
立石：どうしてそんなにごちゃごちゃいうの。
藤原：当然でしょ、債権保全をしっかり行うためには決められた事務を手続どおりに行わなければいけないからです。
立石：わかった、わかった。社長に直接会ってくればいいんでしょう。
――といいながら、立石君は本件を放置していました。
　１カ月後、AB食品の社長の弁護士から、この担保提供の事実確認を照会する書面が銀行に届きました。
立石：藤原さん、困ったよ。
藤原：立石さん、あの後、AB食品の社長のところへなぜ行かなかったの。
立石：理由なく、ただなんとなく後回しにしちゃった……。
藤原：弁護士はなんていってきたのですか。
立石：AB食品の社長は担保提供した覚えはないといっているらしい。僕から弁護士に電話を入れて、そんなことはないといい、現に担保としていただいていると説明したんだが、弁護士がいうには、それは社長の意思に反して部長が勝手にやったんだというんだ。
藤原：ほらね、こういうことになるかもしれないから怖いんですよ。
立石：社長もひどいよな。どうしてそんなことをいい出したんだろう。
藤原：CD繊維の社長が担保提供を頼んだときに、会社の実態を正直にAB食品の社長にいわなかったことが原因じゃないですか。

立石：CD繊維の会社の実態を知って、怒って喧嘩になったのかな。
藤原：そういうことはありえますね。
立石：でも二人で話し合って決めたんだから……。
藤原：弁護士を立ててきたということは、二人の関係は戻りませんよ。
立石：そうかもしれない。どうしようか……。
藤原：どうしようもないですよ。担保提供時点で社長の意思確認をしなかったのは事実でしょう。
立石：でも、実際に担保提供するといっていたのも事実だよ。
藤原：そうだとしても、いまとなっては立証できないでしょう。あの時すぐに社長に面談して意思確認をして、書類を残しておけば、社長はそういうことをいうことはできなかったのに……。

(2) 解　説

　この事例は、第三者が担保を提供するときに、担保提供者の意思確認を怠ったことによる問題発生です。そもそもは標準手続を遵守しない担当者の誤った行動が原因です。標準手続を遵守することの重要性は本節1でも取り上げました。

　貸出担当者が、自らの貸出事務の無知を棚に上げて「まあ大丈夫だ」という根拠がない感覚的楽観主義で手続から外れたことを行うと、このように債権保全上、重大な問題に発展することがあります。

　第三者担保を徴求する場合の手続で最も大事なことは、担保提供者の意思確認をしっかりと行うことです。事例のように、実際は承諾していながらなんらかの事由でそれを翻すこともあります。そういう事態になっても、債権保全面で懸念が生じないようにするためには、担保提供者が翻意しても対抗できるような手続を行う必要があります。

　そのためには、担保提供者に直接会い、担保差入れに必要な書類の内容を納得されるまで十分に説明し、しっかりと意思確認を行うことが必要です。

その後に、担保提供者から自署・捺印を受け、書類の「控」あるいは「写」を交付します。さらに念のために、担保提供に関して、銀行側が説明した事実と提供者が納得のうえ書類作成に応じたという記録、具体的には日時・場所・面談者・確認内容を記した文書を作成して、これにも署名捺印してもらい、保管しておくと万全です。

第三者担保であるからといって特別な手続があるわけではありません。しかし、事例のように、担保提供者が当初の意向を翻すこともありえます。その理由として、担保提供者が借入人の現況について詳細な実態を知らないまま担保を提供したことが原因になることが多いようです。担保提供後に当初の説明とは違う実態を知ったときや、事態がさらに悪化したりした場合、借入人と担保提供者との関係が悪化し、銀行を巻き込んだトラブルになるケースもあります。

どちらにしても、貸出事務をおろそかにする態度をとり標準手続を遵守しない考え方をもつ者は、貸出担当者として失格です。

6 貸出事務の基本動作

貸出業務を行うに際し、貸出判断が重要であるため、そのむずかしさに視線が行きがちですが、「適切な判断」と同じように「適正な事務」が重要であることを忘れてはなりません。「判断」と「事務」とは車の両輪のごとく重要であり、どちらか一方が欠けると、債権保全面で重大な影響を生じます。適切な判断が行われても事務に疎漏があっては債権保全はできません。

すでにいくつかの事例でその重要性は述べてきました。その繰り返しになりますが、標準手続は必ず遵守しなければなりません。そして標準手続の背景にある理屈を理解したうえで、正確な事務処理を行わなければなりません。手続が定められた背景には必ず根拠や理由があります。こうしたことを理解しないまま貸出の数字だけに目が行くようでは、真の貸出担当者は育ち

ません。

「群盲象をなでる」という言葉があります。貸出金の数字だけを伸ばすことで自分は貸出担当者であると思っているとしたら、その人は、貸出業務を象にたとえていえば、象の一部をなでただけで象とはこういうものであると思い込んでいるだけにすぎません。大きい象の全体を知ることはそんなに簡単なことではありません。

取引先と交わす契約書の意味や条文を理解しないで、取引先から信用が得られると考えている人はいないと思います。

事務処理を確実に行うことは、貸出担当者の「基本動作」といえます。貸出担当者本人のみならず、それをチェックする立場にいる管理職者も事務に精通する必要があります。中途半端な理解で事務処理を形式的に流すようなことをすると、後日、思わぬことで問題に発展することになりかねません。

その主な基本動作として次のような事項がありますので、いま一度、自行の標準手続で内容を確認してください。

① 標準手続の遵守・専決権限の遵守
② 独断の禁止
③ 秘密の保持
④ 本人確認、意思確認の確行
⑤ 面前自署の確行
⑥ 代筆の禁止
⑦ 現物の受渡し、現物の保管
⑧ 二重チェック・検閲の確行体制
⑨ 契約内容の説明、契約締結時の注意点

第3節

資金使途の検証

1　経常運転資金（その1）

(1) 場面1

　――支店長と担当者大谷君との会話。
支店長：大谷君、ちょっと来てくれないか。
大　谷：はい。
支店長：この貸出はなんだ。経常運転資金の継続で回ってきたが。
大　谷：これは、SS社の社長の紹介案件で、弁護士事務所宛の……。
支店長：それはわかっている。問題は、なぜ弁護士事務所に経常運転資金貸出をしているのかだ。
大　谷：え……。
支店長：大谷君、経常運転資金貸出ってどういうものだ。
大　谷：どうって、普通の運転資金……。
支店長：普通の運転資金ってどうやって算出するの。
大　谷：ええと……。
支店長：経常運転資金は貸出の基本だぞ。算出方法も知らないのか。
大　谷：すみません。

支店長：君はこの相手先へ行ったことはあるか。

大　谷：はい、着任時に引継ぎで1回だけ。前任者から、資金需要はないからといわれ、この貸出もずっと継続しているので、今度もそれでいいと思って査定書を回しました。

支店長：経常運転資金というのは、貸借対照表における収支ズレを支える資金だ。弁護士事務所に収支ズレがあるか。

大　谷：……。

支店長：いままでそうしていたから今度も同じようにするというのは、前任者が間違ったことをしていたら、そのまま間違いを続けるということだ。貸出担当者は自分が担当した時から、前任者が行った過去の貸出も担当者の責任になる。だから、担当した時に、担当先のことは自分の目で見直すことが必要だ。

大　谷：はい。

支店長：私も着任して初めてみる稟議書や査定書は、過去からの経緯を見直すようにしている。そうしたらこれだ。どうして弁護士事務所に運転資金がいるのかと思ってファイルで経緯を読み直してみた。そうしたら……。

大　谷：はい、何か……。

支店長：この弁護士が独立して、新たに弁護士事務所をもつ際、当店取引先のSS社の社長の紹介で、うちに借りに来た。借りた金は事務所の賃借契約に必要な敷金や礼金と、PCや什器備品の購入に貸している。いうなれば、これは設備資金だ。運転資金ではない。

大　谷：そうですね。

支店長：わかっていながら、なぜ経常運転資金貸出の継続として査定書を回してくるのだ。

大　谷：それは……、前任者もそうしていたから……。

支店長：前任者のしたことはすべて正しいというわけじゃないのだから

　　　　……。前任者がしてきたことを否定するというふうに考えると気まずいかもしれないが、そうは考えずに、自分の目で現状の取引実態を見直すという気持ちでみればよい。この貸出はおかしいなと思っていながらいままでと同じことをするのは、自分に自信がない者のやること。いままでと同じことをしていれば無難だと思って……、君もそうか。
大　谷：すみません。
支店長：そこでだ。この貸出だけど、経常運転資金として無担保で返済もない。これじゃおかしい。実態は、入居保証金やPCなどの購入という設備資金だ。もう事務所を開設して5年になる。いままでの収入をみて、約弁付きの長期貸出に乗り換えるように話をしてみたらどうだ。入居保証金担保についても考えてみてくれ。相手だって、常識ある弁護士なんだから、常識ある話には乗ってくると思うよ。
大　谷：はい、そうしてみます。

(2) 解　説

　借手からすると、必要とする資金についてなんでも「運転資金」という言葉を便利に使う傾向にあります。貸出に関する参考図書においては、貸出金の分類というところで、長期設備資金以外は広義の意味で運転資金という区分けをしている本もあります。大事なことは、運転資金という名目ではなく、実際の資金使途は何かということです。

　事例では、本来は担保を徴し、約弁付きの長期貸出で対応すべき貸出を、無担保で短期で貸し、経常運転資金ということで返済を求めず、転がして継続しています。これでは貸しっ放しで、債権管理ができていないという状態になっています。

　これと似たような貸出を時折みかけます。設備資金であるならば、担保を

徴し、約弁付長期貸出で対応すべきところ、取引先から長期金利の適用は支払金利が高いという理由をいわれ、仕方なく短期貸出の転がし対応している場合があります。こういう貸出は、一見すると取引先が金利面で有利になっているように思いがちです。たしかに支払金利だけをみれば助かっているかもしれません。しかし、短期貸出の場合は、あくまで1年以内に期限が来る貸出ですから、取引先に与えている期限の利益もその貸出期限となります。万一、業績の悪化などで銀行が債権保全のために与信圧縮を図るとき、短期貸出の期限をもって返済を迫ることになった場合、取引先はその資金繰りに困ることになります。このように、長期資金で調達すべきところを短期借入れで調達することは、期間のアンマッチングから不都合が起こる可能性もあります。

基本は資金使途に合った資金調達です。本事例では、長期貸出で約弁をつけることで対応するのが常識的な貸出といえます。

2 経常運転資金（その2）

(1) 場面2

――支店長と担当者中谷君との会話。
支店長：中谷君、ちょっと来てくれないか。
中　谷：はい。
支店長：P社の経常運転資金の2000万円の継続稟議の件だけど、私も着任して初めての継続稟議なのでファイルをさかのぼってじっくりみたら気づいたことがあるんだ。
中　谷：なんですか。
支店長：当社に対する経常単名の当初貸出時のメモを読んでみたら1500

　　　　万円だった。それから継続時に査定書をずっとみてきたら、3年
　　　　前から2000万円になっていた。
中　谷：3年前ですか……。そこまで調べていませんが……。
支店長：どうも3年前の季節資金が返済できなくて、それが経常化して
　　　　経常運転資金と合算されているみたいだ。
中　谷：えっ、そうなんですか。
支店長：中谷君、こういう場合どうしたらよいと思うかね。
中　谷：ここ数年2000万円で継続していて問題がないので、このままで
　　　　よいのではないでしょうか。
支店長：その答えはバツだ。それでは、返済の約束をした貸出が返済さ
　　　　れなくともよいと銀行が認めることになってしまうじゃないか。
　　　　また、季節資金が返せなかったということは在庫のなかに売れ残
　　　　った不良在庫がまだあるということかもしれない。
中　谷：どうしたらよいでしょう。
支店長：まず、前任者に電話して、どういう事情でそうなったかを聞い
　　　　てみてくれ。まさか、当行から返せなくなった季節資金を経常単
　　　　名と合算するといい出したなんてことはないと思うが。それか
　　　　ら、P社にはその時の商品はいまどうなっているか、在庫の中身
　　　　についてヒアリングしてほしい。できれば、経常運転資金は1500
　　　　万円で継続し、季節資金の500万円の部分については、P社と返
　　　　済方法を相談してほしい。
中　谷：いまになって回収ですか。
支店長：もちろん回収するのが筋だと思うよ。ただその前に前任者に事
　　　　情を聞いてくれよな。当行がそれを勧めたとなると、言い方も違
　　　　ってくる。P社に行って話すのはその後だ。一括返済が無理なら
　　　　ば、資金繰りに無理がない程度に、たとえば毎月10〜20万円ずつ
　　　　の返済でもいいから……。

中　谷：はい、わかりました。

(2) 解　説

　経常運転資金とは、企業が一定の営業活動を継続していくための必要かつ不可欠な資金です。理論的に考えれば、経常運転資金は企業の創業時に発生します。企業が設立されて数年経ってから経常運転資金が新規に発生することはありえません。

　企業からみると、経常運転資金はまさに経常的に調達されていなければならず、そのため必要とする金額に変動がなければ、銀行の経常運転資金貸出は１年ごとに継続されるのが普通です。

　経常運転資金貸出を同額で継続する場合、稟議書や査定書は簡単かつ安易に書くケースが多いと思います。同額で継続することは与信額が増えないということで、業績チェックも簡単にすませ、事務的に稟議書や査定書を書く担当者がいます。本事例の中谷君も、金額については現状残高に疑いをもたなかったようです。

　支店長が行ったように、経常運転資金貸出について当初貸出時のメモを見直し、継続稟議書の枝番をさかのぼって同貸出金額の推移をみると、途中から、このように本来は返済されているべき季節資金や決算資金などの貸出が返済されずに経常運転資金貸出に混入していることを発見します。このような場合、どのような対応をしたらよいでしょうか。

　中谷君は、すでに経常化して数年が経っていても問題がないなら、あえて返済を求める必要はないといいました。利息収入がある現状貸出残高をあえて減らすことはないだろうという考え方がそれです。でもその考え方は間違っています。

　問題の本質は季節資金貸出が返済されなかったという事実です。貸出残高のことや利息収入のことを持ち出す前に、取引先の事業経営に何か障害や問題があったから返済できなかったと考えることが先です。それが現時点で経

営上なんらかの問題（たとえば在庫）になっていないか等を含め、事業経営にマイナスの影響を与え、いまに引きずっていないだろうかと考えることが大事です。

　本来は例年どおりの季節需要によって売り捌くために仕入れた商品や生産に使用されるべき原材料等が、思惑どおりにならず在庫として残っているということです。そのときの在庫が陳腐化していれば、決算書の在庫の数字は実態評価額より大きくなっている可能性があります。

　したがって、返済されなかった貸出が経常運転資金貸出に混入している事実をみつけたときは、まずは業績の再チェックが必要です。そして、返済の方法について話し合います。返済されていない貸出であることを知りながら銀行が返済を求めないことは、銀行自らが悪しき実績を残してしまいます。

3　臨時運転資金（その1：減産資金）

⑴　場面 3

　――支店長と安部君との会話。
支店長：安部君、ちょっと来てくれないか。
安　部：はい。
支店長：SBプレス工業宛の貸出だけど、これは……。
安　部：はい。減産資金です。
支店長：どういう申出内容なのか教えてくれないか。
安　部：はい、ここには以前も減産資金貸出を行ったことがあります。同社は自動車に使う小さな部品をプレス加工でつくっています。今般の自動車産業の大幅な減産の影響を受けて、減産体制に入るためにいるという申出でした。

支店長:以前にも減産資金を出したといっていたね。
安　部:はい、2年前だったと思います。在庫調整をするために、期間半年で貸して返済されました。
支店長:詳しくは知らないが、2年前の減産資金は、単に在庫を調整するための減産資金だったのではないかな。在庫もデッドストックではなく、市況が回復すれば売れるという見込みがあったから、それまでのつなぎ的な貸出で足りた、すなわち売上代金で回収ができたんだろう。
安　部:そのとおりです。
支店長:でも今回の減産資金はそれとは違うんじゃないか。SBプレス工業が出してきた収支計画表をみると、売上高は▲20％、減価償却の負担がそのままでこの利益だと、年間の返済原資は200万円しかない。1年の貸出では回収できないのではないか。
安　部:たしかにきついとは思います。
支店長:前回のような一時的な在庫調整の減産資金ではなく。今回の状況は、トヨタ、ホンダをみてのとおり、相当深刻な不況だと思う。減産が機械の稼働の一部休止だけでとどまるならよいが、原材料の鋼材購入を停止し、人員カットにも及ぶとしたら、この減産資金貸出はもっと慎重に考えたほうがよい。
安　部:どうしたらよいでしょうか。
支店長:まずは同社が提出してきた収支計画表の内容を精査してほしい。たとえば、売上げの▲20％予想は最悪のケースなのか、楽観的予想なのか、その他の項目も実態を突っ込んでヒアリングしてくれ。はっきりしているのは、この計画でも年間返済原資が200万円なのだから、既存貸出の返済金額もあるし、1年での返済は無理だと思う。SBプレス工業がしっかりとした再建計画をもっていないと大変なことになるかもしれない。このことを伝えてくれ。

安　部：再建計画ですか……。
支店長：そうだ。百年に一度の経済危機といわれるなか、甘い認識でいられたら困る。固定費の削減も必要になってくるかもしれない。甘い計画では貸せないという判断になるかもしれない。
安　部：わかりました。
支店長：それからSBプレス工業の所有資産明細と担保余力も教えてほしい。債権保全面と一緒に考えなければいけないと思う。
安　部：はい。

(2) 解　説

　過剰生産が原因で市況が悪化している場合に、企業は減産することで需給関係をバランス化させる措置をとることがあります。そのときに発生する資金需要が減産資金貸出です。資金的にみれば、減産することで売上げが減りますが、支払債務は当面従来ベースで現金支出を伴うために、資金不足が起こるのです。

　企業が減産するに及ぶ理由は、外的な要因と内的な要因とがあります。

　外的な要因として、景気の悪化、市況の後退、また業界自体の地盤沈下、あるいは異種業界からの参入などがあります。内的な要因として、自社製品の性能等の欠陥、販売競争力の弱体化、技術力の遅れなどが考えられます。

　このような背景のもとに申出がある減産資金の性格は曖昧な場合が多いので、事例のように発生原因については突っ込んで聞くことが重要です。

　運転資金の算出は「売上債権＋在庫－支払債務」であることから、回転期間が不変であれば、減産することで所要運転資金は理屈的には減ります。ところが、実際には減産体制に入る前から売上げは減少し始めており、一方で原材料の仕入れや生産はそれ以前から進められているため、売上げが落ちる現象がみえた時には在庫は過剰になっているのです。過剰になった在庫の生産に要した費用の支払と代金回収のズレとが生ずることによって資金需要が

起こります。

　減産資金の性質は2つあります。

　1つは単純に在庫調整をするための減産資金です。この場合は、市況が回復すれば必ず売上も戻りますので、それまでのつなぎ資金としての性質といえます。この種の減産資金貸出の返済は売上代金で回収されます。

　もう1つの減産資金は深刻なものです。単純な在庫調整ではなく、在庫を調整するために生産量を落とす、そのためには機械を止め原材料の購入停止、生産に携わっている人の残業カットや一時帰休や人員整理にまで及びます。このような減産体制にまで陥った場合は、再建計画を立案するほどに根本的な計画を立てなければなりません。こうしたなかに必要とされる減産資金の申出には慎重な判断が必要です。事例のように、返済原資が少なくなることで借入償還が長期化する場合もあります。返済方法は、資産処分を当てにするのではなく、利益償還することができるかどうかを原則にして考えなければなりません。

　上述した減産資金の2つの性質を貸出する立場からみると、前者は、一時的な売上回収の遅れとか、いつもより原材料を多く手当てするときとかいうような臨時的な資金繰りの都合によって起こる資金需要です。それは、資金繰表の実績と予想とを分析することで、資金の必要性と回収の可能性とをチェックすることができます。

　一方、後者は、貸出金の使途としての健全性に照らしてみると、いわゆる「後ろ向きの資金」といえます。経営活動の異常な事態によって生ずる資金繰りの逼迫を埋めるために起こる資金需要です。こういう性格の貸出金の使途は、事業経営の流れのなかにあるモノに使われるのではなく、流れが止まっているなかにあるモノや人など、資金が固定する使われ方になります。資金が固定化する結果、回収が長期化したり、返済が困難になったりすることがあります。後者の性質をもつ減産資金貸出を行う場合は、資金使途とは別に、実質的な資金の需要要因、返済計画に重点を置いて、詳細に検討を行うことが必要です。そのポイントとなる項目は、市況回復の見通しは的確か、

返済計画は実現性がある利益計画に裏打ちされているかの2点です。

4　臨時運転資金（その2：赤字資金）

(1)　場面 4

　――支店長と福田君との会話。
支店長：福田君、ちょっと来てくれないか。
福　田：はい、なんでしょうか。
支店長：FU鋳物宛のこの貸出は赤字資金貸出か。
福　田：はい、そうです。
支店長：どういう申出内容なのか教えてくれないか。
福　田：自動車メーカーからの受注が減少して、今期は売上げが減少して赤字になる見込みということで、赤字補てん資金として3000万円の申出がありました。
支店長：それで……。
福　田：来期は売上げが回復するというので、それまでのつなぎです。今期は売上減少で受取手形が減り商手の枠が使えないので、この借入れで補てんし、来期に売上げが回復したら商手枠の復元をもって返済する計画です。
支店長：理屈はわかった。それで、実際はこの計画で大丈夫そうなのか。FU鋳物がいっているように、1年間で商手へ乗換えが可能かどうかがポイントだよね。
福　田：はい、そうです。
支店長：そもそも同社の売上げの60％がM自動車だったよね。売上げが回復するということは、M自動車からの受注が来年には復活する

ということか。本当か。
福　田：そうなんですよね。自動車メーカーの減産が１年で回復するとは思えないので、その点について検討するつもりです。
支店長：今期の赤字見込み3000万円の食込みを借入れで補てんするFU鋳物の資金状態を、資金運用計画表をつくって検討してみたらよいと思うよ。
福　田：はい。
支店長：それをみてからでないとわからないが、一般的には事業環境が好転して受注が回復したら、最初に運転資金の不足が生じて、商手の枠空きはそっちに使われるのじゃないかな。この返済に回るかどうかわからないと思うけれど……。
福　田：その前に、事業環境が好転するかどうかも不透明ですから。
支店長：そうだね。自動車業界の動向については産業調査部の見解を参考にして、FU鋳物の見解とすり合わせて比べるとよい。
福　田：来期に売上げが回復したら商手枠の復元をもって返済する計画の実現性の根拠について、もっと詳しく聞いてみます。
支店長：そうしてくれ。

(2) 解　説

　赤字資金とは、総収入が総費用を下回ったときに起こる資金不足を補うための資金です。

　事例では借入申出時に赤字資金ということを表明していますが、多くの場合は、赤字資金として貸してほしいと正直にいってこないと思います。表向きは増加運転資金といってきたり、季節資金や決算賞与資金を余計に借りたりすることで糊塗されているケースもあります。

　企業は赤字に陥ると、支払債務を増やしたり、売上債権や在庫を食い潰したりして、当面の資金繰りの糊塗に奔走するのが普通です。それが限界に来

たとき借入金に頼らざるをえなくなります。したがって、赤字資金を要するといって借入申出に接した場合は、すでに状態が悪いと考えて対応すべきといってもおかしくありません。

それでは、赤字資金とはいわずに資金使途を糊塗した借入申出があった場合はどのようにしたらよいでしょうか。銀行としては、申出の資金使途で検証したところ、申出の資金使途に疑義が生じます。疑義が生じた場合、次に真正な資金使途は何かを追求しなければいけません。資金使途に疑義があるにもかかわらず、それを追求しないで貸出することは貸出担当者としての役目を放棄することです。

資金使途に疑義が生じ、真正な資金使途を追求することで、実態は赤字であるということを突き止めることが必要です。

損益計算書で赤字がはっきり明示されていない場合も、赤字発生原因である不良資産の有無を、勘定科目内訳明細書を手掛かりに精査します。売掛金、受取手形、商品、仕掛品、原材料、買掛金、支払手形などの回転期間の変化や、標準指標との乖離などから不審点を洗い出します。これらの科目は粉飾や決算操作に使われやすいので注意してみることが大事です。損益計算書が黒字でも、経常収支の赤字が2～3年も続いている場合は、売上債権、在庫の水増しによる粉飾で実態は赤字であることがあります。

赤字資金貸出を許容するかどうかの判断は、赤字の原因の把握と、赤字解消の計画の妥当性によります。赤字の原因が景気低迷による等の一時的なものなのか、それとも製品の品質やコスト高等により競争力がないといような構造的な問題かによります。企業経営の根幹にかかわる基本的な部分に原因がある場合の支援はむずかしいでしょう。

その際も、黒字転換するための計画が具体的裏付をもつ実現性が高いもので、経営者・従業員の決意と覚悟とがあるならば、支援する可能性は残されていると思います。

5　増加運転資金

(1)　場面5

――支店長と小谷君との会話。

支店長：小谷君、ちょっと来てくれないか。

小　谷：はい。

支店長：Q社の増加運転資金の件だけど……。

小　谷：はい、増加運転資金はワークシートを使って計算すると8200万円となります。Q社からの申出は8000万円ですから、金額的には問題ありません。

支店長：わかった。当行の金額だけど……。

小　谷：分担は主力の当行が5000万円、準主力の四角銀行が3000万円といってきたので、できれば全部うちでやらせてくださいと、一応はいいましたが、やはり残高シェア相当となりました。

支店長：わかった、そうではなく……。

小　谷：何か間違っていますか。

支店長：間違いじゃないが……。

小　谷：それでは何が……。

支店長：ワークシートでみると、増加運転資金として8200万円必要なことがわかった。でも中身をよくみると、売上げの増加に伴う資金需要はそのうちの1200万円で、あとの7000万円は収支ズレの変化による資金需要だよね。

小　谷：はい、そうです。

支店長：Q社の業績はどうだ。

小　谷：Q社の業績は、この3年間売上げはほぼ横ばいで、営業利益率

　　　　が落ちています。
支店長：業績はイマイチだよな。そこで借入れを増やしたら、もっと苦しくなるだろう。
小　谷：はあ、そうですが。でも、事実としてこれだけの資金需要が発生していますし……。
支店長：小谷君、収支ズレの変化による資金需要の中身をもう少し詳しくみよう。すると、収支ズレの変化というのは、売掛金と受手の回転期間が長くなったことによることがわかるだろう。
小　谷：はい。
支店長：売上げが横ばいで伸びていないのに、売掛金と受手の回転期間が長くなるということはなぜだ……。
小　谷：あっ、そうですね。売上債権の一部が不良債権化しているかも……とも考えられます。
支店長：そうだ、そういう可能性がある。売掛金や受手が予定の日に回収できなくなって資金が必要になっているのかも……。
小　谷：そうですね、だから増加運転資金で借りるのでしょう。
支店長：たしかに。でも同社の立場になって考えたとき、これは不本意な借入れだと思わないか。あるいは一時的なことかもしれないだろう。
小　谷：そうかもしれませんが、必要な資金需要であることは確かです。
支店長：売上債権回転期間が長くなった理由をまず確認する。それが一時的な状況ならば、借入負担を減らす方法を相談してあげればQ社も喜ぶ。それがメインバンクの役割の1つだよ。
小　谷：具体的にはどうするのですか。
支店長：現金化できる在庫はないか、あるいは定期預金を解約して使わせてもよいじゃないか。ここは不動産担保でフルカバーしているし。

> 小　谷：……。
> 支店長：なんらかの手を打って、仮に2000万〜3000万円でも借入れが少なければ、返済も支払金利も当初より軽くなるじゃないか。そういうアドバイスをしたり、相談に乗ったりすることがメインバンクの役割だぞ。
> 小　谷：貸出金額が減っても……。
> 支店長：当然だ。銀行本位に考えずに、お客様第一に考えれば当然の帰結だ。「貸すも親切、貸さぬも親切」という言葉は知っているか。
> 小　谷：はい、わかりました。社長のところへ行ってきます。

(2) 解　説

　増加運転資金とは、2時点（A期とB期、あるいはA月とB月）間における所要運転資金の増加額のことをいいます。所要運転資金の算出は一般的に「売上債権＋在庫－支払債務」で計算されますから、この差が増えるということは、売上債権か在庫の増加によるか、支払債務の減少によって増加運転資金が発生することがわかります。

　事業の健全な発展・拡大によって売上げが増加し、それが売上債権の増加となって増加運転資金が発生する場合には問題はありません。この収支ズレの拡大は経常運転資金借入れで対応すればよいからです。

　ところが、増加運転資金の発生は売上増加によることのほかに次の3つの要因があります。

　① 　売上債権回転期間の長期化
　② 　在庫回転期間の長期化
　③ 　支払債務回転期間の短期化

　それぞれの要因の中身を具体的に考えますと、事業経営上好ましいものとはいえません。たとえば売上債権回転期間の長期化は、売掛先や受手の振出人が倒産して回収できなくなったり、倒産しないまでも資金繰りが苦しくな

ったりするという理由で期日をジャンプ（＝延長）することで回転期間が長くなります。在庫回転期間の長期化は、売れ残りによる不良在庫の滞留、あるいは粉飾決算による架空在庫があります。支払債務回転期間の短縮化は、仕入先から信用されなくなって、支手払いが現金払いに変更されたり、支手サイトの短縮化を要請されたりする等の要因によります。

　したがって、増加運転資金への対応では発生理由の検証が重要です。発生事由にかかわらず、必要金額のすべてを借入れに頼る取引先、全部を貸す銀行があります。でも、ここでじっくり考えましょう。上記3つの要因は、経営的には好ましくない事象です。その資金需要の全部を借入れで支えると、資金繰り上、返済負担、金利負担が大きくのしかかってきます。借入れするにしても、極力、借入金額を減らすことが取引先のためになります。そのような考え方に立って、具体的な方法をアドバイスすることが銀行、特にメインバンクの役割です。

　第2章第4節の〈場面2〉でも述べましたが、銀行本位に考えるのではなく、お客様本位で考えることが重要です。銀行が貸出金額を多くして利息収入をあげることに注力することと、お客様が事業経営で困っているときに借入金額を最小限にとどめることをアドバイスすることとを秤にかけたとき、メインバンクの役割は自ずと明らかであると思います。それがお客様から信頼されるメインバンクのあり方だと思います。

6　長期運転資金

(1)　場面 6

　――支店長と宇野君との会話。
　支店長：宇野君、ちょっと来てくれないか。

宇　野：はい。
支店長：このＲ社に対して許容している長期運転資金の使途が経常運転資金になっているね。どうして１年の手形貸付にしないで長期貸出になっているの。
宇野君：僕も調べてみたら、もともとは経常単名だったようです。数年前、個別収益の採算管理面で悪かったのでいろいろと交渉したところ、長期にシフトさせたようです。
支店長：採算管理に問題があったって、どうだったの。
宇　野：預金がほとんどなかったみたいです。
支店長：いまはどうなの。
宇　野：いまは定期預金もあるし、流動性預金も置いてくれてます。またこの貸出で長期金利をもらっているので採算はむしろよいです。
支店長：じゃあ、普通の経常単名に戻そうか。
宇　野：なぜですか。金利も高くとれているし、よいのではないですか。
支店長：そういう考え方もある。だけど私の考え方は違う。やはり経常運転資金は１年ごとに継続する経常単名で出すのが好ましいと思う。
宇　野：なぜですか。
支店長：よいか、長期の経常運転資金というものはない。わかるか。
宇　野：……。
支店長：宇野君、所要運転資金の算出方法は知っているよね。
宇　野：「売上債権＋在庫－支払債務」で計算します。
支店長：それは１年の決算の結果である貸借対照表から計算するだろう。次の年も決算が出たら同じように計算するよね。企業の業績、売上げなどによって、そうやって計算する所要運転資金の金額は変わるはずだ。そうなれば、期間３〜５年の長期経常運転資

　　　　金という考え方にはなじまないだろう。
宇　野：そうですね。売上げの増加、減少によって、増加運転資金、減少運転資金といいますからね……。
支店長：ということは、長期経常運転資金というものはなくて、いまのこの貸出は、経常運転資金を長期貸出で対応しているということだ。
宇　野：わかりました。
支店長：経常運転資金を長期貸出でしてはいけないということはない。貸出ポートフォリオにおける長期比率を高め、長期金利で稼ぐこともできる。それは各銀行の政策で、違いがあってもよいと思う。しかし、私は、金利のことより、債権保全、あるいは債権管理のことを優先して1年ごとに継続する経常単名で出すのが好ましいと思っている。
宇　野：なぜ、そのように考えるのですか。
支店長：1つは、経常運転資金の基本は、毎年の決算書で所要運転資金を計算して妥当性をチェックすることが大事だと思うからだ。長期貸出で対応していても毎年の決算書で所要運転資金を計算していると思うが、返済計画をどのようにしているか……。つまり、長期で貸すからには、収益で返済するということになるから、貸出期間に相当する事業計画や収益予想を検討してから貸すのが原則のはずだ。それはやっているか。
宇　野：そういうことはしていません。
支店長：長期貸出を行うには、期間に見合った業績見通しを見込んで、必要があれば担保も考えて実行するのが筋だろう。それをしないで、経常運転資金だから信用で3～5年を貸してよいかということだね。もう1つは、取引先に与える期限の利益のことも考えなくていけないと思う。取引先が急激な業績悪化に見舞われたとき、債権保全面で考えると、長期貸出の期日まで「期限の利益」

> を与えていることが足かせになるかもしれないということもある。
> 宇　野：なるほど……。そうですね。
> 支店長：だから、収益とリスクを考えて対応することが大事だと思う。
> 宇　野：長期金利だから、そっちのほうがもうかるというだけではいけないということですね。
> 支店長：それと、もう１つ付け加えると、約弁の問題がある。長期貸出の場合は約弁をつけることになっている。経常運転資金を長期貸出で行い、約弁をつけるということは、どこかの時点で経常運転資金として必要最低金額を下回るはず。そこで、長期貸出の全額が返済にならないうちに、折返しという貸出を繰り返すことになる。その折返し資金というのは、資金使途ではない、資金繰りを補う貸出だ。そういうことも貸出の本筋とは違うと、私は考えている。
> 宇　野：支店長のお考えがよくわかりました。

(2) 解　説

　事例のなかで支店長がいっていますが「長期の経常運転資金」というものはありません。経常運転資金は決算書から算出する所要運転資金と照らし合わせて妥当性をチェックします。売上げが変動すれば、売掛金や受取手形などの勘定科目の数字が変わります。それは所要運転資金の変化でもあります。ということは、経常運転資金を長期貸出で対応するということは、所要運転資金の変化とは関係なく貸しているということになります。これは資金使途をみた貸出とはいえません。

　しかし、所要運転資金が大きく変化しないため、短期で許容している経常単名は継続され、転がし状態であることに着目し、ならば同額で何度も継続しているのだから実質的には長期貸出であるとみなし、かつ長期金利を適用

するほうが収益的にもよいということで、経常運転資金を長期貸出で対応している銀行もあるようです。その是非はそれぞれの銀行の政策、考え方によります。

それでは、設備資金以外に長期貸出で対応するのは、どのような資金使途のときでしょうか。そのいくつかの例を以下に掲げます。

① 子会社や関連会社に対する長期貸付金や出資目的の資金調達。
② 入居保証金、営業権の買取りなどの資金調達。
③ 社債償還に利用する目的の資金調達。
④ 過去に許容した短期貸出（決算賞与、季節等）の未返済貸出の代替返済手段。
⑤ 不渡手形の買戻し等、不良債権の処理に必要な資金調達。
⑥ 地方公共団体向け貸出。

いずれにしても長期貸出を実行する場合、貸出期間が長くなれば返済リスクも高くなりますので、資金使途を確認し、返済原資・返済方法の妥当性を検証し、さらに担保の徴求もあわせ考えることが必要です。

7　決算賞与資金

(1) 場面7

――支店長と藤井君との会話。
支店長：藤井君、ちょっと来てくれないか。
藤　井：はい。
支店長：S社に対する決算賞与資金貸出の件だけど。S社に対するこの貸出は初めてなのか。
藤　井：はい。

支店長：当行の貸出シェアは4位だろ。いままで決算賞与資金貸出をやった実績がない、4位の銀行になぜ借入申出に来たのか不思議に思わないか。

藤　井：でも貸出増加に寄与しますから。目標もあるし……。

支店長：そういう問題じゃないだろう。

藤　井：短期約弁付きですから、心配することもないかと思いますが。

支店長：何を甘いことをいっているんだ。半年間といえども返済されないかもしれないじゃないか。決算賞与資金というのは、普通は主力、準主力、せいぜい3位までの銀行が出すものだ。4位の当行に借入れをいってくるのは不自然だ。それとも、これは担当の君がうちで出させてくれと積極的に申し入れたのか。

藤　井：決算賞与のときとはいいませんでしたが、資金が必要なときはいつでもいってくださいとは常日頃からいっています。

支店長：数字を伸ばすことは大事だが、債権保全を考えなくてはいけない。S社の業績はどうなんだ。

藤　井：あまりよくありません。

支店長：業績がよくない会社の決算賞与資金を、4位のうちが出すのか。業績がよくないのに決算賞与資金としての借入総額が3000万円というのは多過ぎないか。

藤　井：去年と同じだそうです。

支店長：藤井君、まだ貸出の基本がわかっていないな。去年と同じ金額でよいのか。業績がよくなければ賞与も少なくなるのが普通だ。仮に去年と同じ金額が妥当であるにしても、なぜいままでどおりの銀行構成で借りないのか。主力、準主力が敬遠し始めていないか。

藤　井：さあ、そこのところは。

支店長：金額の分担比率をみればわかるだろう。どうなっているんだ。

藤　井：総額3000万円のうち、主力と準主力が各1000万円、3位が500

万円でうちも500万円です。
支店長：去年は。
藤　井：主力1500万円、準主力1000万円、3位が500万円でした。
支店長：ということは、主力が落とした500万円を当行がするということだね。なぜだろう。こういうところにも気を遣って調べてほしい。主力銀行が事務でトラブルを起こして減らされたという単純なことならばわかるが、主力銀行がS社の経営に関する重大な問題点を把握して、シェアを引き下げ始めることであったら大変だからね。貸出の数字が伸びると喜んでいないで、もうちょっと当行宛に申出に来た背景について調べたほうがよいぞ。
藤　井：わかりました。

(2) 解　説

　企業は決算期ごとに当該期の利益で税金や配当金を払います。利益から支払われるべきものを借入れで調達するには理由があります。納税、配当金を実際に支払う時点で、利益は現金や預金で存在しているとは限りません。むしろ、事業経営上、利益は再投資に回され、売上債権や在庫の形になっているのが普通です。したがって、支払うための現金が一時的に高額で必要な場合は借入れで調達します。

　会社法が施行される前までは、役員賞与も利益処分案において税金と配当金と同じく社外流出する決算資金という認識でした。現在、役員賞与は発生時に費用処理することが適当であると、企業会計基準委員会で明示されています。

　決算資金と同時期に申出がある賞与資金はもともと費用であり、売上げのなかから支払われるべきものです。これも、支払うための現金が一時的に高額で必要なため借入れで調達するのが一般的です。

　決算賞与資金貸出で注意しなければいけないことは、申出金額の妥当性の

検証です。税金や配当金は企業業績に連動して変わります。賞与も基本的には業績に左右されて支給額が決まります。業績（＝利益）が同じ場合は、前年並みの借入金額で問題はありません。しかし、大きな減益になったり、従業員数を減らしたりしている事実があるにもかかわらず、決算賞与資金の借入申出金額が前年と同額であることは不自然です。

チェックポイントとしては、決算賞与資金という名を借りて他の資金使途に使われないか、あるいは既往実績を大きく上回る金額でないか、また本事例のように決算賞与資金貸出の実績がない取引先からの申出ではないか、背景や事情をよく調べてから判断することが必要です。

8 季節資金

(1) 場面8

――支店長と持田君との会話。
支店長：持田君、ちょっと来てくれないか。
持　田：はい。
支店長：Ｔ社の季節資金貸出の件だけど。
持　田：はい、今度は春夏物の仕入れですが、前年と同じ申出です。
支店長：前年と同じで大丈夫か。
持　田：どういう意味ですか。
支店長：だって、Ｔ社の納入先の８割以上が大手デパートだろう。デパート業界の売上げは、ここ数年、前年同月比で連続してマイナスじゃないか。
持　田：でも、Ｔ社がこれでっていっています。
支店長：持田君、Ｔ社がそういっているからって、それを全部鵜呑みに

　　　　　して聞いていては、貸出判断ができないじゃないか。
持　田：そうですが……。
支店長：T社の取扱いは婦人服だったよな。いま、デパートにおける婦
　　　　人服の売上げはどういう状態なのかな。
持　田：さあ、どうですかね。
支店長：それを調べて、この貸出の可否の意見を述べるのが担当者であ
　　　　る君の役目じゃないか。
持　田：……どうしたらよいでしょうか。
支店長：大手デパートのホームページをみてごらん。毎月の売上報告が
　　　　載っている。そこには商品別売上高の前年比が数字で書かれてい
　　　　る。衣料品は、紳士服・婦人服・子供服・その他に区分されて実
　　　　績が出ているはずだ。
持　田：支店長、よくご存じですね。
支店長：いろいろ経験してきているからな。そして売上報告には、数字
　　　　だけでなく「商品概況」というコメント欄のようなものがあり、
　　　　文章で販売状況が書かれていたはずだ。それをみてくれ。婦人服
　　　　について、この1年間の前年比売上実績がどのようになっている
　　　　かと、どういうコメントが書かれているか……。
持　田：はい、早速調べてみます。
支店長：T社の主な納入先は、三越と高島屋と大丸だったね。それぞれ
　　　　のホームページをみてみなさい。
持　田：はい。

(2) 解　　説

　季節資金は、仕入れ・生産・販売の季節的変動に伴って発生する資金需要です。季節に関係が深い消費財を取り扱うメーカー、商社、問屋などでよくみられます。

代表的な季節資金として、繊維問屋における春夏物・秋冬物の仕入資金、バレンタインデーに集中するチョコレート業界、新学期にピークを迎える学生服・ランドセル・教科書などの業界、夏のビール・アイスクリーム・扇風機・冷房器具、冬の炬燵・暖房器具、あるいは春に収穫のお茶、秋の松茸、冬の海苔などがあります。

　発生する時期としては、夏季と冬季との年2回の場合と、農産物などの収穫時期で年1回の場合もあります。

　季節資金は経常運転資金とは異なり、季節的・臨時的な資金繰りにより必要になりますが、その本質は一時的な在庫資金であるといえます。

　季節資金貸出が予定どおり回収されるかどうかは、一時的に積み増しした在庫について予定した時期に、予定した数量が、予定した価格で売れるかどうかがポイントになります。

　季節資金は需要を見越して手当てする資金ですから、需要の予測を見誤り売れ残りが起こることがないようにすることが大事です。売れ残ってしまうと在庫として越年します。そのことは資金の固定化を招き、金利負担の増加や資金繰りへの影響を及ぼします。また、売れ残った在庫は商品価値の低下、流行遅れ、鮮度の悪化などが起こり、欠損につながります。それは俗にいわれるように「半値8掛け2割引」でする在庫処分が赤字を招くからです。

　このように需要予測の失敗が業績にも大きく響くことから、事例のように慎重に検討する必要があります。前年と同じ金額という申出だからといって安易に応諾することなく、銀行としてその申出の妥当性を慎重に検討しなければなりません。

　そのチェックポイントとしてあげられる主な点は以下のとおりです。

① 本年度の予想売上増減率は前年比どうか。
② 商品別売上計画は前年計画比どうか。
③ 主要商品の販売単価は前年比どうか。
④ 主要商品の販売数量は業界動向・他社動向と見比べてどうか。

　季節資金貸出は、仕入れ・販売・回収という資金移動のパターンが一般的

です。仕入れのために手形貸付を行い、販売代金は売掛金と受取手形となり、銀行は売掛金の振込資金、あるいは受取手形の割引によって貸出金の回収に充てます。返済原資は、販売代金の売掛金と受取手形であるというひも付きで管理することが大事です。

9　工事立替資金

(1) 場面9

　　──支店長と新藤君との会話。
支店長：新藤君、ちょっと来てくれないか。
新　藤：はい。
支店長：U建設宛の工事立替資金の件だけど、この貸出は大丈夫か。
新　藤：工事の発注者は○○市ですから大丈夫です。
支店長：発注者は問題ない。○○市が工事が終わったときに工事代金を支払うかは心配していない。
新　藤：何を心配なさっているのですか。
支店長：この工事立替資金の申出は、ちゃんと工事請負契約書の原本で中身を確認したか。
新　藤：いえ、まだ契約書ができあがっていないというので見積書をみせてもらいました。
支店長：ダメ。それじゃダメ。本当に工事を請け負ったか確認できないじゃないか。
新　藤：そうですが……、どうしたらよいでしょうか。
支店長：必ず工事請負契約書の原本で、請け負った工事の中身を確認することが基本だ。コピーでもダメだ。

新　藤：原本のコピーでもダメですか。
支店長：コピーもダメだ。どうしてかというと、原本をコピーして白インクで修正したのをさらにコピーすれば、金額や期間の箇所を偽造することができる。
新　藤：そこまでしないでしょう。そんなに信用できませんか。
支店長：過去の経験に基づけば、慎重の上にも慎重にやらないと、ひどい目に遭うから……。
新　藤：はい。
支店長：それから、必ず工事代金の受取りは当行に振込指定させること。これも譲ってはいけない。
新　藤：どうしてですか。
支店長：工事請負契約書の原本をいくつかの銀行にみせて、立替資金を2〜3行から借りるという手口で資金調達をする業者がいる。でも、代金の受取りは1行に限られるから、その振込口座を確保していないと、実態は工事立替資金の名を借りて別に金を使っている可能性が大きい。その貸出金の返済の確実性はわからない。
新　藤：へえ、そういうこともあるんですか。
支店長：その前に、U建設の決算書をみせてくれないか。できれば3期分。
新　藤：はい、これです。
支店長：粉飾くさいな。
新　藤：どうしてですか。
支店長：売上げがこんなに大きくブレて、営業利益が3期とも赤字なのに、3期とも経常利益は黒字になっている。経常利益は0〜100万円だ。これは役所からの業者指名から外されないために、経常利益を赤字にできないので、黒字にしている数字だと思う。典型的な粉飾だと思うよ。
新　藤：そういうものですか。

> 支店長：土木建設業者の決算書はよく中身を精査しないといけないぞ。
> 新　藤：はい。
> 支店長：だから、工事立替資金も、請負契約書の原本確認と工事代金の振込指定が確保できなければ貸出は認めない。いいね。
> 新　藤：はい。

(2) 解　説

　土木建設業者では、請け負った工事のひも付き立替資金という資金需要が起こります。通常、工事を請け負ったときには、契約時に前受金、中間時に中間金、工事終了後の検収がすんでから最終残金を受け取ります。したがって、土木建設業者は前受金、中間金で材料費や外注費などに充てる資金繰りを組んでいました。ところが、地方公共団体側の財政事情の逼迫、あるいは受注側の競争激化という背景から、前受金、中間金はやめて工事終了後の一括支払にするという請負契約が多くなっています。受注獲得競争をする中小の土木建設業者では、この工事立替資金を借入れで調達することがあります。

　この貸出の特徴は、立替資金として借りた金額の返済が利益から出るのではなく、工事発注元から支払われる代金によって返済されることです。これは、請負工事を遂行する先行費用という性格であり、利益では返済できない大きな金額になるからです。したがって、資金使途は工事請負契約書の原本で確認し、返済原資となる受取代金の入金口座を自行に指定することで、確実に回収する段取りを講ずることが貸出の基本となります。

　事例において、支店長が工事請負契約書の確認はコピーではいけないこと、振込口座の指定は必ず行うことを担当者に指示しているのは、上記理由からです。それは、工事請負契約書を改ざんして複数の金融機関から借入れを行うケースがあることを防ぐねらいがあるからです。

　工事立替資金貸出で確認するポイントは、貸出金額が受注金額の範囲内で

あるか、貸出期間が工事期間と整合性がとれているか、貸出期限が支払予定日を大きく過ぎていないか、工事代金の受取り（＝支払場所）に自行口座が指定されているか等です。手形支払という条件の場合は、自行で割引するか、取立てに回す確約をとっておくべきです。

　土木建設業界では、建設業会計に基づく勘定科目で決算書がつくられているため、一般企業の決算書とは異なります。たとえば、売掛金に相当する「完成工事未収入金」、棚卸資産に相当する「未完成工事支出金」、買掛金に相当する「工事未払金」、前受金に相当する「未成工事受入金」などの勘定科目が使われています。

　土木建設業者との貸出取引で注意すべき点がいくつかあります。まず決算書の粉飾です。この業界では、使途不明金や交際費などの経費が多く、経常利益より申告所得のほうが大きく、経常利益の多くが税金で消えるということがあります。また地方公共団体から受注できる資格を維持するために必ず黒字確保しなければいけないことから、事例のように0～100万円、あるいは100万～300万円というように経常利益の低空飛行が続いている決算書の実態は赤字であると思われます。

　工事の発注元が地方公共団体であるということから返済は大丈夫であると安易に思い込み、工事請負契約書で確認することを怠り、信用扱いで貸し出した結果、回収できなくなったという事例は数多くあります。それは、いわゆるどんぶり勘定の資金繰りであるため、返済原資である工事代金は別の使途に回され費消されてしまい、他の工事請負契約書で資金調達を繰り返しているうちに実質的に経常運転資金のようになってしまい、返済できなくなった結果です。

　土木建設業者は業績が安定している優良業者と業績不安定な業者とがいます。業績不安定な業者は、工事現場単位の下請作業が中心であるため元請負業者と正式契約を交わせない、地方公共団体に自社口座がないため地元業者の名前を借りて受注するというケースがあります。こういう場合、上述したような工事請負契約書での確認は困難です。リスクを承知で貸すか、どのよ

うな手当てをして貸すかの判断は自ら考えるべきでしょう。

10　肩代わり資金

(1)　場面 10

――支店長と柏木君との会話。
支店長：柏木君、ちょっと来てくれないか。
柏　木：はい。
支店長：TT社への3000万円の経常運転資金貸出だけど、また継続するの。
柏　木：支店長の方針を受けて期日に返済を申し入れてきましたが、返済資金がないということで……。
支店長：TT社の社長とは何度も話してきたんだがな……。ここの決算は絶対におかしい。私は粉飾だと思っている。私の疑問点をぶつけても回答がない。それなのに、当行から借りたいといってくるなんて、何を考えているのか。当行は永年付合い程度の取引なのに、もっと借りたいというのは、どこの銀行ももう貸せないといっているということだ。このまま継続していくと、倒産した場合、定期預金1000万円で相殺したとしても2000万円は裸だから損失になってしまう。なんとか手を打たなければ。
柏　木：TT社の社長は、支店長が厳しい話をするので、支店長のことを好きじゃないみたいですよ。
支店長：別に好かれなくてもよいよ。仕事で厳しい話をしているのだから。社長も経営者ならば、私のことを好き、嫌いという前に、業績や資金繰りのことを真剣に考えてもらいたいものだ。

柏　木：社長も、経理担当の常務と相談はしているみたいですよ。
支店長：当然だよ。あの常務は社長の義弟で三角銀行出身だろ。私がいっていることは理解しているはずだ。そこでだ……柏木君。
柏　木：はい、なんでしょうか。
支店長：この経常単名の1年継続はダメ。3カ月としよう。そのことを社長にいいに行くとき、3カ月後の期日までに次のことを考えてほしいと伝えてほしい。第一は全額返済。資金手当ては肩代わりしてくれる銀行を探してくれと。第二は、それができないならば担保フルカバーにしてくれと。たしか、社長の自宅はどこの担保にも入っていないはずだ。第三は、商手か売掛金を担保にしてくれと。
柏　木：支店長、おそらく二と三には応じないと思います。
支店長：私もそう思う。たぶん、第一の肩代わりも、新規で貸出する銀行は出てこないだろう。1つ期待できるのは、うちがこうやって厳しくすることでTT社も何もしないわけにはいかなくなる。そのときどうすると思う。
柏　木：さあ。
支店長：TT社のメインバンクは三角銀行。圧倒的主力で、常務も三角銀行出身だ。絶対に三角銀行に相談に行く。三角銀行もTT社の実態を知っているからニューマネーは簡単に出さない。
柏　木：そうであるならば、解決策はないのでは……。
支店長：そう思うだろう。そこが私の経験と勘だよ。たぶん三角銀行がうちの肩代わり資金を出す。
柏　木：ええ、どうしてですか。
支店長：三角銀行は5億円以上の貸出をしている。担保はフルカバーではない。そういうときにニューマネーが出ても、結果的に引当てが強化されれば貸出はする。たとえば、三角銀行は社長の自宅を担保にとれれば、3000万円くらいの肩代わり資金はバーターで出

　　　　す……ということもある。
柏　木：そうですかね。
支店長：社長が自宅担保をいままで出していなかったのは、会長と同居
　　　　していて、名義も全部社長名義になっていないからだっていって
　　　　いたよな。もうここまで来たら会長の了解を得て、入担するんじ
　　　　ゃないか。
——1カ月後。
柏　木：支店長、TT社が全額返済するといってきました。
支店長：そうか、それは上々。その資金は。
柏　木：三角銀行が出すそうです。
支店長：ほら、そうなっただろう。

(2)　場面11

——支店長と種田君との会話。
支店長：種田君、ちょっと来てくれないか。
種　田：はい。
支店長：VW社宛のこの新規貸出は他行肩代わりか。
種　田：はい、そうです。菱形銀行の運転資金貸出の一部を肩代わりす
　　　　ることでVW社の了解を得ることができました。
支店長：運転資金というが、もともと菱形銀行はどういう資金使途で貸
　　　　していたのかな。
種　田：そこまでは聞いていません。
支店長：では、期間2年で約弁付きにする理由は。
種　田：VW社がいってきた条件です。
支店長：甘いな。なんだかわからない運転資金を2年で貸すの。そんな
　　　　肩代わり貸出には簡単にイエスとはいえないよ。決算書をみせて

　　　　ごらん。
種　田：はい、これです。
支店長：ううん。この決算書は粉飾だな。
種　田：どうして、みてすぐにわかるのですか。
支店長：みてごらん、売上げが３年連続して減少しているのに売上債権は増えている。売上げが減ると売掛金や受取手形も減るのが普通だろう。なぜ増えているのか。売上債権の回転期間は３年前に2.5カ月だったのが、5.2カ月に延びている。明らかに不良債権が原因だ。在庫も多過ぎる。
種　田：……。
支店長：財務分析はしたのか。
種　田：……。
支店長：貸出の数字が伸びるからといって、ダボハゼみたいに何にでも食いついてはいけないぞ。これは毒まんじゅうだ。食べたら大変だ。そもそも、使途がわからない運転資金を２年で貸してほしいといってくるのは、菱形銀行から借りたのを返せなくなったのでうちから借りて返そうという魂胆だ。
種　田：そうですか。
支店長：そうですか……って、わからないのか。
種　田：ピンときません。
支店長：肩代わりというのは、数字が伸びるからといって、簡単に対応したら火傷をするものだ。なぜなら、肩代わりする、肩代わりさせるというように、銀行同士、取引先と銀行との間で「狐と狸の化かし合い」みたいな様相が根底にあるからだ。君が数字目的で欲しいと思っている菱形銀行の貸出の肩代わりは、菱形銀行もＶＷ社も、何も知らないお人好しの当行に「ババ抜きのババ」を引いてもらうのを目的にしているのかもしれない。おそらくそうだろう。

種　田：そうですか。
支店長：だって決算書をみればこれは粉飾くさいって、すぐにわかるもの。
種　田：すみません。
支店長：先方にまだ断れるか。
種　田：はい、決裁されなかったといいます。
支店長：そう露骨にいわないで、こういってみてはどうだ。君の勉強にもなるから。
種　田：教えてください。
支店長：決裁に回すために稟議書を書くにあたって、いくつか質問があります……ということで、菱形銀行から借りたときの資金使途と借入条件を教えてくださいと。それから、売上げが落ちてきているのに売上債権が増えているのは不自然ですが、どうしてだかその理由も教えてくださいと、この２点で十分だ。
種　田：はい。聞いてきます。
支店長：たぶん、その場で答えられないと思うよ。そして、VW社に良心が残っていれば、この肩代わりの話はなかったことにしてくれといってくると思う。だって粉飾ですというのは恥ずかしいじゃないか。もし、厚顔無恥の顔でウソの答えをいってきたら、そのときは堂々とお断りすればよい。数字が欲しいからといって、不良債権になるような貸出はしてはいけない。いいな。
種　田：わかりました。
支店長：毒まんじゅうを食べたすぐ後は、腹が満たされたように感ずるが、後で腹痛を起こし、熱が出て下痢をする。食べる時に、食欲だけで手を出して食べないように、毒まんじゅうかどうかを見定めないといけない。わかったか。
種　田：はい。

(3) 解　説

　資金需要が乏しいなかで貸出の増加目標を達成するために、他行貸出を肩代わりするという方法があります。肩代わりは資金使途ではありません。銀行側からみると一種の貸出形態です。

　〈場面10〉〈場面11〉を読むとわかるように、貸出残高を増やしたいということばかりに目が行き、中身を検証しないで肩代わりすることは危険です。後になってそれが不良債権になって苦しむのは、肩代わりをした銀行です。

　本当の優良顧客の場合、貸出シェアを他行にとられそうになったとき、既存の貸出を行っている銀行はそれを防ぐのが普通です。貸出シェアが落ちてもよい、気にしない、むしろそうしたいと思っている銀行は、その取引先宛貸出方針が消極的、ないし撤退という状況にあると考えるべきです。そのようなトランプの「ババ」である貸出を肩代わりすることは行うべきではありません。

　逆にそれをねらう銀行の思惑もあります。〈場面10〉のとおり、消極方針先に厳しく当たることで、厳しく当たる自行との取引を解消するために、取引先に肩代わりしてくれる銀行を探させるように仕向けるという思惑です。

　肩代わり貸出というのは、優良取引先宛貸出取引を他行から奪取することをねらうものですが、往々にして「狐と狸の化かし合い」に巻き込まれます。結果的にババをつかまされないように注意することが大事です。

　なお、優良取引先宛貸出取引を他行から奪取するために、既存の借入条件より優遇する条件を提示して取り込もうとしますが、そもそもの資金使途を確認して、使途に見合った貸出条件から大きく逸脱することがないようにしなければなりません。〈場面11〉のように、使途もわからずに2年の約弁付貸出で応ずる姿勢は好ましくありません。本来は期間半年の決算賞与資金や季節資金貸出であったものを返済できなくなったという事実は隠して、新規取引をえさにした「こういう条件ならば貸出取引を開始してもよい」という口車に乗せられたら大変です。また、最初に甘い顔をして、採算と担保とを

優遇することで、後々の取引まで不利な状況が続くことがないように、交渉には注意が必要です。

　肩代わり資金について最後に「世の中に、そんなにうまい話はない」「うまい話にはトゲがある」という教訓があることも忘れないでください。

11　設備資金

(1)　場面 12

　　——支店長と丹下君との会話。
支店長：丹下君、ちょっと来てくれないか。
丹　下：はい。
支店長：X社の設備資金貸出だけど、この計画でよいか。
丹　下：はい、X社の申出どおりの調達計画ですが……。
支店長：設備投資の総額は18億円で、その調達の内訳で長期借入れは4億円だけ。あとの14億円は、預金取崩し2億円、短期借入れ10億円、2億円は支払手形の発行という計画になっている。
丹　下：はい、そうです。
支店長：どうして短期借入れが10億円もあるんだ。
丹　下：金利負担を考えて、長期に乗り換えるのは、もうちょっと長期金利が下がってからにしたいという考えです。
支店長：増資をするので、そのつなぎで短期借入れをするというのではなく、金利を意識してそうなっているのか。
丹　下：はい、そうです。
支店長：これだとバランスがよくないな。
丹　下：バランスって、どういう意味ですか。

支店長：貸借対照表のことだよ。一般的に、固定資産は安定的な純資産で支えるのが理想だけど、純資産の範囲内で支えるのが無理な場合は、固定負債を加えた数値を分母にした固定長期適合率が100％以下であることが、財務の健全性、安全性を表す指標になっている。短期借入れを10億円もすると、固定長期適合率はいくらになる。

丹　下：ええと、はい、計算すると138％になります。

支店長：100％を大きく超え、あまりよい数字じゃないよな。では、固定資産回転率はどうだ。

丹　下：ええと、本件後の数字では……、5回転になります。

支店長：現状はどうだ。

丹　下：はい、ええと、現状の固定資産回転率は……、10回転です。

支店長：ほら、バランスが悪くなるだろう。そもそも設備投資をするときは安定的な長期資金で調達するのが普通だ。金利のことを理由にして短期借入れだとか支払手形の発行をする方法は、不安感を感じさせ、実際にはそういう安易な調達方法は後々に問題が発生することになる。主力銀行の四角銀行はどのように考えているのかな。

丹　下：さあ。Ｘ社のいうとおりに応ずるのではないですか。

支店長：うちには、いくらの申出が来たの。

丹　下：当行には短期借入れのうち3億円の申出です。長期は全部メインの四角銀行です。

支店長：実態は設備資金なのに短期貸出か……。担保は。

丹　下：長期に乗り換えた時に担保を入れるといっています。

支店長：困った取引先だな。

丹　下：どうしますか。

支店長：どうするかって、メインの四角銀行がどういう交渉を行うか次第だな……。短期貸出の場合は、期限に継続しないで回収すると

いう局面もありうるということをX社に告げておきなさい。もう少し、資金調達の基本を勉強してもらいたいな。

(2) 解　　説

　設備投資計画は、目的によっていろいろな設備投資があります。大きく分けると、新たに収益を生むものと収益を生まないものです。

　収益を生む設備投資は、生産能力増強目的の工場新設、増設、新規機械の購入、既存設備の更新、あるいは賃借料目的の不動産投資などがあります。

　収益を生まない設備投資は、本社ビルの建設、物流施設や厚生施設の建設・購入などがあります。

　どちらにしても、企業にとって設備投資の判断を誤ることは企業業績の悪化につながります。設備投資は企業が発展する梃子になりますが、投資金額が大きく、投下資本の回収も長期間にわたります。投資効果の目論見が外れ、所期の効果が得られない場合は、業績面でマイナスの影響が出ることも考えておかなければなりません。

　したがって、重要なことは、設備投資に際しては、投資目的は何か、その必要性、投資内容は妥当か、投資の時期は適当か、投資効果の測定はどうかなどについて検証する必要があるということです。

　しかし、銀行員にとって事業計画の妥当性の中身まで詳しく検証することは困難です。特に製造業の設備投資に関して、製造工程、製造方法に関する技術や技法、また原材料に関する知識、あるいは機械稼働率や効率、効果、時間と人員の問題等々、所詮、銀行員の知識は素人です。ただし、同業界・同業種における同業他社の設備動向との比較、価格や性能等の製品競争力等は調べることができます。そこで、設備投資に関する貸出については、『第11次業種別審査事典』（金融財政事情研究会）が非常に役に立ちますので、お薦めします。

　資金計画の検証はしっかりと行います。その検証のポイントは以下の4点

にあります。

① 資金調達計画の妥当性

　設備投資資金は長期間にわたって固定化されるため、まず第一に安定的な資金で賄わなければなりません。できれば純資産範囲内、あるいは増資することで収まればよいのですが、それが無理な場合は、長期借入れや社債の発行で賄います。事例のように、短期借入れや支払手形に糊塗する安易な方法は好ましくありません。

　また、設備が稼働し始めると、多くの場合は増加運転資金の発生が見込まれますので、そこまでのことを含めた調達計画を考える必要性があります。

② 返済能力の検討

　返済原資、償却前利益（税引前当期利益＋減価償却費）に留保性引当金積増し分を加えたものから、社外流出（税金・配当金）分を差し引いて計算します。実際には、経常利益に減価償却費を加えた金額から社外流出額を差し引いた金額を利用することが一般的かもしれません。

　資産売却代金や預金の取崩しなどはあくまで補完的にとらえるべきものです。本来的には、通常の営業活動から得る利益から返済することを原則に据えて、計画を考えるべきです。

③ 担　　保

　長期貸出ですから担保は必要です。もちろん流動性が高い預金や有価証券でフルカバーできればよいのですが、通常の場合は不動産担保になると思います。不動産担保の徴求は、必ず実地調査を行い、評価・掛け目をしっかりみて、契約書類に不備がないように十分な注意を払って、担保設定を行います。担保物件となる不動産については、遠隔地や調整区域などにあるものは避け、また売却可能性の配慮も忘れないようにしなければなりません。そして担保設定の順位に応じた取り分に不足はないかのチェックも大事です。

④　他行動向、取引条件

　既往貸出取引がある銀行の支援姿勢の足並みがそろっているかが重要です。そして既往貸出シェアに沿う形の分担シェアになっているかに注意を払います。

　最後に、設備資金貸出は長期間にわたる貸出ですから、実行後の債権管理が非常に重要になります。特に、事業計画どおりに事が運んでいるかというプランのチェックが重要です。計画が大きくくるうことは業績悪化につながります。設備資金貸出は事後フォローが大切です。

12　資金使途と貸出判断

　本節の各項目において、資金使途別に事例を通して貸出判断の勘所について述べてきました。中小企業が必要とする健全な資金需要に応える貸出業務では、まず最初に「何に使う金か」、次に借りたいとする「申出金額」は妥当なのかというところから検証を始めることになります。

　なぜ、このような検証を行わなければならないのでしょうか。それは、資金使途の情報を正確に把握していなければ、貸出金が返済されるか判断ができないからです。

　何に使う金で、いくら必要であるかという情報は借主である取引先からもたらされる情報ですから、銀行はそれを聞くまではその内容は知りません。このように借主側に情報があり、貸す銀行側にその情報がない状態のことを「情報の非対称性」といいます。

　このとき、情報は借主側にありますが資金はもっていません。一方、貸手側の銀行に情報はないが資金はもっていると考えてください。貸出審査を行い、貸出の可否の判断を行う仕事は、非対称性のある情報を銀行側へ移し、情報のバランス化を図ることといえます。情報が銀行側へ移転し、その情報内容を理解したとき、資金は情報提供者である借主側へ渡ります。これが貸

出の実行です。

　情報のバランスを図らないまま貸出を実行することは、貸手である銀行は情報量とその内容とを理解しないまま資金を渡してしまうことになりますから、返済されないリスクを抱えた貸出を行ったといえます。

　銀行は、情報の提供を受け、資金を提供した後も、借主に対する管理、監視は続けます。それは情報、資金の交換を行った後、借主が与えてくれた情報の変化を見続けることで、常に情報の非対称性を埋める努力が必要であるからです。その努力を怠り、資金の提供後に情報の格差が大きくなることは返済されないリスクが高まることにつながるかもしれません。これを「債権管理」といいます。

　取引先から持ち込まれる借入申出という情報の内容を判断する時点では問題がなかったことでも、時間の経過によって新たな情報や問題点が起こりうることは必然です。企業は経済社会のなかにおいて多くのステークホルダーと関係し、取引を行っています。そのようなさまざまな取引関係者の事情の変化による影響があります。また経済環境自体が大きく変化することでも企業経営は大きな影響を受けます。金利・為替・株式・債券などのマーケットの変化はいかんともしがたいものです。

　あらゆる要因で企業の業績は影響されます。業績好転へフォローの風が吹くならば貸出側としてのリスクは心配ありませんが、業績悪化への影響であるならば貸出側として返済リスクを最小にすべく、債権保全の対応を早期に行わなければなりません。それも貸出担当者の重要な仕事です。

　次節は、その債権管理について述べてまいります。

第4節

債権管理

1 経済ニュースから

(1) 場面 1

——新聞報道によるとトヨタ自動車が大幅な減産を発表した由。
　　貸出担当の石井君が支店長に呼ばれました。
支店長：石井君、ちょっと来てくれないか。
石　井：はい、何か。
支店長：今日の日経新聞は読んだか。
石　井：はい、読みました。どの記事のことですか。
支店長：一面にトヨタが4割減産すると書いてあった。NHKの朝7時のニュースでも大きく取り上げていた。
石　井：はい、みました。
支店長：トヨタが減産になるとSB精機の業績は大変になるんじゃないか。
石　井：……。そうかもしれませんね。
支店長：君は担当者だろう。もっと敏感に感じてほしい。
石　井：はあ。

支店長：SB精機はトヨタの部品をつくっているだろう。たしか売上げの80％以上がトヨタ向けの部品だったはずだ。

石　井：そうですね、そういえば大変な影響を受けますね。

支店長：SB精機の前期の業績と取引状況はどうなっている。

石　井：はい、えっと、前期までは増収増益です。前期の売上げは9億円で経常利益は5000万円でした。総借入れは短期が1億、長期が5億です。うち当行は経常単名が2000万円、経常運転資金ですから信用ですが、定期預金が1000万円あります。

支店長：そうか、その程度か……。でもトヨタのことでSB精機も大きな影響を受けることは必至だ。業績動向に注意を払ってくれ。

石　井：支店長、そういう意味ではKBプラスチックも同じです。トヨタ宛に部品を入れて、売上げの半分以上をトヨタが占めていたはずです。

支店長：よし、担当者を全員集めてくれ。トヨタ自動車が大きく減産することで業績面で大きな影響を受ける取引先を洗い出しておこう。直接部品を納入している会社だけでなく、トヨタ系販売ディーラーもあったよな。それにトヨタ関連の受取手形がある会社もリストアップしておこう。

石　井：はい、わかりました。

(2) 解　説

　貸出業務は、貸すか貸さないかという判断を行い、貸すことになった取引先に貸出金を実行すればそれで終わりというわけではありません。貸し出した金が返済されるまでがワンサイクルの仕事です。そのために、貸し出した金が確実に回収されるように、貸出期間中もその債権管理をしっかりと行うことが、貸出担当者の重要な役割です。

　貸出判断する時には返済は大丈夫であると思っていた取引先も、いつ、い

かなる事態に遭遇して、業績が急変するかわかりません。たとえば、金融情勢の急激な変化によって多額の含み損を抱えることになったり、主要販売先の倒産で不良債権を抱えることになり資金繰りが悪化したり、あるいは会社内の不祥事発覚により社会的信用が失墜したことで売上げが激減したり、いろいろなことが起こりえます。

　貸出担当者は、貸出金が完全に回収されるまで、継続的に貸出金の債権管理を行わなければなりません。企業を取り巻く経営環境は常に変化しています。貸出実行後も、引き続き取引先の業況をチェックし、常に実態把握に努めることが肝要です。

　本事例では、トヨタ自動車の大幅な減産というニュースを知った時点で、業績に大きな影響があるかもしれない取引先の業績、取引状況のチェックを開始しています。このように、現場の担当者は、マクロの経済動向や取引先の事業に関係する業界の動きには常に関心をもち、それがどのように取引先の業績に影響を与えるかを察知し、考えることが大事です。

　そして貸出担当者として最初に行うべきは、貸出金と引当てとのバランスのチェックです。万が一の場合を想定して、実損につながる金額を把握して、その対策を講ずることが重要な役目になります。

　事例でいえば、2000万円の貸出金に対して定期預金が1000万円あることをまず確認しました。万が一倒産した場合の実損は1000万円ということを承知したうえで、今後の業績動向をみながら、1000万円の貸出金が実損に陥ることにならないように、対策、交渉をする準備を考えなくてはなりません。それは追加担保の差入れであったり、貸出金額の一部返済であったりします。そのような対策や交渉は、早めに危険を察知するほど有効かつ効果的であることは論をまちません。

2 財務分析と商手割引

(1) 場面2

――支店長と渡部君との会話。

支店長：渡部君、ちょっと来てくれないか。

渡　部：はい、なんでしょうか。

支店長：東西産業の決算だけど、おかしいと思わないか。5年前と比べると、売上げは40％も落ちているのに、受手と売掛金との合計額は減っていない。また、最近4年間の当期利益は0～100万円で推移している。粉飾決算の疑いがあると思うな。

渡　部：そういわれればそう思えますが、会社へ行って不自然さは特に感じません。商手も優良銘柄が中心です。

支店長：たしかに、売上げは落ちているが、商手割引は極度限度額一杯使っていて、極度オーバーの商手の銘柄も上場銘柄だね。でもやはり、何かおかしい……。

渡　部：貸出金額と引当てとのバランスをみると、定期預金を勘案してみれば裸与信は100万円程度です。

支店長：倒産しても損害は100万円かもしれないが、そういう問題ではない。いいか、売掛金回転期間も受取手形回転期間もこの5年間で約2倍になっている。売掛金回転期間や受取手形回転期間が6～7カ月なんて異常だぞ。

渡　部：……。そうですね。

支店長：この決算書は気になる。勘定科目内訳明細書はもらっているだろう。みせてくれないか。

渡　部：はい、これです。

支店長：う〜む。受取手形と支払手形の両方に東西設備工業というのがあるが……。これって変じゃないか。

渡　部：東西設備工業は、貸出取引はありませんが、東西産業の子会社です。

支店長：そうだよね。仕事の流れはどうなっているの。

渡　部：東西産業は空調機器の卸ですから、設備工事の子会社が親会社から商品を仕入れて空調機の設置工事を行うと考えれば、東西産業に子会社の受取手形があるのはおかしくはないですね。

支店長：じゃあ、東西産業に子会社宛の支払手形があるというのは。

渡　部：たしかに、不自然ですね。でも1枚で500万円だけですから、何か特別の事情があったかも……。今度、詳しく聞いておきます。

支店長：東西産業の割引は、今月はいつするの。

渡　部：毎月25日ですから、来週の月曜日です。

支店長：じゃあ、25日に割引する手形はもらってきているだろう。割引する手形をみせてくれないか。

渡　部：どうするんですか。

支店長：どういう銘柄か、念のためにみておきたい。

渡　部：はい、これです。

支店長：渡部君、やっぱりおかしいな。いいか、この手形をみてごらん。東西設備工事が受け取った手形を、東西設備工事が裏書して東西産業に譲渡して、それを割引に回してきている。親会社から商品を仕入れたならば、東西設備工事が支払人の手形じゃなければおかしいよな。

渡　部：でも、回し手形として、そういうこともありますよね。

支店長：もちろん、それはありうる。だけど、親子間ではそういうことはあまりしないと思うな。今度の割引で、そういう東西設備工事が裏書した手形が5枚もある。これは子会社が親会社の資金繰り

> を支援しているのかもしれない。十分注意したほうがいい。
> 渡　部：訪問して事情を聞いてきます。
> 支店長：割引する商手を預かってきたらその場で要件チェックを行い、商手振出人や裏書に不自然なことに気づいたらその場で先方に確認するのは、担当者の大事な仕事だぞ。
> 渡　部：すみません。

(2) 解　説

　取引先の決算分析はしっかり行い、異常な数字や不自然なことに気づいたら納得がいくまで精査することが必要です。取引先の説明に納得がいかない場合、「これ以上突っ込んで聞くと心証を害する」とか、「社長を怒らせてはいけない」という気持ちが先に立って、納得しないまま「そうですか」などと安易に相槌を打ってはいけません。

　売掛債権の長期化に対して「商売形態の変化」と説明されて、「そうですか」と理解しないまま質問の矛を収めてはいけません。具体的にどういう変化になったのかという説明を聞くことが重要です。決算書に表れる異常な数値に納得できる説明がないままで、安易に先方の説明を鵜呑みにしたり、迎合したりする姿勢では、貸出担当者の債権管理は不十分です。「よくわからないが、まあいいか」という姿勢のまま、安易に取引の継続、拡大を図ることは危険です。

　本事例のように、売上げが数年にわたって減少傾向にあるにもかかわらず受取手形や売掛金、あるいは両者を合算した売上債権金額が増えている場合、これは粉飾決算の疑いがあるとみて間違いありません。ましてや、事例では売掛金回転期間も受取手形回転期間もこの5年間で約2倍になり、それが6〜7カ月になったといっています。売掛金回転期間も受取手形回転期間も6カ月を超えるということは普通はありえません。これだけで異常であることがわかります。

貸出担当者のなかには、目標達成のため、ボリューム欲しさに疑問点があってもあえてそれに触れずに、取引先に媚びへつらう者がいます。取引先に細かい点の質問をすると、「そんなにうるさくいうなら、おたくの銀行にはもう頼まない」とか「そんなにうちを信用していないなら○○銀行に頼むからいいよ」といわれると、「すみません」と謝り、二度と疑問点を解明することなく取引が続けられてしまいます。
　事例では決算書に異常があるにもかかわらず解明していません。日常的な訪問や接触時に、先方から深刻な相談がこないうちは問題はないと思い込んでいたら、そのような考え方は改めてください。業績の悪化や資金繰りが苦しい状況は銀行に知られないようにするというのが、取引先が最初にとる態度や行動です。銀行にそれを相談しにくるようになるのは、隠しきれなくなった、やはり銀行の支援を求めざるをえないという状況に進んでからのケースが多いかと思います。
　貸出先の実態把握は財務分析と定性分析との両方で行います。財務分析は５年分の貸借対照表と損益計算書とを横に並べて数字の変化をみることで異常な動きがみえてきます。その疑問点は、上述したとおりしっかりと確認することが必要です。
　事例では、商手割引を行う商手の現物を支店長がチェックする場面があります。本来は、割引する商手を預かってきたら、担当者自身がそれを行わなければなりません。ややもすると預かってきた商手をそのまま事務方へ渡してしまう担当者がいますが、それは感心しません。
　貸出業務のなかで、商手割引について、手形貸付や証書貸付と違い、与信判断は不要と考え、あるいは与信判断を軽視しているとしたら、それは大きな間違いです。割引する商手をみることで、貸出先の業績や資金繰りの異常や変化に気づきます。そのような大事な債権管理を怠ることは貸出担当者として債権保全の意識が乏しいといわざるをえません。
　商取引において手形で支払うということは、現金と違って、支払を先延ばしにするということです。その意味は短期借入れを行うことと同義です。手

形期日に支払銀行の当座預金に決済する残高がなければ資金不足で不渡りになります。したがって、割引する商手が決済されるか否かは、手形振出人の手形期日時点の資金繰りがどうなっているかということにかかわってきます。その商手を割引する銀行は、振出人の信用状態を直接知る状態にはありません。一部上場銘柄の優良企業が振出しの手形であれば手形決済のリスクは少ないことがわかりますが、全国各地の中小企業の手形銘柄では決済の可能性のチェックはむずかしいといえます。もちろん、銀行間において信用照会が行われることがありますが、確実な情報が得られるわけではありません。

　手形の決済ができなかった場合、割引を依頼した取引先に買戻しの義務が発生します（旧銀行取引約定書ひな型6条（買戻請求権）参照）。取引先に手形を買い戻す資金的能力があるかどうか、買い戻す資金的余力がない場合、銀行は買戻し資金を貸すことができるかという問題になります。

　したがって、商手割引といえども、手形貸付・証書貸付と違うものではなく、基本的には取引先を相手にする総合的与信判断であるという認識で考えなければなりません。

　ここで、商手割引と手形貸付との相違について述べます。

　手形貸付は取引先が振り出した約束手形を銀行に差し入れさせて貸出を行い、商手割引は取引先が販売の対価として受け取った手形を取引先が裏書して銀行に譲渡することにより、手形期日以前に現金を入手します。

　これを法律的にみると、手形貸付の場合は銀行と取引先との間に金銭消費貸借契約が成立しています。その支払を担保するために手形が差し入れられ、銀行は原因関係である金銭消費貸借上の債権と手形債権との2つを有し、そのいずれも行使できますが、その対象者は当り前ですが債務者である貸出取引先だけです。

　これに対し、商手割引は、銀行が取引先から手形を買い取る（売買説）ことから、割引した後の銀行は取引先に対して手形上の債権を有するだけとなります。しかし、これでは銀行の債権保全面で不十分であるという考え方が

あり、銀行取引約定書において、一定の場合には取引先が手形を買い戻す義務があることを約束せしめており、これによって銀行は手形上の債権と買戻請求権との2つを併用できる仕組みにしています。

　事例のなかで「東西産業に子会社宛の支払手形があるのは不自然」「でも1枚で500万円だけで、何か特別の事情があったかも」というやりとりがあります。これは融通手形という可能性があります。子会社の東西設備工事から譲渡された手形を割り引いていた見返りに発行した融通手形かもしれません。融通手形を使うようになると、資金繰り上、麻薬のように繰り返して使わなければならない状態に陥ります。融通手形の早期発見も、割引する手形の現物を常にみていなければわかりません。

　そのほかにも、以下のような場合は、取引先に事情を聴くなどして、実態把握を行ったうえで、注意して商手割引に応ずるべきです。

　　① 毎月決まった日に割引しているが、それと別な日に割引依頼が来る。
　　② いつも割引する日の数日前には持ち込まれていたのに、持ち込む日が割引日の前日とか当日というように日程の余裕がなくなってきた。
　　③ まったく初めてみる銘柄の手形、あるいはどうみても当社事業と関係がない会社の手形である場合、また競合相手、同業者の手形の場合。
　　④ 子会社、関連会社の手形の場合。

　商手割引の実務を安易に貸出事務方に委ねることは感心しません。手形のチェックは貸出担当者の重要な役目であるということを強く認識していただきたいと思います。

3　銀行別貸出残高と月商の推移

(1) 場面3

――三角銀行では貸出先管理において、3月末と9月末における銀行別貸出残高を、銀行ごとに短期・長期・商手に区分して実際の残高を記入する「銀行取引一覧表」を作成することになっています。

　Y支店長は、この管理表では債権管理上の意味は薄いとして、自身が考案した「銀行取引一覧表」のフォームを部下に示して、その表の作成を指示しています。

　その独自のフォームの特徴は以下のとおりです（『事例に学ぶ貸出判断の勘所』（金融財政事情研究会）の159頁参照）。

① 　3月末と9月末だけではなく、毎月末の残高を書き入れる。
② 　短期・長期という区分を細分化し、「経常運転」「決算賞与」「季節」「その他」「設備」「長期運転」にする。
③ 　「月商」欄を設け、毎月、前年の月商と当月の月商を記入する。

以下は同フォームを前にした支店長と中澤君との会話。

支店長：私が考案した「銀行取引一覧表」の使い勝手はどうだ。

中　澤：最初は戸惑いましたが、つくるのに問題はありません。取引先に電話で聞けばすぐ教えてくれます。取引銀行数が多いところは、電話だと細かくて大変だといわれたので、簡単な記入用紙をつくって渡してあります。

支店長：それはよかった。早速にこれを使ってくれて嬉しいよ。

中　澤：ありがとうございます。

支店長：そこでだ……。この富士山商事の業況はどうだ。

中　澤：特に変化はありませんが、何か気になりますか。

支店長：うん、君がつくってくれた銀行取引一覧表をみて気づいたんだが。

中　澤：何か間違っていましたか。

支店長：このあいだ、うちは決算賞与を出したよね。

中　澤：はい6月に出しました。

支店長：その時の稟議書をみたら、主力の菱形銀行が5000万円、当行が2000万円、四角銀行が1000万円という分担の申出であると書かれている。だけどいま、この銀行取引一覧表をみると、決算賞与の欄で、菱形銀行は4000万円しか出していない。それも1カ月後の7月に出している。そのかわり、四角銀行が2000万円出している。

中　澤：本当ですね。

支店長：君がお客からヒアリングして書いたんだろう。

中　澤：そうですが……。気づきませんでした。

支店長：さらに気になることがある。菱形銀行の経常運転資金の残高が少しずつ減ってきている。月200万円の約弁がついているようだ。

中　澤：本当ですね。

支店長：君が私より先に気づかなくちゃ困るよ。これはどういうことか。

中　澤：そうですね、富士山商事に行って、経理部長に聞いてきます。

支店長：そうしてくれ。私の予感では、菱形銀行が不安な材料をみつけて、富士山商事に対して消極的姿勢に転じたのかもしれない。

中　澤：そうかもしれませんが、ケンカしたのかもしれませんよ。

支店長：経常単名に約弁をつけるというのはケンカじゃないと思うよ。決算賞与資金も、5000万円を出す出さないでもめて4000万円しか出さなかった、それもうちと四角銀行が出したのを確認してから実行したと私はみる。

中　澤：……。

支店長：その見方が正しいか否か、富士山商事に行って聞いてきてくれ。
中　澤：はい、わかりました。

(2) 解　　説

　銀行取引一覧表で、毎月、銀行別・貸出資金使途別に残高を聴取することは債権管理上、重要なことです。多くの銀行では、3月、9月という時点の残高を短期・長期に分けて事後的に書いているようですが、それでは債権管理するうえで同表が役に立っているとはいえません。

　債権管理で大事なことは、変化を事後的に知ったのでは遅いということです。毎月、銀行別に貸出資金使途別に残高を聴取することは、単に銀行別の貸出残高を知るだけでなく、残高の変化から銀行の姿勢がうかがえます。

　事例でいえば、主力銀行の経常運転資金貸出残高が毎月減り始めたということで、主力銀行の貸出姿勢が消極的に変化したのではないかと感じ取れます。一般的に、経常運転資金貸出は同額で継続します。それに主力銀行が約弁をつけるということは、必ずなんらかの事情があるはずです。

　また決算賞与資金貸出の実行月が1カ月ズレていること、当初申出額より1000万円減り、その分が取引順位3位の四角銀行に上乗せされています。決算賞与資金や季節資金という毎年恒例の資金使途に関して、最終的には実行するにはしたが、他行の実行を確認してから出すということは、そこに消極的姿勢が表れています。本当は対応したくないが、今回は「みんなで渡れば怖くない」という理屈で仕方なく実行したものと推察できます。

　このように、銀行別に貸出資金使途別に残高を毎月聴取することは、他行動向を感知するすぐれたシグナルになると考えます。

(3) 場面 4

――支店長と西山君との会話。
支店長：西山君、ちょっと来てくれないか。
西　山：はい。
支店長：富士山工業のこの決算書は怪しいから、よく中身を分析してくれ。
西　山：どうしてですか。
支店長：まだはっきりわからないが、売上げを膨らませている可能性がある。
西　山：どうしてわかるのですか。
支店長：銀行取引一覧表に、毎月の月商をヒアリングして書いているよな。
西　山：そうか……。なるほど。
支店長：毎月ヒアリングした月商の数字は、ほとんどの月で前年同月比トントンだった。それなのに決算書の売上げは前年比＋15％になっている。これって、おかしいだろう。
西　山：そうですね。
支店長：それに実数でもそれがわかる。いいか、毎月ヒアリングした月商の数字を合計してみると、昨年4月から今年の3月までの月商合計金額は5億6000万円だ。それが決算書では6億8000万円になっている。
西　山：本当ですね。
支店長：月商を毎月ヒアリングしているとき、社長がいう数字にウソはない。そんなときから粉飾を考えて、月商をごまかしている人はいない。もちろんアバウトの数字であるので、月商の数字は正確なものではないが一応の目安にはなる。その合計金額が決算書の

　　　　金額と1億2000万円も違うというのは、絶対におかしい。
西　山：それはそうですね。
支店長：1億2000万円の差は月商で1000万円の差だよ。毎月のヒアリン
　　　　グで平均1000万円も誤差はないだろ。だから、この売上げはつく
　　　　られたものとしか思えない。
西　山：はい……。
支店長：そういうチェックに使うために、月商ヒアリングをさせている
　　　　のだから……。わかったかね。
西　山：はい、富士山工業に行って、実態を聞いてきます。
支店長：うまく聞けよ。月商ヒアリングにナーバスになって、今後教え
　　　　てくれなくなったら困る。
西　山：月商ヒアリングから気づいたといわずに、聞いてきます。
支店長：頼むぞ。

(4) 解　説

　月商を毎月ヒアリングすることは重要です。そういうことを行っていない貸出担当者には、ぜひ、この月商ヒアリングを行うことを勧めます。
　前の事例の解説で、「債権管理で大事なことは、変化を事後的に知ったのでは遅い」と述べました。企業経営で最も重要な売上高（＝年商）も決算書をもらってから知るということでは、債権管理を行ううえでは遅いといえます。また、月商は「年商÷12」ではありません。「年商÷12」で計算される数字は「平均月商」です。
　本事例では、毎月ヒアリングの月商の年間合計金額と決算書の年商とに大きな違いがあることから、粉飾の疑いをもつというケースです。結局これも決算終了後に比較してわかることで、事後的なものです。
　毎月ヒアリングすることで大事なことは、生の月商の動向で業績の変化を早く察知できることです。

以下に、拙著『事例に学ぶ貸出判断の勘所』（金融財政事情研究会）の161頁に掲載した事例を転載して説明します。

まず、3年間の各月の月商を記録したものが以下です（金額単位：百万円）。

	2004年	2005年	2006年	2007年
1月	30	25	20	18
2月	30	25	20	18
3月	50	60	50	40
4月	30	25	20	
5月	30	25	20	
6月	30	40	40	
7月	30	25	20	
8月	30	25	20	
9月	50	60	50	
10月	30	25	20	
11月	30	25	20	
12月	30	40	40	
合計	400	400	340	

2004年と2005年との年商は4億円で同じです。したがって、2004年と2005年との平均月商は、3333万円（4億円÷12）で同じです。そこで、2004年と2005年との毎月々の月商を比べます。2005年の月々の月商を前年同月ベースで比べますと、通常月（1、2、4、5、7、8、10、11の各月）の月商は、2004年が3000万円であるのに対し、2005年は2500万円であるため、前年同月比▲500万円（前年同月比▲16.7％）に落ちていることがわかります。2005年はその通常月の売上げの落込みを四半期末月の節月（3、6、9、12の各月）の売上増加でカバーすることで、年商は2004年と同額の売上高が確保できていることがわかります。

2005年の四半期末月の節月（3、6、9、12の各月）の売上げが前年同月

比それぞれ1000万円増えている理由は、新たな営業施策が功を奏した結果なのか、それとも無理な販売活動（押込販売、特別セール等）を行ったのか、数字だけではその実態はみえてきません。年商だけの比較では、2005年実績は「前年並みの売上げ」という一言で終わってしまいます。

　ここで大事なことは、毎月々に月商をヒアリングしていると、2005年の通常月の売上げはいつも前年比▲500万円であることから、業績が悪化しているのではないかと気がつくことです。

　年商は損益計算書ができてこないとわかりません。12月決算のこの会社は、2006年3月に2005年の損益計算書が出てきます。そこで、2005年の売上げは2004年比同額であるから業績面で懸念はないとすませてしまうと、2005年からこの会社の業績が悪化し始めている兆候を見逃すことになってしまいます。

　2006年の通常月の月商はさらに落ち込んでいます。2006年は、四半期末月の節月の売上げでは通常月の売上減をカバーできずに、年商は3億4000万円になりました。2005年比▲6000万円（▲15％）です。この事実がわかるのは2007年3月に出る2006年の損益計算書をみてからになります。

　ここで初めて年商ベースで業績悪化に気づきます。しかし、実際に業績悪化の傾向が出ていたのは2005年の通常月の前年同月比の月商ベースの売上減からです。このように、月商を毎月把握していれば、損益計算書ができあがってから年商の数字をみる者より1年半も前に業績悪化に気がつくことができたはずです。

　このように、毎月々取引先から月商をヒアリングして聞くことは、営業の実態をタイムリーに把握でき、業績の変化に早めに気づく有効な手段なのです。

4　主要販売先・仕入先の変化

(1)　場面 5

―― FU電子部品工業の売上げが落ちてきました。支店長は担当の新井君を呼びました。

支店長：新井君、ちょっと来てくれないか。

新　井：はい、なんでしょうか。

支店長：FU電子部品工業の売上げが落ちてきているのが気になる。

新　井：そうですね。

支店長：何か理由でもあるのか。

新　井：社長も経理部長も「不景気だから」といっています。

支店長：ここの商手極度は2億円だったね。いま、枠空きはあるか。

新　井：枠空きはそんなにないのですが……。

支店長：ないのですが……、ということはほかに何かあるのか。

新　井：実は割引する商手銘柄に変化があるように思うんです。

支店長：どういうことか、教えてくれないか。

新　井：割引する商手の支払人の名寄せをやっていますでしょう。それを過去にさかのぼってみてみると、主要販売先であるMA電器の手形が減少傾向にあったのですが、最近はゼロになりました。かわりにパチンコ台製造メーカーの手形が入ってきて、残高的にはそれが一番多くなっています。

支店長：まずいな。不景気のせいじゃないな。主要販売先であるMA電器の手形が減ってきたことは、FU電子部品工業の経営に何かがあるか、トラブルがあったか……だな。

新　井：そのへんのことを聞きに行こうと思っていますが、どんなこと

が考えられますか。

支店長：MA電器は、FU電子部品工業への発注を抑止か中断したのかもしれないな。製品の質に問題が生じ、商品クレームが多発してきたとか、頻繁に納期遅れを起こしているとか、価格面交渉で行き詰まったとか……。

新　井：価格交渉というのは。

支店長：たとえば、他社からは１個70円で仕入れることができるのに、FU電子部品工業の価格は80円としようか。いままでの付合いがあるので、MA電器はFU電子部品工業から買うにしても、せめて70円まで価格を下げられないかという要求を出したが、FU電子部品工業はそこまで原価低減ができないので、MA電器がFU電子部品工業を見限った……とか。これは想像だが。

新　井：それとも、FU電子部品工業の経営とか資金繰りに、何か懸念材料でもあるんですかね。

支店長：もしそうだとしたら、貸出取引をしている当行がそれを知らなかったでは恥だぞ……。

新　井：早速、実態把握に努めます。

支店長：そうだな、急いで調べてくれ。

新　井：はい、わかりました。

(2) 場面 6

――学生用カバンのメーカーであるGG興業は、材料生地の革を大手総合商社のM商事とS商事から仕入れていました。
　GG興業宛貸出取引がある四角銀行は、同社の業績悪化に際して不動産担保の追加徴求を考え、本社の登記簿謄本を取り寄せてみたところ、第１順位は四角銀行ですが、半年前に第２順位と第３順位に

M商事とS商事が担保設定をしている事実を知りました。それを知った支店長と担当者金田君との会話。

支店長：金田君、これはまずいな。

金　田：そうですね、でもどうしてM商事とS商事は担保設定したんですかね。

支店長：それはGG興業の経営の中身について何か知ったからだろう。

金　田：銀行が知らないことでしょうか。

支店長：そうかもしれない。

金　田：M商事とS商事はGG興業の決算書をみていると思いますが、GG興業の資金繰りについて銀行より知っているとは思えませんが……。

支店長：M商事とS商事だって、GG興業からの回収に変化があれば、同社の資金繰りの状況についてある程度わかると思うよ。それ以外にも……。

金　田：資金繰り以外からでも、何かわかるものですか。

支店長：それは、いろいろとあるさ。たとえば、業界内でGG興業に関する悪い噂や風評が出回っているとか、社長がなんらかの理由で個人的に大きな負債を抱えたとか……。

金　田：……なんですかね。

支店長：GG興業の直近の貸借対照表をみせてくれないか。

金　田：これですが……。何か……。

支店長：金田君、固定資産のなかの「投資その他資産」の科目の中身を洗い出してくれないか。

金　田：「投資その他資産」の科目というと……。

支店長：投資有価証券、出資金、長期貸付金のことだ。勘定科目内訳明細表をみて、時価評価をしてみてくれ。大きな含み損を出していないか。

金　田：わかりました。

> 支店長：それから、もう一度、GG興業の決算分析をしっかりとやってみること。それに社長の自宅のほうの謄本もとってくれるか。変な担保が知らないうちについていないか……。
> 金　田：はい。
> 支店長：ついでに、この1年間の当座預金勘定の移動明細をみて、入出金に変化とか異常がないかをみておいてくれ。
> 金　田：それもやります。
> 支店長：GG興業へ行って、ヒアリングするのはそれが調べ終わってからにしよう。
> 金　田：はい、わかりました。

(3) 解　説

　本節3では、銀行取引一覧表から貸出残高や返済方法の変化、実行時期のズレなどを見抜き、そこから銀行の取引姿勢の変化を読み、さらに貸出先の業績の変化を感知することができると述べました。

　今回の2つの事例では、販売先と仕入先との動向から貸出先の業績悪化をある程度察知できるということを述べたいと思います。

　貸出先のクレジットファイルには必ず「取引先概要表」が綴じられています。同表には必ず主要販売先と主要仕入先との上位10社程度が記入されています。毎年「取引先概要表」を更新する際、この主要販売先や主要仕入先の名前について、それぞれの実績を確認して書き換えているでしょうか。主要販売先や主要仕入先の名前や順位の変化に気づかない、気づいても書き換えていないケースが多いように思えます。「取引先概要表」を更新する際は、必ず主要販売先と主要仕入先との金額・順位を取引先にヒアリングして、変動があった場合は書き換えるようにしなければいけません。

　〈場面5〉では、FU電子部品工業の売上減少の原因を調べると、いままで主要販売先であったMA電器にかわってパチンコ台製造メーカーが販売先上

位になっていることがわかりました。それは割引した商手の名寄せによってわかりました。この事例では販売金額や販売シェアの変化が数値で示されていないので詳細はわかりません。事例の続きでは、なぜ、MA電器にかわって、パチンコ台製造メーカーが販売先の上位になったのかという理由を正確に把握しておくべきだという会話があります。

　上位販売先のなか、上位仕入先のなかでシェアが小幅で動き、順位が入れ替わった程度なら大きな問題にはなりません。問題になるのは、上位シェアであった販売先、仕入先の名前が上位から消えたときです。極端にいえば、取引自体がなくなった場合です。そういう事象があったときは、必ず理由と業績への影響をヒアリングしなければなりません。

　毎年「取引先概要表」を更新する際には、総販売金額や総仕入金額に占める割合が大きく変化している場合は、その理由を正確に把握しておくべきです。

　一般的に、主要販売先、主要仕入先に変動がない会社の業績は安定しているといえます。しかし、主要販売先、主要仕入先の上位3社で総販売金額、総仕入金額に占めるシェアの合計が60％以上になっている場合のように、そこに過度な依存をしていると、大口先が倒産した場合や大口先となんらかのトラブルが生じた場合、販売・仕入れに大きな影響が出てきます。

　また、販売シェア・仕入シェアが1社で20％以上ある場合、当該販売先・仕入先の信用状態はどうかもチェックしておく必要があります。

　大口販売先が倒産すると売上げが大きく減少し、資金繰りに影響を及ぼします。場合によっては連鎖倒産するおそれがあります。大口販売先が倒産しないまでも、業績悪化が顕著になった場合、受取手形や売掛金の回収サイトが延ばされることで、資金繰りに影響が出てきます。

　大口仕入先が倒産すると原材料や商品の供給に滞りが出てきます。特にメーカーの場合、仕入先の倒産によって原材料や資材の供給が停止し、生産に大きな影響を及ぼします。

　このように、主要仕入先、主要販売先のなかでもそれぞれにおいてシェア

が大きい取引先については、いろいろな意味で注意が必要です。そのポイントは、経営におけるリスク分散と個別先に対する信用情報（与信）管理に対する意識です。

〈場面6〉では、貸出先が原材料を仕入れている主要仕入先が貸出先の本社ビルに担保設定していることが判明しました。仕入先から担保を設定されるという事態は、代金回収を確保する最終手段として行ったものと考えられます。問題は、なぜ担保を設定するまでに至ったのかという理由を把握することです。仕入先である商社や問屋などから担保をつけられたということは、買入債務の支払が滞っているか、債権が棚上げされている可能性があります。そういう事情や背景を貸出銀行が知らないというのであれば、債権管理を怠っていたというそしりは免れません。あるいは、業界内だけに流れた悪い風評に原因があるかもしれません。

本事例のように、担保物件について銀行が知らないうちに他の者が担保設定を行っているケースがあります。それは、仕入先だけではありません。税金の滞納があることから財務省が担保設定する場合もあります。また街金や、わけがわからない法人や個人が担保設定している場合は、だいたいよからぬ事情があります。したがって、担保物件についても、1年に一度は謄本のチェックを行ったり、担保物件の現地現物をみて確認したりするということも大事です。

5　貸出実行後の債権管理

貸出業務の要諦は債権保全です。そのため、貸出を実行するに至る判断には、回収が確実にできるか検証をしなければならないことは再三述べています。しかし、実際の貸出業務をみれば、そのような判断を行ったうえで貸出を実行したにもかかわらず、回収できない案件が出てきます。それはある意味では仕方ないことです。貸出実行後に起こるさまざまな状況の変化が原因

で企業経営が危機にさらされることは当然にありえます。貸出金が回収できないリスクは貸出期間に比例します。それは貸出期間が長ければ、さまざまな状況の変化が起こる可能性が大きいということでもあります。

　貸出業務は、貸出を実行した金を回収して目的を達するものです。その目的を達成するためには、貸出実行後においても、不断に貸出金に回収懸念が生じていないかフォローし、チェックすることが仕事として課せられています。それが債権管理という仕事です。

　その債権管理は、貸出を行うという判断を下した時から始まります。したがって、最初に行うべきことは貸出実行に伴う事務手続の確認です。特に担保や保証を徴する必要がある場合は、標準手続を遵守してその手続を確実に行うことが大事です。

　次いで、貸出実行代わり金が借入申出時の資金使途どおりに使われているかという確認です。運転資金として実行した金が設備投資に使われていないか、決算賞与資金として貸出したのに従業員には賞与が出ていなかったりしないか等のチェックをします。資金使途次第で返済原資も変わります。

　その後の債権管理のポイントは、貸出先の業況の変化が一番重要です。ここは貸出担当者の経験がものをいい、勘が働くところです。本節ではそれを4つの事例で述べました。

　1で述べましたが、経済ニュースなどのなかに取引先の事業に関係する企業等の動きがないか、取引先への影響を考える事象（金融為替動向等）はないかという見地から債権管理を行います。ニュースや新聞も漠然とみたり聞いたりするだけではなく、取引先の事業とのかかわりを考えながら接する癖をつけてください。

　2で述べましたが、決算が出たらできるだけ早く財務分析を行うことで、経営が順調か、利益は出ているか、不自然な勘定科目の数字がないか等々を調べることが重要です。また、商手割引も事務的にすませるのではなく、商手銘柄の変化、名寄せの変化から業績面での変化を敏感に嗅ぎ取ることも重要です。

3で述べましたが、銀行別・貸出科目別に毎月の残高をみることから、他行の支援姿勢の変化を感知することができます。特に、主力銀行の貸出姿勢の変化の背景には、取引先の業況悪化という要因が潜んでいる場合がありますので注意深く数字の変化を見抜くことが重要です。

　その際、あわせて月次で売上げをヒアリングして記録することも重要です。毎月々にヒアリングする売上金額には数値的誤差はありますが、ウソはありません。その累計と決算書の年商とを比較し、決算書の年商が大きくブレていたら売上げの水増しが疑えます。また、毎月々にヒアリングする月商と前年同月の月商とを比較することで、売上げの変化を早い時期から察知することもできます。

　このような事例で学んだことを用い、自らの経験と勘とを働かせて、取引先の業況の変化を早くみつけることが、債権管理で重要なことになります。このような努力で業況の悪化を早期に発見すれば、早期に対策が打てます。それが万が一のときの損失を防ぐことにつながります。損失につながる場合も最小限の金額ですむことになります。これが債権管理です。

第 4 章

貸出担当者育成の必要性

序節

貸出担当者育成の意味

　竹中平蔵元経済財政政策担当大臣は2005年1月の国会で「不良債権問題の終結がみえたいま、もはやバブル後ではない」と演説しました。その演説から15年以上が経ちました。その後、数回の景気循環（好況・不況）の波を経て、いま、百年に一度といわれる大きな不況に入りました。
　昨年（2008年）10月までは戦後最長の景気拡大期間でした。銀行にとってバブルは遠い昔の出来事になってしまったのでしょうか。銀行間の貸出拡大競争、収益増強競争は激しくなっているようです。
　竹中元大臣は、不良債権処理のメドがつけばバブル後ではないという認識を述べました。バブル後という言葉の意味がいまひとつ不明瞭ですが、筆者は、銀行の不良債権処理にメドがついても、経済社会における銀行の信用機能の回復はいまだに困難な状態にあるとみています。問題の本質は、不良債権問題の会計的処理ではなく、銀行がバブル時期に経験した生活習慣病のような亡霊が目にみえない形で残っていると思うからです。
　それは収益至上主義です。さすがに土地や株式の値上り目当てに貸し込むということは行われていないでしょうが、貸出ボリューム拡大と収益増強のために、取引先を利用した手練手管で、銀行本位の貸出業務を行っているように思えます。業績評価や人事考課の基本体系が変わらないまま、目標管理・成果主義で縛られている銀行員は、短期的収益稼ぎに目が行っています。バブル時期とは明らかに外部環境は変わったものの、「歴史は繰り返す」という内部構造は温存されているともみることができます。

そのようななか、多くの銀行において貸出担当者の育成が経営の大きな課題になっています。それはなぜでしょうか。

　貸出競争に勝つために、必要な戦力（人員）を増やし、能力のレベルアップを図ることが目的なのでしょうか。それとも、いままでの貸出拡大競争を省みて、またこれからの大不況の時代を見据えて、守りの人材をそろえたいという意向なのでしょうか。

　筆者が「貸出担当者の育成」というテーマで考える「貸出担当者」は、攻めが得意な担当者でもなく、守りが得意な担当者でもありません。筆者が考える「貸出担当者」とは「真っ当な貸出業務を行う担当者」です。筆者は「真っ当な貸出業務を行う担当者」こそが、銀行の貸出業務の正当なる担い手であり、時代が変わり、銀行を取り巻く環境が変わっても、攻めも守りもできると考えるからです。そして「真っ当な貸出業務を行う担当者」に、公共的使命を理解し、取引先本位に考える銀行の貸出業務の本質を正しく後輩に引き継いでもらいたいと思います。

第1節

問題意識の提供

　まず、解説の大前提として1つの文章を以下に紹介します。これは『銀行経営戦略論』（本島康史（1961年生、1985年東大卒、住友銀行に10年勤務した後、ATカーニーを経て、現在ボストン・コンサルテイング・グループのパートナー）著、日本経済新聞社刊）195頁に掲載されている文章です。少し長くなりますが転載します。

　〈新しい価値を提供できる人材の不足〉
　　がんじがらめの規制のもとでは銀行員としては物事を考えても仕方がない状況にあった。とにかく、本部から与えられた商品販売目標を黙々とこなすことが銀行員に求められた。上からの指示・命令は絶対であり、一糸乱れぬ統制により「一丸となって」突き進むのが銀行員のあるべき姿であった。
　　へたに考えて手を止めようものなら大変である。すぐに罵倒される。へたに自意識をもって問題提起をしようものなら、人事部から危険分子としてのレッテルを貼られる。かくして、考えずに疑問をもたずに黙々と業務をこなす他律型の人材が大量に育成されることになった。
　　その結果、「やれと言われればやるが、やれと言わない限りやらない」人材が少なからぬ割合を占めることとなった。業務の改善について問題意識なり新しいアイデアをもっていても、それを出す動機づけがない以上、何もしない。業績評価の項目は必死に

なって遂行するが、項目から外れた途端に見向きもしなくなる。自分の領域を越えて何か貢献しようという意識がない人々の間で、情報が還流することも、創造力が働くこともない。

　その一方で、銀行員の多くは大学を卒業したときには成績優秀な人が多い。こうした受験戦争の勝者である銀行員の多くはなかなかリスクをとらない。なぜなら失敗した経験が少ないから、失敗を過度に恐れるのである。したがって、突拍子もない企画案はつくらない。最優先で考えるのは「自分の」リスクを最小にする案である。へたに奇抜な案を出せば、役員から白い眼で見られるか、万が一通ったとしても失敗すれば自分だけの責任にされてしまう。みんなが考えている線で、みんなの同意を得ながら物事を進めようとする。ハイリスク・ハイリターンを求める人材が少ないところに、銀行の収入増に貢献できる独創的な付加価値が生まれる可能性は余り多く期待できない。

　この記述は、同書第8章（銀行問題の原因はどこにあるのか）のなかで、「原因主体としての従業員」として書かれている文章です。

　筆者はここに記されている文章に納得感をもっています。ここで記されている銀行員はおそらくメガバンク、地方銀行、第二地方銀行の違いを問わず、同じように指摘されても、当たらずとも遠からずの状況にあると思います。

　この記述内容を貸出担当者に焦点を当てるとどうなるでしょうか。

第2節

貸出担当者の実態

　前掲引用文を貸出担当者の業務に重ね合わせて考えた場合、ほとんどの銀行において共通してみられることがいくつもあると思います。
　それを引用文から拾い出すと、以下のとおりです。
　　「本部から与えられた商品販売目標を黙々とこなす」
　　「考えずに疑問をもたずに黙々と業務をこなす」
　　「やれと言われればやるが、やれと言わない限りやらない人」
　　「業績評価の項目は必死になって遂行するが、項目から外れた途端に見向きもしなくなる」
　　「なかなかリスクをとらない」
　　「最優先で考えるのは「自分の」リスクを最小にする案」……
　なぜこのような事態になってしまったのでしょうか。
　それは、銀行の収益至上主義の考え方のもと、収益額を中心にした目標管理で行員を縛った結果、行員はやる気を失い、能力の発揮を委縮させてしまったからではないでしょうか。既存の決算賞与資金貸出をアップフロントフィーねらいで私募債に乗り換えてもらうというのが典型的な例ですが、あまりにも短期的な業績結果を現場に求め過ぎたことに原因があると思います。
　貸出業務担当者たちは、貸出業務において、普通の貸出形態を私募債へ誘導したり、申出どおりの妥当な分担額より貸出金額の極大化を申し入れたり、販売手数料がある金融商品を拡販したりすることなどに精力を注いでいます。まさに、「本部から与えられた商品販売目標を黙々とこなす」「考えず

に疑問をもたずに黙々と業務をこなす」「業績評価の項目は必死になって遂行するが、項目から外れた途端に見向きもしなくなる」……です。

　本部から与えられた商品の販売目標の達成のため、どのようにして売るかに最大の関心が向き、結局は、売りやすい顧客に、売りやすい商品を売りつけることをしているのです。

　そういう収益確保の営業を主にしている担当者は、債権管理には弱く、担当先の倒産の兆候を見抜くことなど期待できません。取引先が危険な状態であることを知っても、債権保全の対策を講じて被害金額を最小化することを自ら考えることができません。これも「やれと言われればやるが、やれと言われない限りやらない」ということでしょうか。

　ひどいものになると、自分の担当している貸出先が倒産した事実を新聞や情報誌、あるいは他者から教えられて知るという始末です。自分の担当先が倒産しても、その後の管理・処理は別部隊で行うので、担当者本人は倒産に特段の関心も感想もなく、そこへ貸した金額が評価され、いわゆる「やり得」ということになるのでは、立派な貸出担当者が育つわけがありません。

　このような貸出担当者の実態を聞くに及び、筆者にすれば「もはや地に落ちたり」という感を免れえません。

　貸出業務は取引先が必要とする資金を供給することで、取引先の事業発展に資することを目的に行います。取引先の事業が発展することで、取引先の資産は増え、従業員数も増えます。そうなれば、増加運転資金需要、設備資金需要につながり、決算賞与資金貸出の金額も大きくなります。銀行は取引先の事業発展に喜び、資金面で協力するのが仕事ですが、あくまで脇役であります。貸出金利息は、必要と認める貸出を行った結果としてついてくるものです。

　銀行は自らの分限をわきまえることが肝要です。銀行が率先して収益を稼ぎ、日本経済のなかで「おいらが大将」という顔をしていてはいけません。取引先の成長なくして銀行の成長はないということを肝に銘ずるべきです。

第 3 節

なぜ貸出担当者の育成が必要か

　貸出担当者の育成を課題に掲げている銀行は複数行あると思います。そしてその課題に掲げている理由はそれぞれ違いがあると思います。
　貸出担当者育成の必要性を感じている理由として次のような諸点が考えられます。
　　① 現場の貸出担当者の人数が不足している。
　　② 現場の人数は足りているが、レベルアップを図りたい。
　　③ 現場に貸出資産を増やす攻めの強兵がほしい。
　　④ 現場に債権管理、債権保全の守りの強兵がほしい。
　　⑤ 貸出案件の審査担当者を増やしたい。
　　⑥ 現場で貸出担当者のOJTができる指導者がほしい。
　　⑦ 支店長の貸出判断力を高めたい。
　　⑧ 倒産件数が増えてきている。
　　⑨ スコアリング審査に限界を感じている。
　　⑩ 決算分析力や実態把握力が低下している。
　おそらくは、上記の1つだけが理由であることはないでしょう。上記のなかのいくつか複数項目が必要理由としてあると思います。
　多くの銀行で貸出担当者の育成を課題としていることの理由を筆者なりに考えますと、それは貸出資産の安全な運用をいかに図るかという問題に突き当たります。その貸出業務の原点は、貸出をするかしないかという判断にあります。貸出の可否の判断をおろそかにしたり、判断を誤ったりすると、不良債権を抱えるリスクにつながります。よって、的確な貸出判断を行うこと

ができ、債権管理もできる人材を育成し、確保することがねらいであると考えます。

　銀行の収益源のトップは貸出金利息であります。そして銀行の運用資産の60〜70％が貸出金であることは第2章第2節で述べました。銀行経営を安定的に行うためには、最大の収益源であり、最大の運用資産である貸出業務を健全に行うことです。

　バブル時に銀行は貸出資産の量的拡大に走り、質を軽視した結果、多くの不良債権をつくってしまい、それがもとで倒産に至った銀行もありました。

　いままさに百年に一度の金融危機を迎えるに際し、貸出資産の運用を間違えば、銀行経営を揺るがすことになりかねません。そういう懸念を回避するため、貸出担当者の育成が必要なのです。

　貸出資産の健全性を確保し、安定的な運用を行うための担当者とは、現場第一線の若い担当者だけではなく、OJTで部下の指導を行うべき管理職者も含めて考えなければなりません。そして、現場の担当者たちが真っ当な貸出業務を行うことで公正に評価されるような経営環境の整備もあわせて行い、貸出担当者の育成とともに構造的な改革を行うことが必要です。

第4節

なぜ貸出担当者が育っていないか

　なぜいまになって貸出担当者の育成が遅れていると言い出すのでしょうか。銀行は、なぜいまその問題で悩んでいるのでしょうか。

　筆者が考えるに、これはいまになって発生した問題ではありません。何年前からという時期はわかりませんが、この問題は各銀行ですでに認識されていたと思います。認識していながら、いまでもその問題があるということは、自行内で解決する適当な方策が見当たらない、あるいはいくつかの対策を立てて実行に移したが思ったように効果があがらなかったということではないでしょうか。

　もしなんらかの対策を講じたにもかかわらず期待した効果に至らなかったのならば、その原因は問題点の認識範囲が狭いため、対策の中身が不十分であったのではないかと推察します。

　筆者が、「なぜ貸出担当者が育っていないか」という問題を考えるとき、以下のような理由が思いつきます。

1　指導者の不足

　銀行の役員平均年齢を55歳、支店長の平均年齢を47歳、支店の課長の平均年齢を40歳と仮定します。入行年齢を22歳とすると、それぞれの入行年次は、役員は1976（昭和51）年、支店長は1984（昭和59）年、課長は1991（平成

3）年です。

　バブル景気の開始が1986（昭和61）年、崩壊が1991（平成3）年、崩壊後の第一次平成不況が1991（平成3）年から1993（平成5）年までです。その間は7年間あります。この7年間を過ごした年齢を重ね合わせてみますと、役員は32～39歳、支店長は24～31歳、課長は17～24歳の時にバブル期と崩壊期を経験していることになります。このことから、課長以下の人たちは「バブルを知らない銀行員」であり、役員と支店長たちは、最も働き盛りの年齢時に「バブルを知っている銀行員」であったことがわかります。

　銀行に入って、若くて働き盛りの年齢時に、バブルと崩壊後の異常な貸出業務を7年間経験した人たちは、貸出業務を基礎から勉強し、本質的な貸出業務を経験してきたとは思えません。その後の日本経済も低成長で推移しており、役員や支店長の年代の人たちに申し訳ありませんが、この年代の人たちには貸出の一流プレーヤーとして自慢できる人は数少ないと思います。その役員や支店長が若い人たちに教える貸出業務には限界があると思います。なぜならば、部下たちに教える真っ当な経験が少ないと思うからです。そういうことからも、銀行内において貸出業務を指導できる人材が不足しているのではないかと考えます。

2　人件費削減の影響

　銀行はROE偏重の考えのもと、経費削減に積極的に取り組みました。人件費にもナタをふるいました。多くの場合、一律何％削減という方針が出され、貸出部門においても人員が減らされたと思います。

　筆者は、貸出業務に携わる人たちの人件費を考えるとき、「単価×人数」という考え方で、他の業務と一様に考えるやり方には違和感を覚えます。貸出業務に携わる人たちの人件費は、「単価×人数×生産性」と考えるべきです。そのように考えず、一律的人件費削減の思想によって、貸出業務におけ

る生産性といわれる貸出判断や債権保全、後輩指導等の仕事ができる、言い換えれば高付加価値を生み出せる人材も削減されてしまったのではないでしょうか。

このような思想で行う人件費削減が貸出業務の全体能力を低下させ、それを引き上げる指導者たる担い手もいなくなったことから、中長期的には人件費削減以上の打撃を受けているのではないかと考えます。

③ 業容拡大の弊害

貸出残高を増やす対象の中心は中小企業です。既存の貸出先に対して貸出額を増やすとともに、新規貸出先の開拓に努めます。その結果、貸出案件は増大します。貸出案件の増大は審査件数を増加させます。そのため、審査部スタッフは毎晩残業をして貸出稟議書の審査に努めますが、1件当りに費やす審査時間は少なくなって、審査の目が十分でなくなります。そして審査件数に限界がくると、支店長決裁で行うことができる裁量貸出の専決権限を広げます。

ところが支店長に貸出判断を委ねることには2つの懸念があります。1つは、アクセルとブレーキの両方の役目がある支店長に、冷静な審査の目が働くかどうかです。もう1つは、そもそも支店長自身に貸出判断能力があるかどうかです。もちろん、現場での貸出業務経験が豊富である人や審査部経験がある支店長ならば問題はありません。しかし、本部企画畑や海外畑出身者がキャリアパスの一環として、単なる経験場所として支店長に就いている場合、実質的な貸出判断はできません。そういうもとで働く貸出担当者たちは苦労するものです。そこにはOJT教育は期待できません。

4 コンピュータ審査・スコアリング審査の弊害

　貸出案件の増大に対応するため、コンピュータ審査やスコアリング審査を導入した銀行も多くみられます。大数の法則により貸倒金額を予想範囲まで許容することで、効率化・合理化を図るという考え方によります。ところが、銀行のコンピュータ審査に引っ掛からないように決算書を偽造するブローカーが出ています。またスコアリング審査については新銀行東京の不祥事を契機に金融庁も勧めることをやめました。

　問題は、コンピュータ審査やスコアリング審査を導入し、その利用範囲を広げることが、貸出担当者の審査の目を育てるための経験と勉強、訓練の機会を少なくし、長期的には人材育成面ではマイナスに作用していることと考えます。偽造決算書を通すコンピュータの上をいって、粉飾決算書を見抜くような人材を育成するためには、これを見破る訓練と経験を積むことが必要です。

　さらにこの問題は、自分の判断で信用リスクをとりたくないという方向に担当者を向かわせます。実際には、信用保証協会貸出を伸ばすというような恰好をつけて、本音は、判断・審査を保証協会へ丸投げすることで自らリスクテイクしたくないという担当者になってきていると考えられます。

　本章第1節で紹介した、まさに「なかなかリスクをとらない」「最優先で考えるのは「自分の」リスクを最小にする案」とする貸出担当者は、コンピュータ審査・スコアリング審査、そして信用保証協会の審査に頼るようになっているのではないでしょうか。それでは貸出担当者は育ちません。

5 貸出業務の切分け

　銀行によっては、貸出残高の増加や収益という数的目標の達成を第一に考

え、それだけに専念する渉外（営業）担当者を設け、貸出事務は別組織あるいは別スタッフに行わせる体制をとっています。このようにすることで、渉外（営業）担当者には数的目標の達成だけに専念して頑張ってもらうという考え方のようですが、これでは真の貸出担当者は育ちません。

　そもそも貸出業務は「貸したら終わり」ではありません。貸した金が回収されるまでが仕事です。貸出期日まで債権管理を行うことも大事な仕事です。そのとき、取引先に対して契約書の条文の意味が説明できない、担保の設定方法や契約書の内容がわからない等々の法務的知識がないような担当者は半人前です。取引先から事業経営に関するさまざまなアドバイスを求められても答えられないようでは、貸出担当者としての信頼と信用を得るには至らないでしょう。

　貸出担当者が行っている仕事内容を効率化、合理化することは結構なことです。しかし、その効率化、合理化は、仕事を分断するということとは別です。「群盲象をなでる」という言葉のように、目標数値の達成だけの渉外担当者は、貸出業務の全貌を理解していない、象の一部を触っている存在にすぎません。貸出業務は貸出判断・貸出事務・債権管理をトータルで行うものです。

　この3つの仕事を象の鼻と耳と足にたとえるとき、目標数値の達成だけの渉外担当者は、象の尻尾を触っているだけにすぎません。貸出業務を切り分けることは、貸出担当者を育成する道を自ら閉ざしているように思われます。

　貸出業務を分断したことで、渉外担当者は自分の知識が不足しているという自覚がある分野に関して取引先に話題を向けないようにしたり、話を向けられたらそれをそらすようになったりします。返答に窮する自分の姿をみられ、それによって自分の力を見計られ、信頼・信用が落ちることを心配します。そのことで渉外の仕事を失う危険性があるからです。

　たとえば決算書を受け取ったときは、本来であれば、その場で決算書をみて、ポイントとなる質問を行うのが普通です。しかし、決算分析の問題点

は、コンピュータが出すコメントをみないと、自分の意見がいえないという担当者は、決算書を預かったら中身はみないでそのまま持ち帰ります。これでは真の貸出担当者とはいえません。

6 評価制度

　多くの銀行では、目標管理制度を導入していると思います。その目標管理制度は、数値の達成率で評価される仕組みになっているのではないでしょうか。筆者は貸出業務に携わる人たちを数値的目標達成率で評価する方法に昔から懐疑的でした。

　貸出業務の成果というものは数字だけでは測ることはできません。現場でその仕事にかかわっている者でないと、数値とは別の意味で、仕事の価値や成果の良否について判断することはできません。

　なぜならば、貸出業務は受動的な部分からスタートする仕事が大きな割合を占めるからです。具体的には、借入申出が来てから仕事が動き出し、金額も取引先の事情によって左右することが多いからです。

　このような考えに反論して次のようなことをいう人たちもいます。すなわち、貸出業務も能動的に動くべきであると。これは目標管理制度が達成率で評価される仕組みであるために、能動的に業績を獲得したいがためにそのような主張になっていると思います。もちろん、能動的姿勢で臨むことを全面的に否定しているわけではありません。優良取引先に対してシェアアップを図ったり、新規取引先を開拓したりする際、能動的に動くことは当然です。筆者がここで懸念して申し上げたいことは、目標達成のために能動的姿勢が強く出過ぎると、銀行本位で貸し込む姿に陥り、時として真っ当な貸出姿勢を踏み外すことが過去の経験から反省するところであるといいたいのです。

　評価制度のむずかしさについて以下に簡単な例をあげて説明します。

　業績好調なメーカーX社は新工場をつくるための設備投資計画をまとめ、

A君宛に5000万円の借入申出をもってきました。A君の努力はゼロですが、「棚からぼた餅」で5000万円の実績となりました。

　B君は、地元優良企業Y社が新工場建設の情報を前広に聞き出し、粘り強い交渉を重ね、長年最下位の付合取引であったのに3000万円の貸出に成功しました。

　C君は、新聞で業績悪化が伝えられた家電メーカーZ社の二次下請けとして部品をつくっている中小企業を担当しています。Z社のニュースを聞き、いずれ影響が及ぶと考えて債権保全策として、裸与信2000万円に対する引当ての交渉を続けています。

　D君は、担当先W社の財務分析を行った結果、粉飾を発見しました。引当交渉を行いましたがうまくいかず、結局、他行肩代わりに誘導して3000万円の全額の貸出返済を受けるに至りました。W社はその1年後に倒産しましたが、損失は回避できました。

　E君は、主力銀行の貸出金額7000万円の全額肩代わりに成功しました。しかし、半年後の決算をみたら大赤字、かつ過去の決算も粉飾であったことが判明しました。自己査定では要注意先に区分しました。

　さて、A君、B君、C君、D君、E君の評価はどのように行えば公平でしょうか。残高を伸ばした順番では、E君が7000万円、A君は5000万円、B君が3000万円、C君は0、D君は▲3000万円です。質的な内容や努力という面からみた場合、D君、B君、C君たちは、A君やE君より頑張っているといえます。

　質的な判断は、単なる数字による量的判断と異なり、主観的な要素が入ります。主観的な判断の余地があるということは、恣意的な判断が入り込む可能性もあるといえます。

　単純に数値化された目標、達成率では、貸出業務の原点である判断の良否や債権管理・債権保全のプロセスは重視されません。貸出業務で最も重要なポイントの仕事が評価されていません。

　一方、単に数値的結果さえよければよいという短期業績志向に陥りやすい

ことも事実です。さらにいえば、数値稼ぎのために、ひたすら達成率アップのために銀行本位に動き、担当者は疲弊します。

一支店内の目標達成率で差をつけたにしても、幾多の支店において、同じ95％の達成率はどのように差をつけるのでしょうか。

筆者は、目標管理制度において、達成した数値のすべてを素直に「業績」「成果」とよんでよいものか疑問に感ずることもあります。さらに申し上げれば、わざわざ目標達成率が高い低いと騒がなくても、実は人事部においてすでに差はついていると冷めた見方をする者さえいます。人事部が表向きは目標管理制度の導入を標榜するといっても、人事部が中央集権化で管理するもとでは、銀行にとって望ましい人物像は固定化され、人物評価の基準も定型化されていると考えてもおかしくないからです。

貸出業務の人材育成を考えるとき、上記5人の評価のむずかしさがあるのに、当事者たちは数値の結果だけで評価されることに疑問をもっていることは事実です。本書第1章第5節2、3でも、これに関連することを述べました。また、第1章第4節3では当時の大手都銀の頭取が国会で述べた反省も書きました。

要は、貸出業務に携わる人材が真っ当に成長するためには、仕事の成果を正当に評価する仕組みを見直す必要性がないか、経営者は考えるべきと思う次第です。

7　貸出業務の魅力

銀行にはいろいろな仕事があります。いまの若い人たちは、貸出業務に魅力を感じているでしょうか。

貸出業務に携わる人は多くの知識、経験が必要です。知識は多方面にわたるもので、たくさん勉強をしなければなりません。貸出業務の経験にはリスクがつきまといます。また、他の仕事に比べて残業が多く、肉体的にもきつ

い仕事です。それでも夢があり、モチベーションを高く維持する何かがあればよいのでしょうが、それをみつけるのもむずかしいとなると、積極的に貸出業務を希望する人が少なくなる心配があります。もちろん、人事異動で本人が希望していなくても貸出業務に配置することはできますが、スタート時のモチベーションが低く、厭々な気持ちで来られては、指導するにも大変です。

　本書第1章第5節4で、貸出業務を通して得られる喜びについて述べました。そういうことを実体験している上司が、貸出業務は心から誇れる仕事で、やりがいがあると声を大きくしていわなければ、貸出業務を積極的に希望する人は出てきません。

　また、貸出業務や審査の仕事を長年担当している先輩をみていて、貸出・審査の仕事が長い人は出世はしない、支店長になる人の多くは業務畑、本部畑出身であるということも、若手の意欲に影響を少なからず与えているのではないでしょうか。

第 5 章

貸出担当者育成の具体策

序　節

はじめに

　本章では、貸出担当者の育成という課題を考える最終章として、筆者が考える具体策を1つの参考として述べることとします。

　それぞれの銀行では仕組みや制度、組織が異なると思います。本章で示す素案を各行がそれぞれにアレンジして、自行に合う形でプロジェクトを考える際に役立てていただけるならば幸甚に思います。

第1節

基本的課題

1 問題認識

(1) 銀行における人材育成とは

　銀行の財産は「人」であるという議論に異を唱える人はいないと思います。問題は、財産である「人」をどのようにして育て、活用しているかという点です。銀行が行員として採用した時点では能力と可能性をもった「人」ですが、この「人」を財産として活用するには、「人」を育てなければなりません。育てることで「人」が「人材」という財産になると考えます。銀行によっては、あえて「人財」という字を充てているほどです。

　ところが、「銀行の財産は人である」といいながら、銀行は人を「財産」としてではなく、銀行を維持・運営していくために必要な代替可能な「財」としてみていた側面があるように思います。そのような思想のなかで、人材育成は労務管理の一環であり、人材は管理すべき対象であり、人材への支出は人件費としてみられ、削減の対象コストであるとみなされていました。

　貸出業務に関する人材育成ということに関しても、明確な目的や目標はなく、形式的に行う研修のなかで、それなりに育っていけば大きな問題は生じなかったのだと思います。入行2年目、3年目という階層別集合研修や業務別に行われる初級者向研修、中級者向研修がそれで、テストの点数がよけれ

ば、貸出業務関する知識、スキルが身についていると錯覚していたのではないでしょうか。

　もちろん、銀行では現場におけるOJTは大事であるといってきました。しかしながら、OJTは現場任せの実態にあり、多くの現場では名ばかりのOJTであったと思います。それは、指導する側にも人材が不足していたからです。

　いまになって、貸出担当者の人材不足を問題にしているのはなぜでしょうか。銀行にとって一番大事であるはずの人材育成に関して、過去にはどのような議論があったかを知りたく、資料となるものを探してみましたが、いわゆる「金融機関における人材育成」という主題の本は見当たりませんでした。

　序章に「俺の若いころは」「あいつを鍛えて育てたのは」という場面を書きました。こういうフレーズで語られることは、育てたという側にいる者の一方的な認識で、個人的な体験の自慢話にしか聞こえません。なぜか、「自分はこのように育てられた」「成長過程においてあれがステップアップになった」「あの先輩、あの上司にはずいぶんと教えてもらったので感謝している」というように、育てられた側にいるいまの自分をそのように語る者は少ないように思います。

　人材を育成するということは、明日のチームづくりにつながることです。人材の育成は、一人の部下指導にとどまらず、明日の銀行を支える戦力の増強に資することであり、自分の後継者を育てることであります。

　ここでいま一度、貸出担当者の育成に関して、原点に戻って考え直してみる必要があると思います。

　筆者が考える貸出担当者の育成とは、研修所で知識やスキルを学ばせることではなく（それも含みますが）、労務管理の一環としてとらえるべきものでもありません。それは、経営戦略のなかで、組織的・戦略的に取り組むべき課題であるという認識です。その取組みは人事部研修担当者任せではなく、まさに経営者と現場の管理職者と当事者とが一緒になって行わなければなら

ない「後継者の育成」なのです。

　いままでの人材育成が行き詰まっている理由は、新人に初級レベルの知識を教え、初級者を中級者にするという教育機会の提供に終わっていたことです。研修という機会の提供と個人で参加することで完結し、後は当人任せであったと思います。現場におけるOJTは名ばかりで、人材の再生産的メカニズムが機能していなかったことが、失敗の原因であるといえます。

　研修という教育機会の提供は人材育成の支援といえますが、学習する主体は担当者であります。したがって、効果的な教育を実現するには、日常的・継続的に学習を行うというプロセスにおける支援が重要になります。それがOJTであり、評価体系などのインセンティブの働きが必要になります。

　新人が成長し、次の新人を教育するメカニズムをつくらない限り、貸出担当者の育成は、質量ともに貧困の状態が続くと考えます。人材育成の再生産的メカニズムは、経営者と現場の管理職者と当事者とが一緒になってつくりあげるものでなければいけません。

(2) 研修に期待してよいか

　多くの銀行は立派な研修設備を備え、「当行の研修制度は整備されている」という趣旨のことをホームページなどでアピールしています。それなのに貸出担当者が育たないのは、個人の勉強努力が足らないからだということでしょうか。

　貸出担当者の能力不足を嘆いて、「研修に行って、何を勉強してきたんだ」「研修をやっても効果はないのか」「それなら研修なんか行くな。支店は忙しいんだ」「効果がない研修に行かせる時間がもったいない」などと吠えている上司はいませんか。こういう発言をする上司は、現場で部下を育てるという考え方が乏しいといえます。研修は教育機会の提供にすぎません。現場OJTがなければ人は育ちません。

　研修に行かせれば、貸出業務に必要な知識を学んで帰ってきて、支店での現場の仕事に役立つと思い込んでいたら間違いです。研修に行けば人材は育

つという考え方は、機会を提供すれば足りるという計画経済的発想です。計画経済的発想を行う人の問題点は自らに責任を感じていないことです。制度はつくったのにそれでできないのは本人のやる気が問題なんだと、責任を本人に押し付けるのは間違っています。

序章2(3)で心理学者の研究結果を紹介しました。人間の記憶というものは、研修で講義を聞いたら覚えられるというものではありません。

大事なことは、教育および学習に関する認識のズレです。個人がなすべきこと（＝学習）と、それを支援するために人事研修部門ができること（＝教育）とを混同してはいけません。

教育学において「状況論アプローチ」といわれる考え方があります。人間は、研修や学校という教育プログラムのなかだけではなく、現場で仕事に従事するなかでも、意識する・しないにかかわらず、「学んでいる」そうです。つまり、学習とは、日常のなかで複合的・継続的に進行する組織・個人の行動や考え方が変化していくプロセスだというのです。

貸出業務の人材育成において、現場でのOJTによって学習が進むということは、この考え方に照らしても有効であるといえると思います。

(3) 人材を育てる場所

メーカーは自社の財である商品を工場でつくります。工場で大量に生産する機械設備をもっています。機械が老朽化すれば、生産効率が高い新型の機械に入れ替えることで、品質向上・生産能力増強を図ることができます。しかし、銀行ではメーカーが商品をつくるように「人をつくる」ことはできません。銀行は人という財を、メーカーのように大量生産することも、均一の品質管理のもとで「つくる」ことはできません。研修所は工場ではありません。いうなれば、銀行における人材育成は、受注生産による一品ごとの手づくりと同じです。高級品に仕上がるか、粗悪品にできあがるかは、素材の質にも影響されますが、受注生産を任される現場の対応次第です。

銀行で人をつくる場所は各現場である支店です。第一線で仕事に従事させ

ながら育てることが基本です。

筆者は、第3章の冒頭で次のように述べました。

「貸出担当者の育成を植物栽培にたとえるならば、種をまき、水をあげ、芽を出させ、育てる場所は現場です。研修所ではありません。支店という現場で実際の取引先を担当し、実務知識や業務知識を使うことで蓄積し、必要とする上記知識の自己啓発に励み、借入申出の対応を通じて取引先との間で交渉等のさまざまな経験を積み、つど上司から指導を受けながら人材は育つのです。研修所で受ける集合研修は、成長度合いのチェックと、成長を促す肥料を付け加える機会です。そして、植物の成長に欠かせないのが土壌と太陽です。土壌は支店という現場の雰囲気であり、そこでOJTという養分を得ることで大きく成長できます。そして、何よりも大事なことは、植物に暖かい光を与え、空に向かって伸びる意欲をかき立てるエネルギーとなる太陽の役割です。その温かさは、成長しようとする本人の努力と、育てようという上司の気持ちを見守る公平な評価体系といえます。また、明るい太陽の光は貸出業務を正しい方向へ導き照らす倫理観であるともいえます」。

貸出担当者は、支店という現場で、実際に貸出業務に就き、日々の実務を通して成長していくのです。一朝一夕に育つものではありません。

各支店で配属された新人を貸出担当者に育てることができないようでは、品質管理ができないメーカーと同じです。信頼されない工場と同じように信頼できない支店・管理職者ということになります。

2 人材育成プロジェクト私案

以下に、筆者が想定するプロジェクト私案を記します。

(1) 目　　的

① 真っ当な貸出業務を遂行できるAクラスの人材(攻守のバランス・

事故貸出対応・貸出事務・後輩指導ができるような人材をイメージしている。）を各支店に2人配置すべく人材の養成を図る。
② 先輩の後輩指導と上司のOJTを制度化して、人材再生産メカニズムの構築を図る。
③ 貸出業務の評価制度を見直す。

(2) 背　　景

① 百年に一度といわれる金融不況において、貸出資産の健全化と安定的運用を図ることが必要である。そのためには、攻守ともにバランスのとれた人材の育成が急務である。
② バブル期以後のボリューム志向により貸出判断・債権管理の能力が低下しており、レベルアップが必要である。
③ 若年担当者を指導できる人材も不足していることから、現場OJTが機能していない状況を打破する必要がある。
④ 今後、他行競争上、優良企業の取込みが銀行格差につながるという考え方に立つとき、貸出担当者の優劣が雌雄を決することから人材育成は非常に重要である。

(3) 従来の研修との違い

① 単発研修ではなく、2年間のプログラムとする。
② 全行的プロジェクトとする。特に、人事・審査・支店の協調・協力体制が重要不可欠である。
③ 人と金の経営資源も投入する。
④ 毎年継続して実施する。

(4) 具体策

① 入行3〜5年目、2カ店目で貸出担当の者10名を選抜する。
② 10名を1クラスとする。半年ごとに1クラスを組成する。

③　2年間を半年ごとの4期に分けたときのイメージは以下のとおり。

(例)
```
          Ⅰ     Ⅱ     Ⅲ     Ⅳ
        |――|――|――|――|
1組       ○     ○     ○     ○
               Ⅰ     Ⅱ     Ⅲ     Ⅳ
             |――|――|――|――|
2組             ○     ○     ○     ○
                      Ⅰ     Ⅱ     Ⅲ     Ⅳ
                    |――|――|――|――|
3組                    ○     ○     ○     ○
                             Ⅰ     Ⅱ     Ⅲ     Ⅳ
                           |――|――|――|――|
4組                           ○     ○     ○     ○
                                    Ⅰ     Ⅱ     Ⅲ     Ⅳ
                                  |――|――|――|――|
5組                                  ○     ○     ○     ○
                                           Ⅰ     Ⅱ     Ⅲ
                                         |――|――|――|
6組                                         ○     ○     ○
```

　2年間のプログラム案は以下のとおり。
(i)　Ⅰ・Ⅱの12カ月間：毎月3日間の集合研修

　　12回の合宿研修で、財務・法務・規定・金融経済を学ぶ

(ii)　Ⅲの6カ月間：審査部トレーニー等

　　うち3〜4カ月間審査部に常勤し、稟議書審査の補助要員としての経験、残りは審査関連部署、支店指導班等で研修。この6カ月間は支店の戦力から外れ、一時的には支店に迷惑をかけるが、永い目でみれば挽回できると思われる。

(iii)　Ⅳの6カ月間：毎月3日間の集合研修

　　6回の合宿研修で、総合演習、倒産事例、成果発表等

④ Ⅰ・Ⅱの12カ月間に毎月3日間の集合研修で学んだ内容は、支店で必ず勉強会を開き、後輩たちへ伝えることを義務づける。
⑤ 勉強会には、支店長ほか上司も参加してアドバイスを行い、共に学ぶ。

3　支店を塾にする

　上記案は筆者が頭のなかで考え出したものです。それぞれの銀行にはそれぞれの事情があるでしょうから、これを叩き台にして自行に合ったプロジェクトを設計してみてはいかがでしょうか。
　筆者が考えるプロジェクトのコンセプトは、「銀行を学校にしよう、支店を塾にしよう」という考え方です。「みんなが同じ学校にいるのですから、学校全体をよくしよう、学校の悪口をいうのはやめよう」というところから出発します。研修講師・審査部の者が受講者に教え、あるいは上司や先輩が後輩に教え、お互いが常に教え合う気持ちと学ぶ雰囲気とをつくるのです。支店内に塾をつくり、講師になることで自らが育ち、自由な雰囲気で議論ができることで参加意欲がわき、学習を進めることになります。
　筆者の実体験をお話しします。筆者が支店長として務めた2カ店で、支店長自らが主宰する「吉田塾」を実践しました。貸出業務について真っ当な考え方を教えることから始まり、貸出事務の重要性、資金使途の検証方法などの基本的なこと、そして実例を持ち出し、なぜこういう指示を出したか、どうしてこのような判断を行ったかについて解説し、部下たちからの質問に答えるなどを行いました。「吉田塾」はそれぞれの支店で1年間継続しました。支店の規模と貸出業務に携わる担当者の人数の問題があり、最初の支店では全員が集まる「勉強会」形式で行い、次の支店では「メール発信」の形式で行いました。
　それぞれの「吉田塾」で使用した資料は、いわば手づくりの教科書であり

ます。メール発信の形で行った講義は、それを「吉田塾講義録」として印刷し、塾生である部下たちに配布しました。筆者が嬉しく思っていることは、その時の部下たちが、課長や支店長になっても、「吉田塾講義録」を、それぞれの支店内勉強会に使ってくれていたこと、そしてこのコピーが出回っていたことです。

　そして、そういう流れが、金融財政事情研究会から『事例に学ぶ貸出判断の勘所』となって上梓することに結びついたことは、さらなる喜びであります。

　一支店長が行った支店内の勉強会の内容が部下たちによって伝えられていくということが、まさに人が人をつくっていくメカニズムではないでしょうか。集合研修で配られる資料は受講者個人の手元に収まって終わりますが、「吉田塾」の手づくりの講義録が人から人へ伝えられ、コピーが出回るほどになったのは、理論理屈の勉強ではなく、実践的であり実例に近いところでの話がより興味と関心をもたれたのではないかと思っています。その意味では「事例に学ぶ」という発想で書いた本は読みやすかったのかもしれません。

第2節

人事的課題（教育機会）

　貸出担当者の育成に関して、人事的課題として行内で検討するテーマを掲げ、筆者の考え方を披瀝したいと思います。

1　ローテーション

　貸出担当者を育成するには、どうしても2つの作業域は経験すべきです。1つは預金業務、なかんずく当座預金の仕事です。もう1つは貸出事務です。どちらも最低でも6カ月は実務経験を行い、関連する法律知識も並行して勉強することが、貸出業務担当者になったときに役立ちます。

(1)　当座預金

　当座預金は企業にとって出納簿となる財布の役割をしています。「当座勘定取引契約」「当座貸越契約」は、貸出取引とも密接に関係します。また、1カ月間の当座預金の入出金を記録した「当座勘定照合表」をみることで、企業の資金繰りの実際がわかり、異常な変化にも気づきます。手形・小切手の決済口座であることから、支払決済された手形・小切手の現物をみて、宛先や金額の変化にも気を配ることが大事です。

　貸出取引先と貸出担当者とは取引先の当座預金を通して向かい合っているともいえます。貸出実行代わり金は当座預金に入金され、貸出先はそこで支手決済を行い、他への支払を行います。また銀行は売掛金等の入金も当座預

金で受け、貸出金の返済も当座預金から引き落とすために小切手を徴します。このような当座預金の事務とそれに関連する法務知識とを勉強することは、貸出担当者として育てる人材には不可欠な経験と知識であると考えます。

　筆者が新人の時、貸出実行代わり金を当座預金に入金したその日に、取引先が他行宛に振り出していた小切手が回ってきて、貸出金の全額が他行に抜かれ、上司にひどく怒られたことがあります。他行の当座預金で支手決済を行うのに、当行が貸出実行した金をもっていかれたということです。当時（1974（昭和49）年頃）は日銀による窓口規制のもとで、貸出増加金額に枠規制がかけられていました。要するに他行取引先の資金繰りのために大事な貸出枠を無駄に使ったということで怒られたのです。貸出実行して数値が伸びればよいということだけでなく、実行代わり金の使途やフォローを行い、取引先の資金の動きをチェックすることも貸出担当者の役割だと教えられました。いまの担当者はそこまでできているでしょうか。

(2) 貸出事務

　最近の貸出担当者は、貸出事務を知らないで渉外（営業）をしている人も多いようです。それは、貸出事務を組織的に貸出の渉外（営業）と分けていることによる影響かもしれません。組織が分かれていても、実態として協力的に仕事が行われていれば、銀行として問題はないように思いますが、取引先からみた場合、事務と渉外（営業）とが分かれていることは非常に不便であると思います。事務がわからない渉外（営業）に質問してもその場で回答が得られないため、貸出事務方に聞き直すことになるのですが、渉外（営業）を間において話すことは時間がかかり、時として要領を得ない答えになります。

　したがって、渉外（営業）に出る前に、貸出事務を最低6カ月は経験すべきです。

　そもそも、銀行本体、あるいは渉外（営業）担当者が貸出事務の重要性を

認識していないとしたら問題です。渉外(営業)担当者が貸出事務担当者を見下すような態度があればなおさら問題です。

第3章第2節で「貸出事務の重要性」について述べました。同節6では、貸出事務の基本動作について次のように述べました。

「貸出業務を行うに際し、貸出判断が重要であるため、そのむずかしさに視線が行きがちですが、「適切な判断」と同じように「適正な事務」が重要であることを忘れてはなりません。「判断」と「事務」とは車の両輪のごとく重要であり、どちらか一方が欠けると、債権保全面で重大な影響を生じます。適切な判断が行われても事務に疎漏があっては債権保全はできません」。

「兵站」(へいたん)という言葉を知っていますか。兵站とは軍事用語で、戦闘部隊の後方にあって軍隊の戦闘力を維持し、継続的に作戦行動を可能にする機能や活動、組織の全般を指す言葉です。具体的には、武器弾薬の補充、兵士の健康管理、兵器の整備、拠点や陣地の構築などで、この仕事が戦争の勝敗を左右するともいわれています。

「戦争のプロは兵站を語り、戦争の素人は戦略を語る」という言葉があります。ナポレオンや日本軍は兵站を重視しなかったために負けたといわれています。翻って貸出業務について考えましょう。筆者には、「貸出業務のプロは貸出事務の重要性を語り、貸出業務の素人は数的結果を語る」といっているように聞こえます。

貸出事務にはどのような内容があるのでしょうか。大きく次の4つに分けられます。

a　徴求書類

新規に貸出を行う場合、「銀行取引約定書」「商業登記簿謄本」「印鑑証明書」を徴求します。しかし、実際に貸出を行うにはこれだけでは不十分です。手形貸付、手形割引はこれで十分ですが、証書貸付、当座貸越、支払承諾はそれぞれ「金銭消費貸借契約証書」「当座勘定貸越約定書」「支払承諾約定書」を徴求しなければいけません。また、保証や担保を徴求する場合は、それぞれの内容に応じて「保証書」「抵当権設定契約証書」「根抵当権設定契

約証書」「預金担保差入証書」等が必要です。事務的には「印鑑票」なども徴求します。担当者は、これらの書類や契約書にはどのような意味があるかを知らないで取引先に行き、署名捺印をもらうだけでは、取引先に対して失礼に当たります。取引先から契約書の条文の意味について質問されて「わかりません」ではすまされません。

特に、「銀行取引約定書」に関しては、各銀行が独自に定めているはずなので、民法との違いなどについて説明できるようにしておく必要があります。

b　担保・保証

担保を徴する場合は、担保として適当であるかを確認しなければなりません。そして、担保を実際に徴するときには、担保提供の意思の確認・権限の確認・現物の確認を行います。さらに、担保ごとに定められた成立要件および対抗要件に従って担保権を設定します。銀行によっては、成立要件だけを備えた「見返担保（扱い）」を容認しているところもあると思います。最後は、担保評価です。時価に対してそれぞれの銀行が定めている掛け目で計算します。そして、預金担保・不動産担保・手形担保・有価証券担保・その他担保など、標準手続に定められた手順、方法で担保設定事務を行います。

保証については、普通保証か連帯保証か、個別保証か根保証かによって徴求書類が違います。

c　管理事務

管理事務には期日管理と現物管理とがあります。どれも正確な事務処理が要求されます。貸出金の債権保全に係ることなので、非常に重要な事務であることを認識しなければなりません。

期日管理では、稟議・査定の期限、手形・担保・保証の期限の管理などは特に重要です。

d　その他

その他の事務として、伝票起票、割引する商手のチェックや契約書等々の書類の署名捺印チェック・印鑑照合、残高管理等々があります。

2　審査部宛トレーニー

　貸出業務を考えるとき、アクセルとブレーキとを上手に使いこなすことが大事であると、「はじめに」で述べました。
　このことを改めて考えますと、支店長の決裁権限を超える貸出案件については、アクセル役の支店とブレーキ役の審査部という役割分担になると思います。支店長の決裁権限範囲内の貸出案件については、最終的なブレーキ役は支店長が担うことになります。
　ところで、目標管理制度のもとで育ってきた人たちは、自分自身のなかにブレーキ機能を備えている人は少ないのではないでしょうか。自分自身のなかに貸出判断を行う際におけるモラールの軸となるものを確固としてもっている人は少ないと思います。それは業績伸展が命題である支店経営において、アクセルとなる数的プレッシャーとブレーキとなるプレッシャーとを比べれば、前者のほうが圧倒的に大きいと思うからです。
　そこで、冷静かつ客観的な貸出判断を行う姿勢を身につけるために、審査部宛にトレーニーとして、短期間でよいから、派遣することを提案します。審査部で実際の貸出稟議書の審査を行うことで、審査のノウハウを学ばせることが必要です。
　筆者の経験でいえば、支店において貸出案件が出てきた場合は、そのほとんどは採り上げる方向で考え、所見欄も採り上げるべきであるという結論に誘導するように書かれがちです。取引先の決算書や事業内容の問題点を発見する、あるいは申出内容の検証さえしっかり行う人は少ないと思います。仮に問題点を発見しても、それを指摘してコメントすることはせず、問題点を隠すがごとく黙殺する人さえいます。これは目標数値の達成率で成果を評価される仕組みであることが影響していると思います。
　担当者個人の心のなかに、目標管理制度のもとでも危険を察知したときはブレーキを踏むことの重要性を教えるために、審査部を経験させることは有

効であると考えます。ブレーキの重要性を教えることができるのは審査部をおいてありません。審査部を経験していない人たちにいくらブレーキの重要性を説いても、目標管理制度のもとではそれはうまく機能しないと思います。

　筆者は、審査部経験がない人を新任支店長として発令する場合、発令前に、短期間でよいから、審査部を経験させることが望ましいと考えています。どの銀行も支店長に貸出権限を与えていますが、ブレーキ機能の重要性を知らない支店長に業績伸展の使命づけを行えば、アクセルだけで走るようになるのは目にみえています。支店長の決裁権限範囲内の貸出案件についてブレーキがかからないような支店運営では、不良債権をつくるかもしれないという点で、部下を育成するという点でも問題になることは必至です。

　貸出担当者の人材育成問題を考えるとき、担当者のみならず、新任支店長、あるいは支店でOJTを担当する管理職者を短期間で審査部にトレーニーで経験させることは重要です。

3　集合研修

　研修については何度も述べきました。要は、研修は「教育」機会の提供であるということです。そして、講義で扱った内容の多くは忘れ去られる運命にあるということも述べました。

　しかし、人材育成という課題において研修は欠かせません。教育機会の提供は学習の原点です。そこで、研修の仕方を見直すことを考えて、効果的な研修にしていく必要があります。

(1)　研修の中身

　研修は「基礎研修」「応用研修」に分けて考えるべきと思います。
　「基礎研修」は入行間もない時期に、言い換えると学生時代の試験勉強の

実感を覚えている時期に、徹底的に勉強をさせるものです。学生時代にはいろいろな専門科目を勉強した人たちが入行しています。学生時代に何を専攻したかは問わず、貸出業務に関する法律と財務分析の知識とを教え込みます。講義で教わった内容を忘れないように試験を繰り返し、最低レベルまでの知識は強制的に覚えさせます。「鉄は熱いうちに打て」が鉄則です。

そして「応用研修」は、人材育成プロジェクトにおいて、受講者にとって学ぶ意味が十分伝わるプログラムでなければなりません。いつかは役に立つかもしれない知識を教科書に沿って順番に勉強していくようでは飽きてしまいます。仕事に戻った後に役立ちそうもない研修プログラムでは、研修の場が日常的業務から離れてひと休みする場としてとらえられてしまいます。

銀行の貸出業務に必要な知識を学ぶ研修を効果的に行うためにはどのような工夫が必要でしょうか。本書の「序章」で大人の学習について述べました。これに基づいて考えれば、研修は問題解決的であり、目的志向的であるような工夫が必要であると考えます。すなわち、研修のカリキュラムを作成する際には、問題解決や課題の解決を中心に置いた編成にするほうがよいといわれています。銀行の研修は即効性が求められています。それは、実践力を向上させるための研修に結びついた内容が必要です。

それはOJTで行うことが最善でしょう。OJTで起こりうることをシミュレーションしてケース・スタディとして学ぶことは有益です。それが架空の物語であっても、その教材のなかで、自分はどのような判断を行い、どのように振る舞うのかを考え、ディスカッションすることは、実際に現場で同様な場面に遭遇したときに、よりスムーズな対応ができる可能性が大きくなるはずです。

貸出判断では、絶対的に「これが正しい」という1つだけの正解があるわけではありません。したがって、シミュレーションとしてのケース・スタディにおいて、いくつかの答えや考え方が出てきて、これを議論することは、いろいろな考え方があることを学び、解答の幅を広げ、実際の対応時の選択幅も広げ、有効であると考えます。

ある大手上場企業では、シミュレーションとしてのケース・スタディを漫画にして、受講者は漫画を読むことで、登場人物たちはどのように判断し、どのように行動すべきかをレポートにまとめ、受講者同士で議論するというプログラムがあるそうです。

　自動車運転免許証更新の際に受ける警察の講習ではビデオをみます。このように、ケース・スタディをビデオにしたり、漫画にしたりするなど、ビジュアル化するほうが受講者には受けがよいでしょう。文章と数字だけの資料を読むより、ビデオをみたり、漫画を読んだりしたほうが、ケース・スタディの問題点を理解するのには短い時間で効果的であることは間違いないと思います。研修も、形式よりも実質を考えて変えてみたらいかがでしょうか。

　銀行でも、本書で述べたような「事例」を取り上げ、ビデオ化、漫画化したケース・スタディを受講者に提供してはいかがでしょうか。そして、それをベースに議論する輪のなかに、受講者より経験が豊富なベテラン行員を入れることもおもしろいと思います。いずれにしても、よい物語をベースに議論することはよい学習効果をあげると考えます。

(2) 研修の評価

　「基礎研修」では学習の進捗度について試験によって確認を行うべしと述べました。

　一方、「応用研修」では競争を促すために評価に優劣をつけるという考え方はとるべきではないと思います。そもそも「応用研修」において評価の優劣を点数でつけることは困難です。それ以前に、何のために評価を行うかを考えるとき、受講者自身の評価以外にも、研修講師の教え方、研修内容の組み方も評価の対象になるべきです。

　同じ研修を受けたのに、理解が早い人と遅い人とがいます。それは当然だと思い、理解度の差は受講者の能力と責任にして、それを評価と考えがちです。研修についていけない人がいるとき、それを受講者の責任にすることがあります。

しかし、人材育成プロジェクトの意味は、受講者の評価を行うのが目的ではなく、受講者全員にプロジェクトが提供する勉強機会のすべてを理解してもらうことがねらいです。同じ研修を受けたのに、理解が早い人と遅い人とがいるとき、それはなぜか、どうしたら全員が理解できるような研修になるかを考えなくてはなりません。

文章や数字だけのケース・スタディ資料を読んで内容を把握することに時間差があるならば、その内容をビデオ化すれば受講者は同じ時間ですみます。時間差ではなく、内容の理解度の差がある場合は、ストーリーをどのように組み替えればわかりやすくなるか等々を考えることが必要です。

受講者側の意識として、評価を受けるために学習をするという状況に陥らないようにすることも、研修機会を提供する側の人たちも考えるべきです。

4 OJT

OJTはいうまでもなく、仕事を通じて人材の育成を図ることです。単に現場に放り込んで、後は成り行きで育つのを見守るということではありません。

人材育成という課題において、このOJTはだれもが重要であると認め、そのようにいいながらも、成果に結びついていないようです。指導担当者をつける、あるいはOJTの使命づけを行うことはするものの、実態は形式的に終わって、本来のOJTが行われていないのが実態のようです。

序章3⑵の〈場面7〉を思い出してください。新入行員Z君がY係長という人のOJT教育を受けて、育っていく過程を述べました。これがOJTのあるべき姿です。

すなわち、OJTが目指すべき姿は以下といえます。

　① 実際の仕事の遂行過程において、
　② 貸出業務の担当者として育っていくための布石を教え、

③　貸出業務を行ううえで必要な知識やノウハウを、考え方を教え、
　④　貸出業務に携わる意味、価値、喜び、達成感等を教えるために、
　⑤　管理職者や先輩が意識的に取り組む指導・育成の活動

　ここで注意すべきことは、OJTを行うことが目的ではないことです。OJTの目的は、支店の貸付課（融資課）という組織がチーム総合力を高めるために、新人を育てることで戦力化を図り、管理職者自身も成長するところにあります。

　ところが、OJTが形式的題目に終わっているのは、新入行員がいないとか、教える暇がないという言い訳が先に立っているからです。このような言い訳は、部下に教えることの意味を理解していないために出る言葉です。新入行員ではなくても、経験が浅い貸出担当者に教える意味はあります。

　筆者が支店長として自ら「吉田塾」を主宰し、OJTを実践したのは、新入行員のためではありません。バブル期の悪しき貸出感覚を払拭させ、真っ当な貸出業務のあり方を教えるために行ったのです。管理監督の立場にいる者は、なんのために教えるか（目的）、だれのために教えるか（利益享受者）、どういう状態にしたいか（期待水準）を、自ら再確認することが求められています。教えるということは、教えられる自信がなくてはできません。

　部下の指導・育成は明日の組織づくりであり、戦力増強につながるものです。OJTを怠るということは、いつまでも古い装備で、その日暮らしの戦いを行っているということに気づくべきです。

　OJTを受ける側に立って考えるべきは、自分の成長にはほかの力が必要であるという自覚がなければなりません。ほかの人から学ぶということは、素直な気持ちをもち、自らの意思と意欲で続けなくてはならないということです。自分にとって「してほしいことだけ」「必要なことだけ」を求めるのではなく、ある意味では「委ねる」という意識も大事です。

　序章3⑵の〈場面7〉のZ君とY係長とは、マンツーマンで「教える」「教えられる」関係でした。狭い意味でみると個人指導ですが、これも広くとらえると、チーム総合力の底上げであります。「教える」「教えられる」関

係は「育てる」「育てられる」関係でもあります。そのことは、教える側と教わる側との共同作業ともいえます。教えることを通して、教える人も学ぶことが多いのです。それが相互・相乗的に作用して、支店全体の共同作業にまで高めることができるようになれば成功です。

第3節

組織的課題（学習機会等）

1　支店―勉強会―

　貸出業務の人材育成を行う場所は支店であるということは何度も述べました。支店で仕事を行いながら、自ら学び、OJTを受けながら、育てられるのです。

　育てるべき人材を植物にたとえたとき、植物の成長に欠かせないのが土壌と太陽であるということも述べました。土壌は支店という現場の雰囲気であり、そこでOJTという養分を得ることで大きく成長できます。そして、何よりも大事なことは、植物に暖かい光を与え、空に向かって伸びる意欲をかき立てるエネルギーとなる太陽の役割で、それは成長しようとする本人の努力をサポートする上司・管理職者の存在です。明るい太陽の光は貸出業務を正しい方向へ導き照らす倫理観であると述べましたが、これも言い換えれば支店長や上司の正しい貸出姿勢と支店のムードといえます。

　貸出担当者が育成過程で最も強い影響を受けるのは支店という現場であることは間違いありません。実際の貸出業務に就き、日々の実務を通して成長する過程で、支店における毎日の生活から学ぶことはたくさんあります。逆にいえば、各支店で配属された新人を真っ当な貸出担当者に育てることができないようでは、品質管理をできない工場と同じように、信頼できない支店ということになり、支店長の人材育成能力が疑われます。部下を育てられな

いような管理職者には組織を束ねるリーダーシップは期待できません。なぜならば、部下の育成・指導は組織づくりそのものだからです。

　また、支店を「塾」にしようという考え方も示しました。支店全体で、あるいは貸付（融資）課において、普段から15〜30分の「勉強会」を継続的に行うことは非常に有効であり、有意義であると思います。

　重要なことは「全員が参加すること」と「継続して行うこと」との2つです。そのテーマや方法論は支店の事情によって決めればよいでしょう。1つの教材を1頁から順番に読み進むというよりは、実際にあった出来事をテーマに選び、勉強会のリーダーもそのテーマの当事者自らが話すことも一法です。テーマは無尽蔵にたくさんあります。貸出判断の実例だけではなく、貸出事務の注意点や標準手続の内容について理解を深めることも重要です。銀行取引約定書の主要な条文を勉強することも重要です。債権管理上の実態把握で実際にあった出来事、あるいは当座預金の担当者から当座貸越や手形決済の実務の話を聞くことでもよいでしょう。勉強会のリーダーや講師役も特定せず、いろいろな人が持ちまわりで行うことが長続きさせることにつながります。

　勉強会で、集合研修に参加して学んだことを発表することも勧めます。従来、研修で学んだ知識は、研修に参加した個人の頭に入って、それで終わりというものでした。研修に参加した人がどれほど理解したかは、テストを行い、点数で結果を評価するというものでした。

　研修の目的は点数で評価することではないはずです。たとえばテストの結果が50点以下であっても、研修後の学習で理解に努め、事後的にでも満点がとれるようにすることが本人にとっても銀行にとってもよいことは自明ながら、そのようなことはほとんど行われていません。

　研修で学んだ内容のなかで理解できなかったこと、テストで間違ったところは、支店の勉強会（あるいはOJT）で補習し、研修参加者が結果的に理解できるように、支店の仲間と共に学ぶことを勧めます。支店を「塾」にするということは、そういうことも行うということです。研修の内容を理解でき

ていない者をそのまま仕事に就かせておくことは、管理職者の怠慢であり、取引先に迷惑をかけることにもなりかねないと知るべきです。

　人材育成という課題において最も責任が大きい場所は支店です。上記のように勉強会を継続的に行い、研修の補習を行い、日々の仕事を通して基本から教え込む場所は支店です。そのためには支店長以下の支店の全員が共に教え・教えられる、育て・育てられる関係にあるという認識をもつことが必要であると考えます。

2　審査―支店内審査役―

(1)　審査部の機能

　支店長に与えられた貸出業務の専決権限を超える案件は、どこの銀行でも、稟議制度に基づき審査部宛に貸出稟議書を書き、上申する仕組みになっています。

　審査部の機能は、貸出金額が大きい貸出のリスクテイクの判断について、支店長の判断の妥当性をチェックするという一面があります。支店という現場は、業績推進が使命づけられていることから、目標達成のためにドライブがかかり、リスク判断を軽んじていないかという面をチェックします。すなわち、アクセルの踏み過ぎに対して、ブレーキ役になるのが審査部です。

　どの銀行でも「リスク管理」、なかんずく貸出業務に関する「信用リスク」については、審査部の独立性の確保をうたっています。それが機能していることによって、健全な貸出資産の確保が図られるようになっています。

　ところが、審査部のブレーキ機能がうまく利かなくなることがあります。第1章第4節3（バブル期の銀行の反省）でも紹介しましたが、国会に参考人招致されたＳ銀行の頭取は次のように述べています。

　「ややもすれば営業推進面に対する審査部門の独立性を弱めることになっ

たことは否定できないかと思います。これが……、営業面におきまして行き過ぎた面が出てきた際に、審査部門が十分な抑制機能を果たせなかったことにつながったということで反省をいたしております」。

　審査部の独立性に関しておもしろい分析があります。『金融制度と組織の経済分析』(藤原賢哉著、中央経済社刊) 115頁の記述から引用して紹介します。

　　　　本章（筆者注：第4章のタイトルは「1980年代の事業部制と銀行の貸出行動―審査部の独立性―」）では、1980年代から1990年代に実施された銀行の経営組織改革について、信用リスク管理体制の観点から、経営組織の変革が銀行の貸出行動に有意な影響を及ぼしたかどうかについて実証的に検証した。具体的には、本部組織の変革や特徴を「審査部独立性指数」という形で数値化すると共に、1）不良債権比率との関係、2）貸し渋りの有無、に関して実証分析を行った。実証結果を要約すると、1）1980年代に各銀行で実施された事業部制・本部制の導入は、それまでの組織形態である職能別組織に比べ、審査部の影響力を弱めると共に、バブル経済期の放漫な貸出行動（不良債権の増大）を助長したと考える、2）バブル崩壊後に行われた事業部制・本部制の廃止（職能別組織への回帰）は、銀行の貸出行動を慎重なものにし、いわゆる銀行の貸し渋りをもたらした可能性がある、とまとめることができる。

　銀行が収益やボリュームを志向して各支店に目標設定をしている限り、現場はアクセルを踏んで、目標達成率を高めようと動くことは当然です。問題は、常識的な尺度に照らして行き過ぎがないかです。

　銀行全体を俯瞰したとき、アクセルが支店、ブレーキが審査部という役割分担になりますが、上記分析によれば、事業部制や本部制の導入が審査部の影響力を弱めて、放漫な貸出行動（不良債権の増大）を助長したという結論が導かれています。これは、事業部長や本部長という一人の人がアクセルと

ブレーキとの両方の決裁権限をもっているとき、アクセルの作用が働いたということを物語っています。

　翻って、支店長も支店内ではアクセルとブレーキとの権限をもっています。支店長決裁権限内の貸出案件に対して、支店長はブレーキを有効に活用し、アクセルとブレーキとの踏分けを行うことができるでしょうか。筆者は2つの点で、それは期待できないと思います。その1つは、支店は業績を求められているということです。業績考課体系によって目標達成率の競争が行われ、それによって人事評価に影響を与える仕組みにおいて、支店長は短期的な業績確保を優先する行動をとります。2つ目は、審査部を経験したことがない人（支店長以下の管理職者）にブレーキ役を求めること自体がむずかしいと考えるべきということです。

　事業部制や本部制の導入が審査部の影響力を弱めたのは、事業部長や本部長という一人の人がアクセルとブレーキとの両方の決裁権限をもつときに、アクセルの作用が強く働いたのと同様に、支店長も同じようにアクセルを優先させると考えたほうがよいでしょう。

(2)　支店における審査機能改善案

　銀行全体の信用リスク管理という面では、どこの銀行においても過去の反省をふまえて審査部の独立性が保たれるようになっていると確信しています。しかし、支店長がアクセル優先の支店運営に陥らないようにするためにはどのように考えたらよいでしょうか。

　ここでは3つの案を提起します。

　1つは、支店内に、業務執行ライン（支店長・次長・課長・係長）とは別に、スタッフとして審査役を配置するという案です。業務執行ラインは全員が目標管理制度のもとで業績推進・収益目標達成という共通の目的をもっています。担当ラインの一人に審査部のようなブレーキの意見をもった人がいたとしても、大勢としてはアクセルが優先される雰囲気になるでしょう。仮に、支店長だけがネガティブな意見をもったにしても、部下のライン全員が

やりたいとして上げてきた案件を否認するには、支店長といえども勇気が必要であり、大変なことです。そもそも、審査部経験がない支店長が貸出案件に対して自ら一人でネガティブな論陣を張って、案件を否認することを期待すること自体が無理と思います。そこで、審査経験がある者を業務執行ラインとは別にスタッフとして配置して、支店内審査部の役割を担わせるという考え方です。もちろん、最終の決裁権限は支店長に残しておきますが、審査役の意見を尊重したうえで決裁するという仕組みをつくるのです。1支店に一人の審査役ではなく、1ブロック数ヵ店に一人の審査役でもよいでしょう。その立場には、審査部経験者・支店長経験者等の高齢者の有効活用という観点で人材を活かすことができると思います。

　二番目は、支店長の貸出専決権限の縮小を図ることです。その結果、審査部宛に稟議書を書く機会が多くなります。貸出決裁を受けるに際して、審査部宛に稟議書を書くことと、支店長決裁を受けるために書く査定書とでは、案件に対する分析の程度や気配りや重みが違います。審査部では、審査する稟議書が増えますが、それは審査担当者の増員で対応させます。このことは、支店における貸出案件の採上げ方が安易に流れることを抑止することにつながります。また、審査部の審査担当者を増やすことは、人事的に審査能力をもつ人材育成を図ることができ、支店への異動によっても審査経験者の判断が活きてくることにつながると考えられます。

　稟議件数が多くなって、審査部の人員が足らないからと、支店長の専決権限を大きくするという考え方は危険です。なぜならば、貸出案件の審査ができる能力を持ち合わせていないかもしれない支店長に大きなリスク判断を委ねる権限を与える論理的根拠がありません。また、貸出案件の採上げ方が雑になることは目にみえています。

　三番目は、審査部から「審査情報」を支店へ流すことです。審査部では全支店からの貸出稟議書をみています。さまざまな案件が集まってきます。そういう数多い事例のなかから、参考になるような好事例と悪事例とを選び、支店宛にメールで発信し、支店でそれを勉強会の材料に使用するということ

は有用でしょう。

　一支店の貸出業務からだけでは経験できないさまざまなことを疑似体験するがごとく知ることができます。

　たとえば次のような情報を支店に流すことは、支店にとって参考になるはずです。

　　　　◇特定業種に関する注意情報
　　　　◇不動産、建設業者宛貸出で注意すべき事項
　　　　◇撤退方針先の他行による被肩代わり成功の好事例
　　　　◇安易な他行貸出肩代わりが不良債権化した悪事例
　　　　◇最近の倒産事例の傾向
　　　　◇延滞貸出回収の好事例
　　　　◇実損につながった事故貸出の事務ミス
　　　　◇不動産担保徴求上の注意点
　　　　◇最近の粉飾決算の事例

3　調査─産業動向・産業調査─

(1)　調査部門の必要性

　貸出判断においては、財務分析を中心にした定量的分析と、実態把握等の非計数的な側面から分析する定性的分析との2つを併用して行うことが重要です。貸出先の実態把握の方法については拙著『事例に学ぶ貸出先実態把握の勘所』（金融財政事情研究会）を参照していただき、ここでは同書で触れなかった「産業調査」「業界調査」について述べます。

　筆者は、昨年来、いくつもの地方銀行・第二地方銀行で貸出業務に関する研修の講師を務めました。その折に、各銀行の本部組織図をみることにしていますが、審査部ならびに審査関連の部、たとえば「融資企画部」「融資管

理部」「企業コンサルティング部」「リスク統括部」等々の名称の部はあっても、「調査部」「産業調査部」のような本部組織をもっている地方銀行・第二地方銀行はまだみかけません。

　本項で問題にするのは、貸出案件の採上げに際し、個別企業に対する定量的分析・定性的分析の重要性とは別に、当該企業が営む事業性、その業界動向をみることの重要性です。個別企業の貸出審査において、そもそも現在営んでいる事業の将来性はどうかということを考えることが重要になっているからです。

　経済環境の変化のなか、産業も栄枯衰退が激しくなっています。「いまがよい」から「将来も安泰」というわけにはいかない時代になっています。そうのような産業動向の流れを把握し、新しい産業に対する見方や考え方をもつために、銀行内に「調査部」「産業調査部」のような本部組織をもつことの必要性を感じます。

　『知識経済時代のリーディング産業』（石毛宏著、協同出版刊）の「はじめに」では次のように述べられています。

　　　　　繊維産業や食品加工業などの軽工業から、鉄鋼、化学、造船などの重化学工業に比重が移り、更に電機、自動車などの新産業が生まれた。そして20世紀後半には、コンピュータ、半導体などを代表とするハイテク産業が新たな主役に加わり、情報通信産業がリーディング産業に躍り出た。更に、これからは、ICT、バイオ、ナノテクなどの先端技術、あるいはブランド、コンテンツなど、知識が価値の中心となる産業が主役につく時代が到来する、というのが我々に定着した産業構造変遷の大まかなイメージであろう。

　また、『新たな発展に向かう日本の産業』（石毛宏著、協同出版刊）の「まえがき」では次のように述べられています。

　　　　　産業は発展を続けねばならない。企業経営の心得としてよく聞かれる「現状維持は退歩なり」という格言は、明治の近江商人、

藤井彦四郎のモットーが広まったもの……、産業のあり方が今の
　　　ままでありつづけるのは難しい。産業は「今のまま」では衰退・
　　　劣化してしまう。残念ながら、より良くという努力を続けない
　　　と、つまり走り続けないと、現状維持もできない性格を有してい
　　　る。

　事実、私たちの身の回りで、目にみえる形でも、昔のレコードはCDに替わり、固定電話は携帯電話に替わりました。取引先の企業が営んでいる事業内容も、新しい技術によっていつ代替商品に乗り替わるかもしれません。

　あるいは、それぞれの産業はいろいろな関係のなかに生きています。日本の産業構造が中小企業に支えられている構造であることから、「親ガメがこけたら、子ガメ、孫ガメ、みなこけた」という連鎖反応にも注意しなくてはなりません。

　そういう観点から銀行内における「調査部」「産業調査部」のような本部組織の必要性を感じますが、それがない場合は、外部機関・外部資料の活用を勧めます。いまは、インターネットでいろいろな情報を検索できますので、これを最大限に使い、活かすことが大事です。

(2)　外部の活用

　実際に2つの事例を紹介します。

　最初は、昨年末にトヨタ自動車が2009年3月期に赤字に転落するという発表を聞いて、貸出担当者として考えなくてはならないことです。このニュースを他人事のようにみていては貸出担当者として失格です。このニュースが自分の担当している取引先にどのような影響を及ぼすであろうか、そのとき、債権保全面でどのような対策を打つ必要があるかということを調べ、考えなくてはなりません。

　自行内に調査部門がない場合、外部機関が発表する情報を探します。2009年2月12日に大和総研が発表したレポート「Strategy and Economic Report」は非常に興味深い内容でしたので、以下に紹介します。

「トヨタショック」の影響度は甚大

……産業連関表を用いた、乗用車の生産変動の影響に関する分析を示した。乗用車の生産が1単位減少すると、マクロ的な生産は3.08単位減少することが見込まれ、特に、自動車部品（0.96）、鉄鋼・非鉄・金属（0.20）、石化（樹脂・ゴム等）製品（0.15）、事業所（リース・広告等）サービス（0.15）、といったセクターへの影響が大きい。また、乗用車の営業利益が1兆円減少すると、マクロベースの営業利益は2兆円減少する計算となるのである。

トヨタ自動車の赤字決算、大幅な減産によって、自動車部品業界が受ける影響が大きいことがわかります。第3章第4節1の事例も、このような視点から述べました。すなわち、トヨタの車の部品を製造している金型やプラスチック射出成形などの業者、なかんずく売上げの大半をトヨタ自動車に依存している取引先の業績悪化は必至です。そういうことを、取引先が実際に資金繰りが苦しくなってから受動的に聞き、それから対応するのと、事前に影響度を予想し、取引先の資金繰りに影響が出る前から能動的にかかわり、話し合っておくのとでは、債権管理・債権保全の対策効果は大きく違ってきます。

このように、マクロのニュースや業界大手の業績動向に、貸出担当者は常に耳と目とをアンテナにしていなければなりません。こういう発想で経済や産業の動きをみることは重要です。地域経済に密着している地方の金融機関は、地場の主要産業の動向を常に注目していなければなりません。特に、企業城下町を抱える地域では、特定企業の業績が下請けでぶら下がっている中小企業の業績に大きな影響を与えますので、地元金融機関としては企業城下町を形成する企業グループの決算や業績動向に敏感になっていなければなりません。

次に紹介するのは、金融財政事情研究会が刊行している『第11次業種別審査事典』の活用です。この事典は総収録業種が1290業種に及び、日本の全産業、全業種のほとんどを網羅しているといえます。

記述構成はおよそ次のようになっています。
　◇審査の着眼点……業種によって以下のとおり記述内容に違いがあります。
　　○プラスチック射出成形加工業：取引形態と条件・資金需要・財務諸表の見方
　　○温州ミカン栽培：立地条件・技術力・品種の選定等
　　○中小造船業：熟練技術の伝承・受注力・技術力・資金回収等
　　○土木工事業：取引形態と条件・資金管理上の留意点・財務諸表の見方
　Ⅰ　業界の理解……1．業種の特色、2．市場規模、3．主要地域、4、将来性
　Ⅱ　業界の動向……1．需給動向、2．課題と展望、3．主要企業分析、5．業界の再編動向
　Ⅲ　業務内容・特性……1．種類、製法、2．販売方法・条件
　Ⅳ　審査のポイント……1．取引形態と条件、2．資金需要、3．財務諸表の見方、4．キャッシュフロー、5．粉飾決算の見分け方
　Ⅴ　取引推進上のポイント……1．既取引先の取引深耕、2．新規取引先開拓
　Ⅵ　関連法規制・制度融資等
　Ⅶ　業界団体
　この事典は、中小企業の経営状況を判断するうえで、業界の事情や特性を理解するうえで非常に役に立ちます。そして、上記記述内容は貸出審査のポイントをつくもので、初めて担当する取引先の事業内容を知り、実態把握を進めるうえでも必要になる参考書であることは間違いありません。
　巻末に業種一覧表を掲載しますので、参考にしてください。

4　人事―評価尺度―

(1) 過去の反省

　人事的課題の最後に評価尺度について述べます。

　多くの銀行では、半期ごとの期間収益額を目標設定の中核に据えた評価体系をとっていると思われます。そのような目標達成率をもって実績評価を行い、人事まで影響するシステムがどのような結果を招いたかはすでに述べてきました。

　第1章第4節3では、国会に参考人招致で呼ばれた大手都市銀行の頭取の証言を議事録から抜粋して紹介しました。両行の頭取は期せずして同じ内容のことを証言しています。それは「収益偏重、収益至上主義の営業方針が強く影響し、倫理観を失った人間を見抜く判断力が曇ってしまった」「人事評価、教育、それから業績表彰、目標制度、そういう経営管理手法、仕組みが行員を営業偏重に走らせた」「支店評価におきまして業績面を重視し過ぎまして、審査部門が十分な抑制機能を果たせなかった」「二度とこのような不本意な事態を招くことのないように、信用と公共性という金融の原点に立ち返りまして、人事、教育、組織、体制等、業務運営の全般にわたる見直しを行う」等々の内容でした。

　当時の新聞から2つの記事を紹介します。

　① 1990年11月9日付日本経済新聞……「かつて銀行員の評価はいわゆる「減点主義」であり、収益よりもミスの少なさ・勤務の勤勉さが重視されてきたが……、融資部門などで「減点主義」への不満が強まり、市場部門同様の「得点主義」＝収益重視に変えざるを得なかったということが指摘されている」

　② 1991年5月2日付日本経済新聞……「S銀行の支店評価制度は、支店毎に本部から目標値が設定されているものの、支店間の評価は全行

統一的に行われており、ある支店が目標を100％クリアしても別の支店が目標を150％クリアしていれば、そちらを高く評価するという形で業績考課が行われ、……支店間の競争インセンティブをより強める結果があったと考えられ……、貸出の質を犠牲にした短期的な貸出拡大競争、利幅の大きい不動産融資への傾向を強めたものと考えられる」

　収益を前面に押し出した経営を行った結果、短期志向性が強く、倫理上も問題が生ずる結果になったということを、バブル期に経験して、反省しているはずです。しかし、いまだに収益中心の業績考課体系、人事評価体系から変わっていない銀行が多く残っていると思います。

　そのため、中長期的な観点からの投資やプロジェクトは行われずに、即効性を求めた施策のなか、逆に効率が悪い意思決定が行われるような結果を招いたのではないかという心配があります。本書のテーマでもある貸出担当者の育成についても、中長期的な人材育成という考え方がとられていないまま、収益目標達成率が評価項目で大きなウェイトを占めているため、決算賞与資金貸出を私募債に乗り換えさせるような手練手管を講ずるような人間が出てくる始末です。

(2)　過去がもたらした影響

　収益中心の業績考課体系や人事評価体系が、銀行員のモラールのみならず、人材育成面でも、また取引先との信頼関係においても、さまざまな悪影響を与えている実態はいろいろなところでみることができます。

　先に紹介した『金融制度と組織の経済分析』の第4章（1980年代の事業部制と銀行の貸出行動―審査部の独立性―）にも、この点に関して興味深い分析と記述がありますので、以下に紹介します。

　　　4．支店表彰と貸出行動
　　　……真偽のほどは別として、「バブル期に業績表彰を受けた支店のほとんどが、後に大量の不良債権を発生させた」との指摘もあ

り、支店表彰制度と貸出行動との関係についても検討する必要がある。

(同書102〜103頁)

4．2　経済事件と支店表彰
……過度な収益優先の評価システムが、金融機関の職員のモラルに何らかの影響を与えていた可能性は理論的にゼロではないだろう。そこで、以下では、バブル崩壊前後の10年間の銀行支店職員による経済事件についてリストアップし、その職員が勤務していた支店（犯罪が行われていた時期に勤務していた支店）と、これらの支店が支店表彰の対象となっていたかどうか調べてみることにした。

……次に、支店表彰の有無に関しては、すべてのケースではないものの、事件の舞台となった支店が、同時期あるいはその直前に支店表彰を受けているケースが数多く存在しており、中には事件の真っ最中に連続して支店表彰を受けているケースも見受けられた。さらに、支店長や支店次長など支店幹部が事件に関与しているケースがほとんどであり、これらの事実は、収益重視の評価体系が、支店の事務管理・監督面に関して、ほとんど機能していなかったと解釈できる。

(同書106頁)

このように過去の事実と分析からも、収益偏重の業績考課制度や人事評価制度をもって、貸出業務に携わる人たちを管理することは、望ましくない結果につながってきたことが実証されています。

(3)　行員のモチベーションの源泉

タテ社会の序列が明確な銀行の組織のなかでは、序列階層を上がることが行員のモチベーションの源泉であるといえます。銀行という組織のなかで生きて、勝ち抜いていくためには、「勝つ」という意識が大事であると思って

いる人がほとんどかもしれません。それは自分の仕事を銀行の業績考課体系・人事評価尺度に照らし、他人の結果と比べて、相対的に勝つことを自己の命題に掲げているといってもよいでしょう。

そして、勝つためには、銀行の業績考課体系・人事評価尺度の中身を吟味して、点数が高い項目については必死に頑張り、点数が低い、あるいは評価項目にない業務には見向きもしないという行動をとります。これを顧客の側からみた場合、顧客ニーズがあるにもかかわらず、それが評価の点数が低い、あるいは評価項目にない業務の場合、銀行員は真剣に取り組んでくれない、逆に、顧客ニーズがないにもかかわらず、それが点数の高い項目の場合は必死になって提案し、顧客にとって不要であっても売込攻勢を強くして、実現努力をするように頑張ります。

要するに、銀行員の行動は、顧客ニーズに基づいた行動ではなく、銀行内の評価項目の配点基準の高低に基づく行動であり、そこには、顧客第一・顧客本位という考え方は薄く、銀行都合・銀行本位で動くという傾向になっているように思えます。その背景にあることは、自分は銀行の尺度で高く評価され、序列階層を早く上へ上がりたいという欲求が動機づけになっていると考えます。それでよいのでしょうか。

銀行員の競争意識が行き過ぎたことがバブル期の貸出姿勢となり、多くの不良債権を出して経営の根幹を揺るがしたことは、多くの銀行が反省したはずです。ところが、筆者がみる限り、その反省をもとに行動を改めた様子をはっきりとうかがい知ることはできません。それはなぜでしょうか。

銀行は、バブル期のように土地・株式・高級美術品・リゾート会員権・ゴルフ場会員権などの購入資金の貸出はもうしていないから、反省はしているというかもしれません。しかし、その答えは欺瞞にすぎません。そのような貸出は銀行が結果的にしなくなっただけで、それは経済状況の変化によって資産価格が上昇するバブル時代から資産デフレ時代になったからにすぎません。「バブル時代のような、社会から指弾を受けるような貸出はしていません」といいたいのでしょうが、それは銀行の意思でやめたのではなく、経済

情勢の変化によってしなくなっただけです。そういうことをさせていた評価尺度が温存されていることを、筆者は問題視しているのです。

　このような目標管理で行員を管理し、競争させる方法が温存されているなかで、多くの銀行員は競争に勝つために、あらゆる手段と方法を試みるようになります。そこで「手段を選ばない」という行き過ぎが生じ、「きわどい方法を選ぶ」ことが、往々にして人間性に反する行為につながってしまうという事故や事件につながっていくのです。

　バブルを知らない銀行員たちに昔の反省をしっかりと教えていない銀行では、収益競争という目標達成率競争のなかで、再び不良債権をつくるような貸出姿勢に舞い戻っていないか、注意しなければなりません。銀行の収益確保のためにはそういう行動も仕方がないというように免罪される風潮が行内に蔓延してきてからでは遅いのです。

　現実をみましょう。借入申出を受けて、資金使途と申出金額との妥当性を検証し、不要な金額は貸さないという姿勢をとっていますか。短期借入れで調達すべき資金を私募債に乗り換えさせたりしてはいませんか。決算書を吟味して、粉飾決算を見抜き、事業の実態把握を行う努力をしていますか。貸出取引先から感謝の言葉を聞いて、この仕事に就いてよかったと心から思える仕事をしていますか。貸出担当者として、貸出判断、貸出事務、債権管理をバランスよく知り、そのような仕事を行っていますか。

(4)　価値観の変換

　銀行は収益至上主義という価値観を公共的使命を担った社会的存在という価値観に変換しなくてはなりません。銀行は社会に対していわば唯我独尊であってはなりません。銀行は、銀行業以外の他の産業・業種と共生する存在であり、社会的適応が問題視される存在でなければなりません。

　これらは、銀行側だけではなく、銀行員個々人の心の問題としてどのように考えるかが問われていると考えるべきです。銀行の競争性原理に基づく業績考課制度や人事考課尺度がある限り、また組織上、上司からの命令がその

銀行の価値観や尺度に基づき発せられている以上、個人で正しいと考える価値観を引っ込めざるをえなくなってしまいます。そういうことが起こらないように、銀行自体の考え方を改め、役員、管理職者、そして貸出業務に携わるすべての人たちが「真っ当な貸出」を行うことによって、取引先から感謝され、そのことに最も大きな喜びを感じることができるようになってほしいと心より思う次第です。

　貸出業務の人材育成は、それができた時に完結します。

【資料】 第11次業種別審査事典収録業種一覧

第1巻 農業・畜産・水産・食料品・飲料分野

1 耕種農業関連
1001 稲作農業
1002 米穀卸・小売業
1003 施設園芸（野菜）
1004 有機野菜栽培
1005 にんにく栽培
1006 シイタケ栽培
1007 マイタケ栽培
1008 エノキタケ栽培
1009 ブナシメジ栽培
1010 ナメコ栽培
1011 エリンギ栽培
1012 果樹作農業
1013 観光農園
1014 温州ミカン栽培
1015 中晩柑栽培
1016 りんご栽培
1017 りんご卸
1018 イチゴ栽培
1019 ブドウ栽培
1020 カキ栽培
1021 ナシ栽培
1022 モモ栽培
1023 クリ栽培
1024 オウトウ栽培
1025 キウイフルーツ栽培
1026 ビワ栽培
1027 マンゴー栽培
1028 パインアップル栽培
1029 梅栽培・加工業
1030 果実加工業
1031 じゃがいも栽培
1032 干イモ集荷業
1033 甘藷加工業
1034 酪農経営
1035 肉用牛経営
1036 養豚産業
1037 ブロイラー経営
1038 種鶏（ふ卵）経営
1039 採卵鶏経営
1040 養蜂業
1041 養羊業

2 農畜産物加工・販売・その他農業関連
1042 コイン精米
1043 食肉加工業
1044 食肉卸売業
1045 食肉店
1046 牛乳・乳製品製造業
1047 牛乳販売店
1048 青果物卸売市場（卸売業者・仲卸業者）
1049 青果店
1050 果実店
1051 種苗業
1052 農産物缶詰・びん詰加工業
1053 農業法人
1054 貸し農園

3 漁業・水産養殖業関連
1055 漁業
1056 遠洋漁業
1057 沖合漁業
1058 沿岸漁業
1059 ベニズワイガニ漁業
1060 ハマチ養殖業
1061 タイ養殖業
1062 ヒラメ養殖業
1063 フグ養殖業
1064 ホタテ貝養殖業
1065 かき養殖業
1066 わかめ養殖業
1067 海苔養殖業
1068 真珠養殖業
1069 クルマエビ養殖業
1070 鯉養殖業
1071 ウナギ養殖業
1072 アユ・ニジマス養殖業
1073 ティラピア（イズミダイ）養殖業

4 水産物加工・販売・その他関連サービス
1074 水産物卸売市場
1075 魚類（仲）卸売業
1076 鮮魚店
1077 水産食品加工業
1078 水産加工食品卸売業
1079 海藻加工業
1080 水産缶詰・びん詰加工業
1081 水産練製品製造業
1082 冷凍事業
1083 冷凍食品製造業
1084 塩干製造業
1085 辛子めんたいこ製造業
1086 珍味・おつまみ製造業
1087 乾物商
1088 つま物（料理用葉っぱ）製造業

5 調味料・糖類・食用油関連
1089 みそ醸造業
1090 しょう油製造業
1091 うま味調味料（化学調味料）製造業
1092 ソース製造業
1093 食酢製造業
1094 甘蔗（かんしゃ）糖製造業
1095 でん粉糖製造業
1096 酵母剤製造業
1097 麹・種麹・麦芽製造業
1098 動物油脂製造業
1099 植物油脂製造業

6 麺類・惣菜・その他食料品関連
1100 製めん業
1101 そうめん製造業
1102 即席めん類製造業
1103 豆腐・油揚げ製造業
1104 野菜漬物製造業・小売業
1105 水産漬物製造業
1106 佃煮製造業
1107 こんにゃく製造業
1108 あん類製造業
1109 納豆製造業
1110 FD（フリーズドライ）食品製造業
1111 惣菜業
1112 惣菜宅配業
1113 デリカショップ
1114 炊飯業
1115 加工米飯業
1116 食料品卸売業
1117 健康食品製造業
1118 健康・自然食品店

7 製粉・パン・菓子類関連
1119 製粉業
1120 製菓業
1121 パン製造・小売業
1122 インストアベーカリー（オーブンフレッシュベーカリー）
1123 米菓製造業
1124 ビスケット類・干菓子製造業
1125 菓子卸売業
1126 菓子小売業
1127 洋菓子製造・小売業
1128 和菓子製造・小売業

8 飲料関連
1129 ミネラルウォーター製造業
1130 清涼飲料製造業
1131 果汁加工業
1132 果実酒製造業
1133 ワイン製造業
1134 清酒製造業
1135 本格焼酎製造業
1136 泡盛製造業
1137 地ビール製造業
1138 酒類卸売業
1139 酒類小売業
1140 荒茶製造業
1141 製茶問屋
1142 茶小売店
1143 コーヒー焙煎業
1144 氷雪販売業

第2巻　紡績・繊維・皮革・生活用品分野

1　製糸・紡績・撚糸関連
- 2001　製糸業
- 2002　ポリエステル長繊維製造業
- 2003　炭素繊維製造業
- 2004　生糸卸売業
- 2005　綿紡績業
- 2006　毛紡績業
- 2007　麻紡績業
- 2008　撚糸業

2　織物・ニット・染色関連
- 2009　絹・人絹織物業
- 2010　合繊織物製造業
- 2011　綿・スフ織物業
- 2012　毛織物業
- 2013　ニット（メリヤス）製造業
- 2014　染色整理業
- 2015　友禅染
- 2016　洗張り・染物業

3　繊維雑品・その他繊維工業関連
- 2017　製綿業
- 2018　繊維ロープ製造業
- 2019　網製造業
- 2020　漁網製造業
- 2021　レース製造業
- 2022　反毛業
- 2023　フェルト・不織布製造業
- 2024　繊維製衛生材料製造業

4　衣服・その他繊維製品関連
- 2025　アパレル産業
- 2026　紳士既製服製造業
- 2027　男子服小売業
- 2028　婦人・子供服製造・卸売業
- 2029　ベビー服・子供服製造・小売業
- 2030　婦人・子供服小売業
- 2031　郊外型衣服専門店
- 2032　カジュアル衣料品店
- 2033　中古衣料品ショップ
- 2034　ワイシャツ製造・卸売業
- 2035　作業服製造業
- 2036　学生服製造業
- 2037　ユニホーム（制服）製造業
- 2038　セーター類製造業
- 2039　スポーツウェア製造業
- 2040　デニム製品製造業
- 2041　婦人用下着類卸売業
- 2042　婦人用下着類小売業
- 2043　ネクタイ製造・卸売業
- 2044　スカーフ製造業
- 2045　ハンカチーフ製造業
- 2046　靴下製造業
- 2047　ストッキング製造業
- 2048　手袋製造業
- 2049　作業手袋製造業
- 2050　帽子製造業
- 2051　ふとん製品製造・卸売業
- 2052　毛布製造業
- 2053　タオル製造業
- 2054　タオル製品卸売業
- 2055　縫製業
- 2056　衣服リフォーム業
- 2057　刺しゅう業
- 2058　テントシート製造業

5　呉服・繊維雑貨・洋品店関連
- 2059　服地反物卸商
- 2060　呉服店
- 2061　洋裁店
- 2062　テーラー（紳士服仕立）
- 2063　ブティック（衣料品専門店）
- 2064　ジーンズショップ
- 2065　洋品店
- 2066　寝具店
- 2067　手芸店
- 2068　和装製品製造業

6　皮革製品・靴・かばん関連
- 2069　製革業
- 2070　合成皮革製造業
- 2071　毛皮製衣服製造・卸売業
- 2072　毛皮店
- 2073　靴製造業
- 2074　ゴム製履物・同付属品製造業
- 2075　ケミカルシューズ製造業
- 2076　木製履物製造業
- 2077　靴卸売業
- 2078　婦人靴卸売業
- 2079　靴店
- 2080　ロードサイド型靴店
- 2081　履物卸売業
- 2082　履物小売業
- 2083　履物修理業
- 2084　かばん製造業
- 2085　ハンドバッグ製造業
- 2086　袋物製造業
- 2087　かばん・袋物卸売業
- 2088　ハンドバッグ卸売業
- 2089　かばん・袋物店

7　生活用品関連
- 2090　事務用品製造業
- 2091　筆記具製造業
- 2092　文房具卸売業
- 2093　文房具店
- 2094　印章業
- 2095　造花製造・小売業
- 2096　かつら製造業
- 2097　漆器製造業
- 2098　漆器小売業
- 2099　畳表製造業
- 2100　畳卸売業
- 2101　畳屋
- 2102　麦わら・パナマ類帽子・わら工品製造業
- 2103　たばこ小売業
- 2104　喫煙具専門店
- 2105　マッチ製造業
- 2106　シガレットライター製造業
- 2107　煙火（花火）製造業
- 2108　うちわ・扇子・ちょうちん製造業
- 2109　洋傘製造業
- 2110　ろうそく製造業
- 2111　ブラシ（刷子）製造業
- 2112　ボタン製造業
- 2113　魔法瓶製造業
- 2114　ホームセンター（DIY用品販売業）
- 2115　日用雑貨卸売業
- 2116　荒物雑貨卸売業
- 2117　荒物雑貨店
- 2118　歯ブラシ製造業
- 2119　ハウスウェアショップ
- 2120　ホビー用品製造・販売業
- 2121　カップ・徽章店
- 2122　ファンシーショップ
- 2123　ギフトショップ

8　アクセサリー関連
- 2124　貴金属製品製造業
- 2125　貴石・半貴石輸入業
- 2126　人造真珠製造業
- 2127　真珠加工業
- 2128　サンゴ加工業
- 2129　宝石・貴金属・装身具卸売業
- 2130　貴金属店
- 2131　宝石リフォーム業
- 2132　アクセサリー店
- 2133　金箔製造業

第3巻　木材・紙パ・出版・印刷・化学・エネルギー分野

1　木材・木製品関連（除く家具）
- 3001　製材業
- 3002　プレカット
- 3003　チップ製造業
- 3004　合板製造業
- 3005　木材販売業
- 3006　木箱製造業
- 3007　木型（鋳造用模型）製造業
- 3008　曲物（まげもの）製造業

2　パルプ・紙・紙加工品関連
- 3009　パルプ製造業
- 3010　洋紙製造業
- 3011　塗工紙製造業
- 3012　板紙製造業
- 3013　機械すき和紙製造業
- 3014　衛生用紙製造業
- 3015　手すき和紙製造業
- 3016　電子ペーパー製造業
- 3017　セロファン製造業
- 3018　紙加工業
- 3019　学用紙製品製造業
- 3020　日用紙製品製造業
- 3021　事務用紙製品製造業
- 3022　段ボール製造業
- 3023　壁紙・ふすま紙製造業
- 3024　紙袋製造業
- 3025　紙器製造業
- 3026　飲料用紙容器製造業
- 3027　紙おむつ製造業
- 3028　洋紙卸売業
- 3029　紙・紙製品卸売業

3　印刷・出版関連
- 3030　印刷業
- 3031　軽印刷業（グラフィックサービス）
- 3032　シール印刷業
- 3033　製版業
- 3034　写真製版業
- 3035　製本業
- 3036　印刷物加工業
- 3037　印刷関連サービス業
- 3038　プリントショップ
- 3039　フォント開発業
- 3040　出版業
- 3041　編集プロダクション
- 3042　書籍取次業
- 3043　大型書店
- 3044　中小書店
- 3045　複合型（ビデオ・CD・DVD）書店
- 3046　ロードサイド型書店
- 3047　古本屋・古本チェーン店
- 3048　新聞業（新聞発行）
- 3049　新聞販売店

4　化学工業関連
- 3050　化学肥料製造業
- 3051　ソーダ・無機化学工業製品製造業
- 3052　アンモニア製造業
- 3053　無機顔料製造業
- 3054　合成樹脂成形加工業
- 3055　油脂・ろう製造業
- 3056　油脂・ろう卸売業
- 3057　石けん製造業
- 3058　合成洗剤製造業
- 3059　合成洗剤卸売業
- 3060　塗料製造業
- 3061　塗料卸売業
- 3062　染料製造業
- 3063　染料・顔料卸売業
- 3064　印刷インキ製造業
- 3065　農薬製造業
- 3066　香料製造業
- 3067　接着剤製造業
- 3068　写真感光材料製造業
- 3069　火薬類製造業
- 3070　化学品商社

5　窯業・土石製品関連
- 3071　砕石業
- 3072　砂利採取業
- 3073　板ガラス加工業（ガラス品製造業）
- 3074　板ガラス卸売業
- 3075　ガラス繊維・同製品製造業
- 3076　ガラス製理化学器具製造業
- 3077　ガラスびん製造業
- 3078　ガラス器製造業
- 3079　空びん・空缶等空容器卸売業
- 3080　ガラス販売業
- 3081　セメント製造業
- 3082　セメント卸売業
- 3083　生コンクリート製造業
- 3084　コンクリート製品製造業
- 3085　パイル・ヒューム管製造業
- 3086　空洞コンクリートブロック製造業
- 3087　土木用コンクリートブロック製造業
- 3088　コンクリート雑製品製造業
- 3089　粘土瓦製造業
- 3090　衛生陶器製造業
- 3091　陶磁器製造業
- 3092　陶管製造業
- 3093　電気用陶磁器製造業
- 3094　陶磁器卸売業
- 3095　陶磁器小売業
- 3096　タイル製造業
- 3097　耐火レンガ製造業
- 3098　研削砥石製造業
- 3099　研磨材製造業
- 3100　石製品製造業
- 3101　墓石加工・販売業
- 3102　ほうろう鉄器製造業
- 3103　石灰製造業
- 3104　粉体工業
- 3105　ファインセラミックス
- 3106　歯科材料製造業
- 3107　石膏製品製造業
- 3108　舗装材料製造業

6　プラスチック製品関連
- 3109　プラスチック射出成形加工業
- 3110　プラスチック押出成形品製造業
- 3111　プラスチック加工業（押出加工以外）
- 3112　プラスチック成形材料製造業
- 3113　プラスチック真空成形品製造業
- 3114　プラスチックブロー成形品製造業
- 3115　プラスチックフィルム、シート製造業
- 3116　工業用プラスチック製品製造業
- 3117　プラスチック発泡製品製造業
- 3118　プラスチック容器製造業
- 3119　ペットボトル製造業
- 3120　プラスチック床材製造業
- 3121　強化プラスチック製品製造業
- 3122　プラスチック製品卸売業
- 3123　プラスチック日用品製造業・卸売業
- 3124　食品容器製造業
- 3125　食玩製造業

7　石油・ゴム製品関連
- 3126　潤滑油製造業
- 3127　再生ゴム製造業
- 3128　工業用ゴム製品製造業
- 3129　タイヤ・チューブ製造業
- 3130　合成ゴム製造業
- 3131　再生ゴム製造業

8　エネルギー関連
- 3132　電力会社
- 3133　バイオマス関連事業
- 3134　風力発電設備製造・販売業
- 3135　ESCO（省エネルギーサービス）事業
- 3136　石油精製業
- 3137　石油卸売業
- 3138　ガソリンスタンド
- 3139　セルフ式ガソリンスタンド
- 3140　ガス会社
- 3141　天然ガススタンド事業
- 3142　工業用ガス製造・販売業
- 3143　LPG元売業
- 3144　LPG卸売業

第4巻 鉄鋼・金属・非鉄・建設・環境・廃棄物処理・レンタル分野

1 鉄鋼関連
- 4001 棒鋼製造業
- 4002 特殊鋼製造業
- 4003 鍛造業
- 4004 銑鉄鋳物製造業
- 4005 鋳鉄管製造業
- 4006 伸線製造業
- 4007 可鍛鋳鉄製造業
- 4008 鋼材シャースリット業
- 4009 鉄鋼下請業
- 4010 鉄鋼卸売業

2 非鉄金属関連
- 4011 アルミニウム圧延製造業
- 4012 電線・ケーブル製造業
- 4013 非鉄金属鋳物製造業
- 4014 ダイカスト製造業
- 4015 非鉄金属卸売業

3 金属製品・加工関連
- 4016 金属鋳造業
- 4017 挽きもの製品製造業(旋盤加工業)
- 4018 製缶板金業
- 4019 ブリキ缶等製造業
- 4020 金属洋食器製造業
- 4021 銅器・鉄器製造業
- 4022 刃物製造業
- 4023 刃物卸売業
- 4024 作業工具製造業
- 4025 パイプ加工・パイプ付属品加工業
- 4026 農機具製造業
- 4027 農林業用打刃物製造業
- 4028 超硬工具製造業
- 4029 暖房機器製造業
- 4030 ガス・石油機器製造業
- 4031 厨房機器製造・設備業
- 4032 システムキッチン製造業
- 4033 アルミサッシ製造業
- 4034 アルミサッシ販売業
- 4035 建設用金属製品製造業
- 4036 鉄骨・橋梁製造業
- 4037 金属プレス加工業
- 4038 粉末冶金製品製造業
- 4039 電気メッキ業
- 4040 溶融メッキ業
- 4041 その他の金属表面処理業(アルマイト加工等)
- 4042 金属加工機械卸売業
- 4043 金属熱処理業
- 4044 金物卸売業
- 4045 金物工具店
- 4046 ねじ製造業
- 4047 金融機関機器製造業(ATM、CD、紙幣勘定機器等)
- 4048 金庫・耐火庫製造業
- 4049 ばね(スプリング)製造業
- 4050 精密部品切削加工業
- 4051 マンホール蓋製造業

4 建設・工事関連
- 4052 建設産業
- 4053 総合建設業(ゼネコン)
- 4054 土木工事業
- 4055 機械土工工事業
- 4056 道路・舗装工事業
- 4057 信号装置工事業
- 4058 浚渫(しゅんせつ)工事業
- 4059 建築工事業
- 4060 とび・土工・コンクリート工事業
- 4061 左官工事業
- 4062 鋼構造物工事業
- 4063 人工骨材製造業
- 4064 大工工事業
- 4065 中小工務店
- 4066 建設揚重業
- 4067 鉄筋工事業
- 4068 石工事業
- 4069 屋根工事業
- 4070 建具工事業
- 4071 木製建具工事業
- 4072 タイル・れんが・ブロック工事業
- 4073 築炉工事業
- 4074 板金工事業
- 4075 塗装工事業
- 4076 ガラス工事業
- 4077 防水工事業
- 4078 内装仕上工事業
- 4079 表具業(経師屋)
- 4080 解体工事業
- 4081 電気工事業
- 4082 電気通信工事業
- 4083 管工事業
- 4084 プラント配管工事業
- 4085 プラントエンジニアリング
- 4086 排水管洗浄・給水管更生工事業
- 4087 空調設備工事業
- 4088 給排水設備工事業
- 4089 水道施設工事業
- 4090 消防施設工事業
- 4091 ガス工事業
- 4092 さく井工事業
- 4093 昇降設備工事業
- 4094 昇降機保守管理事業
- 4095 道路標識工事業
- 4096 造園工事業
- 4097 機械器具設置工事業
- 4098 熱絶縁工事業
- 4099 建築材料小売業
- 4100 建材卸・小売業

5 環境整備関連
- 4101 公害防止産業
- 4102 ビオトープ業
- 4103 清掃施設工事業
- 4104 浄化槽製造業
- 4105 土地改良業
- 4106 海洋開発産業

6 廃棄物処理・再生資源関連
- 4107 ごみ収集運搬業
- 4108 一般廃棄物処理業
- 4109 産業廃棄物収集運搬業
- 4110 産業廃棄物処理業
- 4111 し尿収集運搬業
- 4112 し尿処分業
- 4113 浄化槽清掃業
- 4114 浄化槽保守点検業
- 4115 特別管理産業廃棄物処理業
- 4116 建設廃棄物処理業
- 4117 医療廃棄物処理業
- 4118 廃車処理業
- 4119 自動車解体部品業
- 4120 建設廃棄物リサイクル業
- 4121 廃棄物再資源化事業
- 4122 廃プラスチック再生加工業
- 4123 再生資源回収業
- 4124 鉄屑問屋
- 4125 繊維ウエイスト問屋
- 4126 カレット集荷業
- 4127 古紙卸売業
- 4128 食品リサイクル業

7 リース・レンタル関連
- 4129 リース業
- 4130 建材リース
- 4131 産業用機械器具賃貸業
- 4132 建設機械器具賃貸業
- 4133 事務用機械器具賃貸業
- 4134 総合レンタル業
- 4135 レンタカー
- 4136 レンタルオフィス
- 4137 貸会議室
- 4138 貸スタジオ
- 4139 宅配ボックス・コインロッカー事業
- 4140 舞台・映画・テレビ小道具レンタル業
- 4141 貸衣装業
- 4142 レンタルブティック
- 4143 絵画リース・レンタル業
- 4144 観賞魚リース業
- 4145 電子計算機・同関連機器賃貸業
- 4146 CDレンタルショップ
- 4147 ビデオレンタルショップ
- 4148 スポーツ・娯楽用品賃貸業
- 4149 貸おしぼり業

第5巻 機械器具（一般、電気・電子、通信、精密、輸送）分野

1 一般機械器具関連
- 5001 ボイラー製造業
- 5002 汎用エンジン製造業
- 5003 農業機械製造業
- 5004 農機具販売業
- 5005 土木建設機械製造業
- 5006 建設・土木機械卸売業
- 5007 建設・土木機械整備業
- 5008 工作機械製造業
- 5009 NC旋盤製造業
- 5010 マシニングセンタ製造業
- 5011 鍛圧機械製造業
- 5012 機械工具製造業
- 5013 機械工具卸売業
- 5014 レーザー加工機械製造業
- 5015 繊維機械製造業
- 5016 縫製機械製造業
- 5017 ミシン部品製造業
- 5018 食品加工機械製造業
- 5019 木材加工機械製造業
- 5020 印刷製版機械製造業
- 5021 工業炉製造業
- 5022 工業窯炉製造業
- 5023 電気溶接機械製造業
- 5024 プラスチック成形機械製造業
- 5025 プラスチック金型製造業
- 5026 半導体製造装置製造業
- 5027 油空圧機器製造業
- 5028 真空機器製造業
- 5029 ポンプ製造業
- 5030 運搬機械製造業
- 5031 産業用運搬車両・部品製造業
- 5032 空気圧縮機・ガス圧縮機・送風機製造業
- 5033 動力伝導装置製造業
- 5034 昇降機製造業
- 5035 化学機械製造業
- 5036 事務用機械製造業
- 5037 事務用機械卸売業
- 5038 冷凍機器製造業
- 5039 空調機器製造業
- 5040 環境機器製造業
- 5041 ソーラーシステム機器製造業
- 5042 パチンコ機械製造業
- 5043 パチンコ機器卸・販売業
- 5044 ゲームマシン（業務用）製造業
- 5045 TVゲーム機器製造業
- 5046 自動販売機製造業
- 5047 自販機オペレーター
- 5048 健康機器製造業
- 5049 温度計製造業
- 5050 家庭用浄水器製造業
- 5051 消火・防災機器製造業
- 5052 バルブ製造業
- 5053 バルブ卸・小売業
- 5054 ベアリング製造業
- 5055 金型製造業
- 5056 包装機械製造業
- 5057 産業用ロボット製造業
- 5058 歯車製造業
- 5059 一般機械卸売業
- 5060 一般機械修理業
- 5061 産業用設備洗浄業

2 電気機械器具関連
- 5062 発電機・電動機等製造業
- 5063 変圧器類製造業
- 5064 電源機器製造業
- 5065 工業用電気機械製造業
- 5066 電気炉・乾燥機製造業
- 5067 家庭電気機器製造業
- 5068 電気照明器具製造業
- 5069 電球製造業
- 5070 医療用X線装置製造業
- 5071 電気計測器製造業
- 5072 電子部品製造業
- 5073 ビデオ機器製造業
- 5074 電池製造業
- 5075 磁気テープ製造業
- 5076 ディスク製造業
- 5077 超電導業
- 5078 家庭電気機器卸売業
- 5079 家庭電気機器小売業

3 電子部品・デバイス関連
- 5080 電子管製造業
- 5081 音響部品・磁気ヘッド等製造業
- 5082 抵抗器・コンデンサ等製造業
- 5083 コネクター製造業
- 5084 半導体製造業
- 5085 ハイブリッドIC製造業
- 5086 電子回路製造業
- 5087 小型モータ製造業

4 情報通信機械器具関連
- 5088 有線通信機器製造業
- 5089 無線通信機器製造業
- 5090 移動電話製造業
- 5091 携帯電話販売業
- 5092 交通信号・保安装置製造業
- 5093 カーオーディオ製造業
- 5094 カーナビゲーション製造業
- 5095 音響機器製造業
- 5096 防犯警報機器製造業
- 5097 コンピュータ製造業
- 5098 パソコン製造業
- 5099 コンピュータ周辺機器製造業
- 5100 小型記憶装置（媒体）製造業
- 5101 パソコンショップ
- 5102 中古パソコン店
- 5103 パソコンサポート業
- 5104 ハイビジョン産業
- 5105 ICカード事業

5 精密・光学機器関連
- 5106 計量・計測機器製造業
- 5107 精密測定機器製造業
- 5108 工業計器製造業
- 5109 圧力計・流量計等製造業
- 5110 分析機器製造業
- 5111 試験機製造業
- 5112 精密機械器具卸売業
- 5113 医療用機器製造業
- 5114 医療用機器卸売業
- 5115 レンズ製造業
- 5116 歯科用機械器具製造業
- 5117 光学機器（カメラ）製造業
- 5118 双眼鏡製造業
- 5119 眼鏡製造業
- 5120 眼鏡量販店
- 5121 メガネ・時計小売業
- 5122 時計製造業
- 5123 時計修理業
- 5124 カメラ小売業
- 5125 コンタクトレンズ販売店

6 輸送用機械器具関連
- 5126 工業用模型製造業
- 5127 自動車部品製造業
- 5128 自動車整備業
- 5129 自動車部品卸売業
- 5130 自動車用品卸売業
- 5131 自動車ディーラー
- 5132 輸入車ディーラー
- 5133 中古車販売業
- 5134 オートバイ販売業（専門店）
- 5135 自転車製造業
- 5136 カー用品店
- 5137 自転車店
- 5138 鉄道車両用部品製造業
- 5139 中小造船業
- 5140 舟艇製造・修理業
- 5141 舶用機関製造業
- 5142 船体ブロック製造業
- 5143 中小船舶販売業
- 5144 航空機用原動機製造業
- 5145 航空機部分品・補助装置製造業
- 5146 輸送用機械器具卸売業

第6巻　不動産・住宅関連・ペット・飲食店分野

1　不動産・住宅関連
- 6001　住宅・都市開発産業
- 6002　ディベロッパー
- 6003　不動産業
- 6004　住宅分譲業
- 6005　不動産斡旋業
- 6006　貸ビル業
- 6007　マンション事業
- 6008　賃貸マンション
- 6009　集合住宅コンシェルジュサービス業
- 6010　アパート経営
- 6011　不動産賃貸仲介業
- 6012　リゾート開発
- 6013　別荘分譲・管理
- 6014　輸入住宅販売
- 6015　ウィークリー・マンスリーマンション
- 6016　ビルメンテナンス業
- 6017　建築確認民間検査機関
- 6018　プレハブ住宅製造業
- 6019　プレハブ住宅工事業
- 6020　都市環境公園施設産業
- 6021　地域冷暖房業
- 6022　住宅展示場
- 6023　住宅リフォーム
- 6024　リロケーションサービス
- 6025　福祉住環境コーディネーター

2　インテリア・エクステリア関連
- 6026　インテリア製品製造業
- 6027　インテリア・ファブリック製造業
- 6028　インテリア・ファブリック卸売業
- 6029　インテリア製品販売・施工業
- 6030　インテリアデザイン業
- 6031　カーペット製造業
- 6032　インテリアショップ
- 6033　壁紙製造・卸売業
- 6034　カーテン・壁紙小売業
- 6035　建具製造業
- 6036　エクステリア製品製造業

3　家具・仏壇仏具関連
- 6037　木製家具製造業
- 6038　スチール家具製造業
- 6039　籐製品製造業
- 6040　陳列什器製造業
- 6041　額縁製造業
- 6042　ベッド・マットレス製造業
- 6043　家具卸売業
- 6044　家具小売業
- 6045　ロードサイド型家具店
- 6046　中古家具店
- 6047　家具修理業
- 6048　仏壇仏具製造・販売業
- 6049　仏壇仏具店

4　林業・花き・園芸サービス業関連
- 6050　林業
- 6051　緑化産業
- 6052　植物工場
- 6053　フラワー産業
- 6054　施設園芸（花き）
- 6055　観葉植物栽培
- 6056　カーネーション栽培
- 6057　洋ラン栽培
- 6058　芝栽培
- 6059　ガーデニング
- 6060　植木・貸鉢業
- 6061　花き卸売業（市場）
- 6062　生花店
- 6063　園芸店

5　飼料・有機質肥料関連
- 6064　有機質肥料製造業
- 6065　単体肥料製造業
- 6066　配合飼料製造業
- 6067　肥料・飼料卸売業
- 6068　肥料・飼料小売業

6　ペット・動物関連
- 6069　ペットショップ
- 6070　ペットフード
- 6071　ペット美容学校
- 6072　ペット美容院
- 6073　ペットホテル
- 6074　補助犬訓練所
- 6075　犬の躾教室
- 6076　ペットブリーダー
- 6077　ペットパーク
- 6078　動物用医療機器製造・販売業
- 6079　ペット病院
- 6080　ペット霊園
- 6081　産業獣医
- 6082　昆虫養殖・販売

7　飲食店・弁当・宅配サービス関連
- 6083　レストラン
- 6084　大衆食堂
- 6085　ファミリーレストラン
- 6086　ファーストフード店
- 6087　ドライブインレストラン
- 6088　郊外型和食レストラン
- 6089　フランス料理店
- 6090　外食フランチャイズチェーン加盟店
- 6091　活魚料理店
- 6092　うなぎ専門店
- 6093　とんかつ屋
- 6094　イタリア料理店
- 6095　フードテーマパーク
- 6096　シーフードレストラン
- 6097　パスタ専門店
- 6098　中華料理店
- 6099　ラーメン専門店
- 6100　ぎょうざ専門店
- 6101　カレー専門店
- 6102　韓国料理店（焼肉を除く）
- 6103　焼肉店
- 6104　そば・うどん屋
- 6105　立ち食いそば店
- 6106　寿司屋
- 6107　回転寿司店
- 6108　かに料理店
- 6109　すき焼き・しゃぶしゃぶ料理店
- 6110　牛丼チェーン店
- 6111　やきとり・串焼き店
- 6112　和風ファーストフード
- 6113　創作料理店
- 6114　エスニック料理店
- 6115　天ぷら店
- 6116　料亭・割烹料理店
- 6117　ハンバーガーショップ
- 6118　喫茶店
- 6119　コーヒー専門店
- 6120　スタンドコーヒーショップ
- 6121　オフィスコーヒーサービス
- 6122　フルーツパーラー
- 6123　甘味喫茶店
- 6124　お好み焼き店
- 6125　たこ焼きチェーン
- 6126　高級アイスクリームショップ
- 6127　仕出し弁当業
- 6128　駅弁製造業
- 6129　持帰り弁当店
- 6130　持帰り寿司店
- 6131　給食業
- 6132　ピザ宅配業
- 6133　寿司宅配業
- 6134　ケータリングサービス
- 6135　居酒屋
- 6136　立ち飲み酒屋
- 6137　ビアホール
- 6138　大衆酒場
- 6139　屋形船
- 6140　スナックバー
- 6141　バー・キャバレー
- 6142　ワインバー
- 6143　シガーバー

第7巻 サービス関連（情報通信、広告、コンサルタント）・学校・地公体分野

1 情報通信サービス関連
- 7001 電気通信事業
- 7002 衛星通信事業
- 7003 小型移動体通信事業
- 7004 地上波放送
- 7005 CATV事業
- 7006 衛星（BS）放送
- 7007 デジタルCS放送業
- 7008 デジタルコンツ産業
- 7009 情報処理産業
- 7010 情報提供サービス業
- 7011 データベースサービス業
- 7012 インターネットプロバイダー
- 7013 受託開発ソフトウエア業
- 7014 パッケージソフトウエア業
- 7015 LAN専業ベンダー
- 7016 ホームページ作成代行業
- 7017 サーバレンタル業
- 7018 ポータルサイト運営
- 7019 ASP事業
- 7020 ネットセキュリティ・コンサルティング
- 7021 インターネットデータセンター（IDC）
- 7022 デジタルコンテンツ制作業
- 7023 システムインテグレータ
- 7024 コンピュータグラフィックス
- 7025 ネット取引・EC運営業
- 7026 ITコーディネータ
- 7027 メーリングサービス業
- 7028 データ入力・オンラインショッピング産業
- 7029 IP電話サービス
- 7030 電話転送サービス代行業
- 7031 ゲームソフト製造業
- 7032 ゲームソフト販売業
- 7033 パソコン用ソフト販売業
- 7034 ソーシャルネットワーク業

2 広告・情報サービス関連
- 7035 広告代理業
- 7036 広告制作業
- 7037 屋外広告業
- 7038 折込み広告作成業
- 7039 ダイレクトメール業
- 7040 インターネット広告業
- 7041 モバイルコンテンツ関連業
- 7042 市場調査業
- 7043 テレマーケティング
- 7044 Web（インターネット）マーケティング
- 7045 興信所
- 7046 気象情報会社
- 7047 結婚情報サービス業
- 7048 就職情報サービス業
- 7049 転職斡旋業
- 7050 アルバイト情報会社

3 専門サービス・コンサルタント関連
- 7051 弁護士
- 7052 弁理士
- 7053 司法書士
- 7054 公認会計士
- 7055 税理士
- 7056 中小企業診断士
- 7057 ファイナンシャル・プランナー
- 7058 不動産鑑定士
- 7059 土地家屋調査士
- 7060 社会保険労務士
- 7061 行政書士
- 7062 技術士
- 7063 マンション管理士
- 7064 食品検査業
- 7065 医療経営コンサルタント
- 7066 環境コンサルタント
- 7067 補償コンサルタント
- 7068 FCコンサルタント
- 7069 都市計画コンサルタント
- 7070 建設コンサルタント
- 7071 建築設計事務所
- 7072 機械設計事務所
- 7073 イベント業
- 7074 ディスプレイ業
- 7075 セミナー事業
- 7076 デザイン業
- 7077 人材派遣業
- 7078 再就職支援事業（アウトプレースメント）
- 7079 データ入力代行業
- 7080 通訳サービス業
- 7081 速記サービス業
- 7082 翻訳業
- 7083 測量調査業
- 7084 航空写真・測量サービス
- 7085 一般計量証明業
- 7086 地質調査業
- 7087 環境計量証明業
- 7088 公害・環境関連検査・分析業
- 7089 警備保障会社
- 7090 合鍵サービス業
- 7091 害虫駆除サービス業
- 7092 非破壊検査業
- 7093 家電リサイクル業
- 7094 インキュベーション施設運営
- 7095 ハウスクリーニング業
- 7096 フランチャイザー
- 7097 家事代行業
- 7098 決済処理代行業
- 7099 福利厚生代行業
- 7100 燻蒸（くんじょう）業
- 7101 ISO審査機関
- 7102 会計ソフト開発・サービス

4 学校・教養・技能教授関連
- 7103 学校法人
- 7104 幼稚園
- 7105 保育所
- 7106 専修学校・各種学校
- 7107 学習塾
- 7108 予備校
- 7109 資格取得受験産業
- 7110 カルチャーセンター
- 7111 日本語学校
- 7112 外国語学校
- 7113 パソコン・ワープロ教室
- 7114 コンピュータ学校
- 7115 eラーニング事業
- 7116 理容・美容学校
- 7117 料理学校
- 7118 洋裁学校
- 7119 着付教室
- 7120 茶道教室
- 7121 華道教室
- 7122 そろばん塾
- 7123 書道教室
- 7124 ピアノ教室
- 7125 バイオリン教室
- 7126 ギター教室
- 7127 琴・三味線教室
- 7128 ダンス教室
- 7129 ソムリエ学校（ワインスクール）
- 7130 そば打ち教室
- 7131 フラワーアレンジメント教室
- 7132 スカーフアレンジメント教室
- 7133 自動車教習所
- 7134 テニススクール
- 7135 サッカースクール
- 7136 フットサル業
- 7137 複合スポーツ教室
- 7138 ダイビングスクール
- 7139 ヨットスクール
- 7140 ボクシングジム
- 7141 通信教育業
- 7142 教育機材製造・販売業
- 7143 家庭教師派遣業

5 地公体・協同組合関連
- 7144 地方公共団体
- 7145 第三セクター
- 7146 生活協同組合
- 7147 異業種協同組合
- 7148 商店街組合

6 冠婚葬祭・宗教関連
- 7149 結婚式場
- 7150 ハウスウエディング
- 7151 オーベルジュ
- 7152 葬儀屋
- 7153 葬祭会館
- 7154 墓地霊園業
- 7155 冠婚葬祭互助会
- 7156 宗教法人

第8巻　美容・化粧品・医薬・医療・福祉・商品小売・金融分野

1　クリーニング・理容・美容・浴場関連
- 8001　クリーニング業
- 8002　コインランドリー
- 8003　ふとん丸洗いサービス業
- 8004　リネンサプライ業
- 8005　理容店
- 8006　美容院
- 8007　エステティックサロン
- 8008　ネイルサロン
- 8009　ヘアケアサロン
- 8010　公衆浴場
- 8011　スーパー銭湯
- 8012　サウナバス
- 8013　岩盤浴・酵素浴

2　化粧品関連
- 8014　化粧品製造業
- 8015　化粧品卸売業
- 8016　化粧品店
- 8017　化粧品訪問販売業
- 8018　頭髪用化粧品製造業
- 8019　毛髪剤製造業
- 8020　香りビジネス

3　医薬品・バイオテクノロジー関連
- 8021　医薬品製造業
- 8022　ジェネリック医薬品製造業
- 8023　サプリメント製造・販売業
- 8024　臨床検査薬製造業
- 8025　バイオテクノロジー
- 8026　生薬・漢方製剤製造業
- 8027　動物用医薬品製造業
- 8028　医薬品卸売業
- 8029　医薬品小売業
- 8030　調剤薬局
- 8031　ドラッグストア
- 8032　家庭配置薬業
- 8033　口腔ケア商品（デンタルケア）製造業
- 8034　医療材料製造業
- 8035　医療材料卸売業
- 8036　医薬品物流業

4　医療・保健衛生・健康増進関連
- 8037　医療産業
- 8038　医療関連サービス業
- 8039　病院（心療内科を除く）
- 8040　心療内科（メンタルヘルスケア）
- 8041　診療所（医院）
- 8042　外科
- 8043　整形外科
- 8044　形成外科
- 8045　美容外科
- 8046　脳神経外科
- 8047　循環器科
- 8048　胃腸科（消化器科）
- 8049　泌尿器科
- 8050　人工透析
- 8051　人工臓器
- 8052　内科
- 8053　肛門科
- 8054　小児科
- 8055　産婦人科
- 8056　皮膚科
- 8057　眼科
- 8058　耳鼻咽喉科
- 8059　歯科
- 8060　歯科技工所
- 8061　接骨院
- 8062　義肢製作業
- 8063　施術所（含むカイロプラクティック）
- 8064　鍼灸院
- 8065　クイックマッサージ・足裏マッサージ
- 8066　検査センター（登録衛生検査所）
- 8067　臨床検査業
- 8068　滅菌代行サービス業
- 8069　健診サービス機関
- 8070　健康センター
- 8071　会員制ヘルスクラブ

5　福祉・介護・育児サービス関連
- 8072　介護老人保健施設
- 8073　介護老人福祉施設（特別養護老人ホーム）
- 8074　介護療養型医療施設（療養型病床群）
- 8075　ケアハウス
- 8076　グループホーム
- 8077　有料老人ホーム
- 8078　ホームヘルプサービス
- 8079　訪問看護ステーション
- 8080　老人介護用品製造業
- 8081　老人介護用品卸売業
- 8082　老人介護用品小売業
- 8083　福祉用具製造業
- 8084　福祉用具卸売業
- 8085　福祉用具小売業
- 8086　ベビーホテル
- 8087　ベビーシッター業
- 8088　ベビー用品製造・卸売業
- 8089　NPO（保険・医療・福祉分野）

6　スーパー・ディスカウントショップ・その他商品小売関連
- 8090　百貨店
- 8091　ショッピングセンター
- 8092　スーパーマーケット
- 8093　食品スーパー
- 8094　ミニスーパー
- 8095　ハイパーマーケット
- 8096　ディスカウントストア
- 8097　アウトレットモール
- 8098　コンビニエンスストア
- 8099　フランチャイズチェーン
- 8100　ボランタリーチェーン
- 8101　カテゴリーセンター
- 8102　リサイクルショップ
- 8103　中古品店（舶来ブランド）
- 8104　均一価格ショップ
- 8105　家電量販店
- 8106　ビジネスコンビニ
- 8107　酒類ディスカウントストア
- 8108　金券ショップ
- 8109　チケットショップ
- 8110　バッタ業

7　無店舗販売関連
- 8111　インターネットショッピングモール
- 8112　移動スーパー
- 8113　通信販売
- 8114　インターネット店舗
- 8115　ネット書店
- 8116　訪問販売

8　商社・金融サービス関連
- 8117　中小商社
- 8118　農産物商社
- 8119　水産物輸入商社
- 8120　並行輸入業
- 8121　半導体商社
- 8122　銀行（大手）
- 8123　銀行（地域金融機関）
- 8124　証券会社
- 8125　インターネット証券会社
- 8126　生命保険会社
- 8127　損害保険会社
- 8128　クレジット・信販会社
- 8129　消費者金融業
- 8130　法人向貸金業
- 8131　ベンチャーキャピタル
- 8132　投資顧問業
- 8133　損害保険代理店
- 8134　サービサー
- 8135　商品取引業
- 8136　PEF（プライベートエクイティファンド）
- 8137　M&A仲介・斡旋業
- 8138　質屋
- 8139　プリペイドカード事業

第9巻 サービス関連（運輸、旅行）・スポーツ・レジャー・娯楽分野

1 運輸サービス関連
- 9001 鉄道業
- 9002 バス業
- 9003 ハイヤー・タクシー業
- 9004 中小旅客海運業（観光船業）
- 9005 中小貨物海運業
- 9006 海運仲立業
- 9007 長距離フェリー業
- 9008 河川水運業
- 9009 湖沼水運業
- 9010 航空会社
- 9011 コミューター航空
- 9012 空港業
- 9013 トラック運送業
- 9014 船舶貨物代理店
- 9015 港湾運送業
- 9016 航空貨物運送業（エアカーゴ）
- 9017 航空貨物代理店
- 9018 通関代行業（輸出入業務代行）
- 9019 運送取次業
- 9020 引越専門運送業
- 9021 梱包業
- 9022 船舶貸渡業
- 9023 宅配便業
- 9024 バイク便・自転車便
- 9025 国際宅配便
- 9026 運転代行業
- 9027 倉庫業
- 9028 冷蔵倉庫業
- 9029 トランクルームサービス
- 9030 駐車場
- 9031 機械式立体駐車場
- 9032 時間貸駐車場（コイン駐車場）
- 9033 駐車違反取締り代行業
- 9034 車検代行業
- 9035 コイン洗車場

2 旅行・宿泊関連
- 9036 宴会幹事代行業
- 9037 旅行業
- 9038 ホテル・旅館業
- 9039 ビジネスホテル
- 9040 温泉旅館
- 9041 日帰り温泉
- 9042 クアハウス
- 9043 リゾートマンション
- 9044 会員制リゾートクラブ
- 9045 ペンション
- 9046 民宿
- 9047 テニス民宿
- 9048 ユースホステル
- 9049 リースホテル
- 9050 カプセルホテル
- 9051 レジャーホテル（モーテル）
- 9052 みやげ品店

3 スポーツ・レジャー用品関連
- 9053 スポーツ用品製造業
- 9054 スポーツ用品卸売業
- 9055 スポーツ用品店
- 9056 ロードサイド型スポーツ用品店
- 9057 ゴルフ用品製造業
- 9058 ゴルフ用品店
- 9059 テニス用品店
- 9060 スキー用品店
- 9061 サッカー用品専門店
- 9062 ダイビング用品店
- 9063 サーフショップ
- 9064 釣具製造業
- 9065 釣具店
- 9066 登山用品店
- 9067 ダンス用品販売業

4 スポーツ・レジャー施設関連
- 9068 テーマパーク
- 9069 アミューズメントパーク
- 9070 ゴルフ会員権売買業
- 9071 ゴルフ場
- 9072 ミニゴルフ場
- 9073 ゴルフ練習場
- 9074 スイミングクラブ
- 9075 プール場運営
- 9076 外航クルーズ事業
- 9077 マリーナ
- 9078 オートキャンプ場
- 9079 テニスクラブ
- 9080 オートテニス練習場
- 9081 乗馬クラブ
- 9082 ボウリング場
- 9083 バッティングセンター
- 9084 スキー場（リフト業）
- 9085 アーチェリー場
- 9086 フィールドアスレチック
- 9087 格闘技道場
- 9088 釣船業
- 9089 釣堀業
- 9090 動物園
- 9091 植物園
- 9092 水族館
- 9093 ミュージアムショップ

5 娯楽・遊技場関連
- 9094 競輪・競艇
- 9095 パチンコ店
- 9096 マージャン店
- 9097 ゲームセンター
- 9098 ビリヤード
- 9099 碁会所（囲碁クラブ）
- 9100 カラオケボックス
- 9101 日焼けサロン
- 9102 ディスコ・クラブ
- 9103 ネットカフェ
- 9104 まんが喫茶
- 9105 スポーツカフェ

6 音楽・写真・映像・美術工芸関連
- 9106 映像プロダクション
- 9107 映画制作業
- 9108 映画配給業
- 9109 映画館
- 9110 シネマコンプレックス
- 9111 テレビ番組制作業
- 9112 芸能プロダクション
- 9113 劇団
- 9114 小演劇場
- 9115 ライブハウス
- 9116 ラジオ番組制作業
- 9117 レコード・CD制作業
- 9118 レコード・CD・DVDショップ
- 9119 中古レコード・CD店
- 9120 楽器製造業
- 9121 ピアノ製造業
- 9122 楽器店
- 9123 写真館
- 9124 写真現像・焼付け業
- 9125 商業写真業
- 9126 ビデオソフト製作業
- 9127 美術商
- 9128 画廊

7 玩具関連
- 9129 機械玩具製造業
- 9130 プラスチック製玩具製造業
- 9131 人形製造・卸売業
- 9132 児童乗物製造業
- 9133 玩具製造業
- 9134 玩具店
- 9135 カプセル玩具自販機業
- 9136 フィギュア製造業

〔著者略歴〕
吉田重雄（よしだ　しげお）
1950年東京生まれ。
1973年早稲田大学政治経済学部卒業、同年三菱銀行入行。板橋支店長、融資第一部次長、融資第二部次長、仙台支店長、秋葉原支店長を経て、2001年6月東京三菱銀行を退職。現在は株式会社日本国債清算機関で常勤監査役を務める。
著書に『黄色いカンナが咲きました』（文芸社）、『事例に学ぶ貸出判断の勘所』（金融財政事情研究会）、『事例に学ぶ貸出先実態把握の勘所』（金融財政事情研究会）がある。

事例に学ぶ　貸出担当者育成の勘所
―貸出業務の本質とOJTによる人材育成―

平成21年6月15日　第1刷発行
平成23年10月17日　第2刷発行

著　者　吉　田　重　雄
発行者　倉　田　　勲
印刷所　文唱堂印刷株式会社

〒160-8520　東京都新宿区南元町19
発　行　所　社団法人　金融財政事情研究会
編　集　部　TEL 03(3355)2251　FAX 03(3357)7416
販　　売　株式会社きんざい
販売受付　TEL 03(3358)2891　FAX 03(3358)0037
URL　http://www.kinzai.jp/

・本書の内容の一部あるいは全部を無断で複写・複製・転訳載すること、および磁気または光記録媒体・コンピュータネットワーク上等へ入力することは、法律で認められた場合を除き、著作者および出版社の権利の侵害となります。
・落丁・乱丁本はお取替えいたします。定価はカバーに表示してあります。

ISBN978-4-322-11497-3

好評図書

事例に学ぶ**貸出先実態把握の勘所**
――「取引先概要表」の作成と財務・実体面の動態把握
吉田　重雄［著］
A5判・256頁・定価2,310円（税込⑤）

事例に学ぶ**貸出判断の勘所**
――資金使途の検証にみる「貸出の王道」
吉田　重雄［著］
A5判・196頁・定価2,100円（税込⑤）

事例に学ぶ**決算分析の勘所**
――融資担当者のための決算書読解・資金分析術
井口　秀昭［著］
A5判・196頁・定価2,100円（税込⑤）

事例に学ぶ**債権保全の勘所**
――キャッシュフローを通じた債権管理
穂刈　俊彦［著］
A5判・216頁・定価2,310円（税込⑤）

事例に学ぶ**再生EXITの勘所**
――ステークホルダー・マネジメントの要諦
奥　総一郎［著］
A5判・244頁・定価2,730円（税込⑤）

事例に学ぶ**倒産予知の勘所**
――与信管理の強化と粉飾決算の発見
岩渕　真一［著］
A5判・204頁・定価2,310円（税込⑤）

事例に学ぶ**法人営業の勘所**
――ソリューション営業の極意
澁谷　耕一・滝川　秀則［著］
A5判・208頁・定価2,310円（税込⑤）